[第2版]
近代家族のゆらぎと新しい家族のかたち

松信ひろみ 編著

島直子・品田知美・松田茂樹・安藤究・菊池真弓・大山治彦・菊地真理・松島京

ドメスティック・バイオレンス
子育て
家族規範
親子関係
夫婦関係
ジェンダー
ワーク・ライフ・バランス
ソーシャル・ネットワーク
ひとり親
家族政策
ライフコース
高齢期
セクシュアリティ
離婚　再婚
パートナーシップ

八千代出版

執筆分担（執筆順）

松信ひろみ	駒澤大学教授	第1章・第4章・第12章
島　　直子	国立女性教育会館研究員	第2章
品田　知美	城西国際大学准教授	第3章・第5章
松田　茂樹	中京大学教授	第6章
安藤　　究	名古屋市立大学准教授	第7章
菊池　真弓	いわき明星大学教授	第8章
大山　治彦	四国学院大学教授	第9章
菊地　真理	大阪産業大学准教授	第10章
松島　　京	相愛大学准教授	第11章

はしがき

　家族とは何か。今から3、40年前であれば、家族社会学の初学者は、まずはそうした家族の定義から学んだであろう。本書では、あえて家族の定義はしないことにする。しないというよりも、明確な定義が難しくなっているのだ。

　現代の家族の変容は目覚ましく、その変容ぶりは、私たちの想像を超えるものがある。現代における家族の変化は拡散的な広がりをもっており、1つの小集団として典型性を備えていた近代家族とは異なり、家族の基本にある結婚と夫婦関係、親子関係が従来の基準では捉えきれなくなっている。ある典型性を備えた確固たる集団としてみなすことが困難になっているのである。近代家族はゆらぎ、現代の家族は新たな方向性を模索している過渡期にあるといえるだろう。

　本書は、こうした現代の家族の実状を明らかにすることを目的としている。そこで、各章では、家族の新しい動向にかかわるテーマを取り上げ、各々のテーマにかかわる理論的な視点を提示し、その理論に基づいて、具体的な事例やトピックスの分析を試みている。いずれの章も、現代の家族、そしてこれからの家族を考える上で、非常に重要かつ、新しい視点を取り入れていることが特徴である。理論的部分では、初学者には少し難解な点もあるかと思われるが、現代の家族にかかわる様々な現象や問題を社会学的に深く究明するためには、理論的な考察が不可欠である。さらに異なるテーマであっても、ベースとなる理論は同じものが使われている章がいくつかある。理論の応用に役立ててほしい。また、理論的部分を除いて、具体的事例の考察を概観するだけでも、現代の変化している家族の実状を知るには十分である。

　本書が、現代の家族の実状の理解と、今後の家族のあり方を考えるヒントとなってくれることを望んでいる。

編　者

目　次

はしがき　i

第1章　社会変動と家族変動 …………………………………… 1
1．社会とともに変化する家族　1
2．「家」制度下における結婚と家族　2
3．戦後家族にみる近代家族の普及と浸透　6
4．近代家族のゆらぎと現代家族　9
5．現代家族を考察する視点　20

第2章　家族規範と結婚の変容 …………………………………… 23
1．規範とは何か　23
2．家族規範の弱体化　25
3．結婚と家族をめぐる意識　27
4．「規範としての近代家族」の弱体化と「イデオロギーとしての近代家族」の維持　38

第3章　家族の生活時間とワーク・ライフ・バランス …………… 41
1．家族の生活を時間から捉える　41
2．家事・育児時間はどう変化したか　45
3．親と子の生活時間　47
4．国際比較からみる日本の家族生活　49
5．ワーク・ライフ・バランス施策と仕事時間　51
6．時間の貧困と階層　54

第4章　共働き夫婦の家族関係 …………………………………… 59
1．戦後の家族関係の変容　59
2．近代家族にみる夫婦の役割関係　60
3．近代家族における夫婦の勢力関係　63
4．現代における共働き夫婦の役割関係、勢力関係　68
5．現代における夫婦関係の今後　75

第5章　子どもの社会化と家族 …… 81
1. 社会化とは何か　81
2. 子どもの人格と発達段階の社会理論　83
3. 文化とパーソナリティの形成　87
4. 家族の中の教育　90
5. 親子関係と子どもの社会化　93

第6章　現代家族の子育て事情 …… 99
1. 現代家族の子育ての特徴　99
2. 父親の子育てへのかかわり　103
3. 親族と友人のネットワーク　105
4. 親子を支える　107
5. 子ども・子育てを支える社会に　112

第7章　ライフコースの変容と「祖父母であること」…… 117
1. 「お祖母さん」は「お婆さん」か?　117
2. ライフコース・アプローチ　121
3. 「祖父母であること」への「タイミングの原則」からの接近　125
4. 「祖父母であること」と「構造的遅滞」　130
5. 「タイミングの原則」・「時間と空間の原則」・「生涯にわたる発達と加齢の原則」　133

第8章　高齢者と地域 …… 141
1. 高齢者と家族・地域関係　142
2. 高齢期の社会関係とネットワーク研究　145
3. 高齢社会の現状と高齢者問題　148
4. 高齢者を支える社会資源とネットワーク　151
5. 高齢期のより良い地域関係　154

第9章　現代家族とジェンダー・セクシュアリティ …… 159
1. セックス、ジェンダー、セクシュアリティ　159
2. セクシュアル・マイノリティ──多様なセクシュアリティ　165
3. カップルの法的保護の現状と課題　172
4. わが国の現状と課題　183

第 10 章　離婚、ひとり親とステップファミリー …………………… 195
1．離婚・再婚後の家族を捉える視点 ――「代替家族」と「継続家族」　195
2．離婚後の家族が抱える生活問題　200
3．離婚後の「継続家族」モデルの台頭　205
4．増える再婚とステップファミリー　208

第 11 章　家族と暴力 ……………………………………………………… 215
1．家庭内暴力を捉える視点　215
2．家庭内暴力の現状　224

第 12 章　現代家族と家族政策 ………………………………………… 233
1．福祉国家と福祉レジーム　233
2．家族政策における脱家族化　238
3．これからの家族と家族政策　246

人 名 索 引　253
事 項 索 引　255

第1章

社会変動と家族変動

1. 社会とともに変化する家族

　「家族崩壊」「家族の危機」が叫ばれて久しい。現代家族をめぐる諸問題の根源は、「古き良き家族」が「崩壊」しつつあるからであり、現代の家族は「危機」に瀕している。したがって、現代家族の諸問題を解決するには、「古き良き時代の家族」を取り戻さなければいけないという指摘をしばしば耳にする。しかし、本当に古き良き時代の家族を取り戻せば、すべてが解決するのだろうか？　そもそも、「古き良き時代の家族」とはどのようなものなのか、そして、それを取り戻すことは可能なのだろうか？

　社会は日々変化している。そして、社会の変化（社会変動）は、社会における様々なしくみ、組織、集団などの変化を伴うが、家族も例外ではない。つまり、社会の変化に伴い、家族も変化するのである。しかし、私たちは、歴史とともに社会が変化することは認識していても、「家族」となると、通文化的に「普遍」であり、歴史的に「不変」な存在と思いがちであり、また、「昔は良かった」という回顧主義に陥りがちである。だが、家族も、文化や時代により異なるものであって、普遍（不変）的な「古き良き家族」は存在しないといえる。かつて、社会人類学者のマードックが、「核家族（夫婦と未婚子からなる家族）」がどの文化にもみられる家族の最小単位であると指摘したが、もはや現代では、「核家族」の通文化性も失われつつある（Murdock, 1949＝1986）。

　では、現代家族をめぐる問題が、「古き良き時代の家族」が失われたこと

によって発生しているのではないとするならば、問題発生の原因はどこにあるのだろうか。すでに述べたように、私たちは、家族に関しては「昔から変わらないもの」という思い込みがある。また、「昔の家族が良かった」という思い込みも存在する。こうした思い込みは、現代家族が経験している変化への対処を遅らせ、問題発生へと結びついてしまう一因と考えられる。

では、現代の日本の家族はどのような変化を経験しているのだろうか。そこで、本章では、現代家族にも非常に大きなインパクトを残している明治期の家族制度から振り返り、大きく変化してきている部分、さらに、変化していない部分なども踏まえて、現代家族の実態を概観する。そして、現代家族を社会学的に考察するにあたり、重要となる視点について検討してみたい。

2．「家」制度下における結婚と家族

■ 明治期における「家」制度

「家」制度、すなわち明治民法下において示された日本特有の家族制度は、江戸期の「旧武士層（当時の華族・士族）の家族秩序を政府公認の理想的家族の姿として定着したもの」と川島は指摘している。さらに、この家族制度の特徴は、「家」と「家父長制」が強く結びついた、いわば「家的家父長制」であるという（川島, 2000 : 151-157）。「家」とは、「世帯の共同とは関係のない血統集団」である。「世帯の共同とは関係ない」とされるのは、本家・分家を含む同族集団や、その中の親家族・子家族の集団といった必ずしも同居を前提としない親族が、「家」として意識されることがあるためである。そして、川島は、「家」と「家父長制」が結びつくことによって、家長の権力を神聖化し、それを伝統の力で補強し、権力支配を外見的にみえにくい、穏和なものにしたとしている（川島, 2000）。

■ 「家」制度の特徴

布施は、「家」制度の特徴として以下の３点をあげる。①徳川時代の武士

家族の制度の踏襲、②戸籍法によって「家」を把握、規制し、そうした基盤の上に「家」制度を貫徹させていった、③男女不平等の容認、の3点である（布施, 1993：52-72）。

　徳川時代における武士家族の制度の大きな特徴は、長男が家督相続者となり、「家」の存続繁栄の責任を負う代わりに、家長としての家内の統制権が保障されるということである。こうしたかたちが、明治の「家」制度下における家長（＝戸主）のあり方に踏襲された。嫡出の長男が筆頭相続人となり、家名、家産、家業など「家」にかかわるすべての権利義務を継承し、加えて、「家」の統率者として、「戸主権」（「家」の代表者としての権限）、「親権」（親としての権限）、「夫権」（夫としての権限）をもち、子どもに対する父親としての支配権、妻に対する夫としての支配権、他のきょうだいに対する優越権、使用人に対する絶対権をも持ち合わせたのである。

　戸主権には、氏を称する権利に始まり、家族の婚姻や養子縁組に対する同意権とこれらを解消する権利、家族の扶養の義務が含まれる。この戸主権と親権により、例えば、子どもの職業選択や居住地選択はすべて家長が行い、また婚姻に関しても、家長の承諾がなければ成立しないため、子どもの配偶者選択は、家長によって、「家」のつり合いを基準として行われたのである。

　また、夫権によって、妻は絶対的無権利状態に置かれていた。家族生活上のすべての決定権、管理権は夫である家長に委ねられており、妻には親としての権利はおろか、妻自身の財産の管理権ももつことが許されなかったのである。さらには、夫が未婚の女性と性的な関係をもっても姦通罪は問われないのに対して、妻の場合は、姦通として立派な離婚の理由として成立した。こうした夫婦の不平等は、儒教的序列思考に基づくものであり、「三従の教え」（女性は一生のうち、生家では父親、婚家では夫、老いて夫が亡くなってからは長男である息子の3人の男性に従わねばならないというもの）にあるように、妻は、夫ばかりでなく、夫不在時には長男にも従わねばならず、母親に対する長男（次の家長）の優位性にも結びついていたのである。そして、この序列主義は、夫婦間ばかりでなく、家族成員の日常生活のこまごまとした行動（食事の内容、

入浴の順番など）にも反映されていた。
　一方、江戸期の武家との違いもある。1つは、戸籍法によって届け出婚と夫婦同姓が義務づけられたことである。江戸期までの婚姻は、祝言や親族固めの杯（かためのさかずき）など、親族を中心とする近親者へのお披露目により成立した。しかし、明治になり、戸籍法の制定により、婚姻は婚姻届を提出し、「嫁」が夫方の戸籍に「入る」ことで成立することとなった。と同時に、妻が夫方の「家」に「嫁入り」することから、妻は夫の氏を名乗ることが定められたのである。さらに、「良妻賢母」主義による母親役割の強調が江戸期とは異なる点である。布施は、良妻賢母教育の目的を、妻の夫への服従を学ばせることであると指摘しているが（布施,1993：93-95）、一方で、子に対する母親の役割、母親の愛情などが強調されることにより（牟田,1996：20-22）、子を産むことだけが母親の役割とされた江戸期とは、大きく異なることになったといえよう。

◈ 「家」制度の社会的機能、個人的機能

　「家」制度は、単なる個人にとっての家族のあり方を規定する「家族制度」にとどまらず、明治期における産業の発展のほか、富国強兵策に基づく軍国主義と天皇国家体制の徹底、生活保障機能の代替という社会的な役割を担っていた（布施,1993：72-85）。江戸期の「士農工商」という身分制度は、基本的に廃止されたものの、「家」制度下では、先祖代々の「家業」に、老若男女を問わず、家族成員すべてが従事することを基本としていた。こうした体制により、「家」＝生産単位という構図が創り出されたのである。
　しかし、一方では、布施が指摘するように、貧農層の未婚子女は、家長の命により、女工となって軽工業の工場で働くことが珍しくなく、身売りに近い状況下で、低賃金で過酷な労働に従事し、日本の産業化に貢献したといえる。さらに、家長と次の跡取りとなる長男が、徴兵対象から外されたのと引き換えに、その他の男子の家族成員は必ず徴兵に応じる義務を課すことにより、富国強兵策が推進された。家族内において、「序列」に基づく「家長の

支配―家族員の服従」という人間関係が形成されることによって、「天皇の支配―国民の服従」という関係が徹底され、ひいては富国強兵策に基づく天皇国家体制の形成が目指されたといえる。

さらにまた、前述の川島の指摘にあるように、戸主の家族に対する扶養の義務を徹底し、同族集団（分家に対する本家の、子家族に対する親家族の扶養の義務）といった世帯を超えた「家」の扶養の義務を強調することにより、公的な生活保障制度が未確立のまま、「家」という私的救済制度に頼る体制がかたちづくられたのである。

つまり、明治期の「家」制度下における、家族の社会的機能（役割）は、生産単位として日本経済に貢献し、天皇国家体制の基盤づくりを行うことであったといえる。一方、個人的機能（役割）は、個人の社会的地位を付与し、生活上の保障を提供するものであったといえる。

■ 「家」制度にみる近代家族的特徴

また、このような「家」制度の特徴をみると、非常に封建的、前近代的な特徴である印象を受ける。しかし、牟田は、江戸期の家族が、親族やムラのような地域共同体から強い拘束を受けていたのに対して、明治期の「家」では、戸主（家長）に職業選択や居住地の選択など家族内の事柄の決定権すべてが与えられており、共同体や親族の規制から独立的であったという意味で、「家」制度における近代性を見出している。次節で検討するが、近代家族の特徴の1つである「家族の地域共同体からの独立」（家族中心主義）を見出すことができるというのである。さらには、母親役割の強調から、「家族の情緒的結合」という同じく近代家族的な要素を垣間見ることができるとしている（牟田，1996：16-22）。

3. 戦後家族にみる近代家族の普及と浸透

戦後の家族改革と近代家族

「家」制度は第二次世界大戦が終了するまで継続した。敗戦により、社会の民主化、経済復興に向けて、様々な改革が行われたが、終戦翌年の1946年に新憲法が公布され、それに伴って1947年に改正民法が施行された。改正民法では、戸主制度、家督相続権が廃止され、財産の均等相続、男女同権、家族成員の平等が謳われた。つまり、「家」制度は、法律上廃止され、日本において新しい家族のかたちである近代家族が普及する基盤が成立したといえる。

では、近代家族とは、どのような特徴をもつ家族のことを指すのだろうか。近代家族は、19世紀以降の産業化の進展、市民社会化の進展により、普及した近代社会に特徴的な家族のあり方であるとされている。落合は、家族史の研究に基づいて、近代家族の特徴を以下の8点にまとめている。①家内領域と公共領域の分離、②家族構成員相互の強い情緒的関係、③子ども中心主義、④男は公共領域、女は家内領域という性別役割分業、⑤家族の集団性の強化、⑥社交の衰退とプライバシーの成立、⑦非親族の排除、⑧核家族、の8点である（落合, 2004：103）。

前述のように、牟田は、「家族の地域共同体からの独立」「家族の情緒的結合」という点から明治期の家族に近代家族的特徴を見出している。また、制度的な家父長制的家族の崩壊をもって近代家族とみなし、上記の8点すべてを近代家族の要件としない場合もある（姫岡・上子, 1971；Burgess & Locke, 1945）。

しかし、職住分離による夫婦間での性別役割分業の成立（落合の指摘する①と④）と、子どもを中心とする核家族（③と⑦、⑧）という特徴は、家父長制の崩壊とは異なった側面である産業化社会という近代社会の社会的特徴を反映しているが、近代家族の特徴としては、非常に重要なものであるといえよう。

家族の戦後体制と近代家族の広まり

　落合は、大正期に主婦が出現したとしている。しかし、近代家族の成立の条件としての夫婦間での性別役割分業の確立に着目した場合、大正期には近代家族の成立までは至っていないといえるだろう（落合，2004：43-48）。「奥さん」と呼ばれた大正期の主婦は、中産階級の俸給労働者家庭の妻であり、郊外に居住する一部の比較的裕福な家庭の既婚女性に限られていた。さらに、「奥さん」は、住み込みの女中とともに家事・育児に従事するというかたちをとっていた。つまり、「夫婦間での性別役割分業」が徹底されていたわけではなく、「奥さん」は既婚女性の一般的なあり方であったわけでもないのである（牛島，2001；落合，2004：43-48）。

　日本の家族のあり方として近代家族が普及、定着したのは、まさに、落合が「家族の戦後体制」という言葉で表しているように、戦後の高度経済成長期であるといえよう。戦後の農地改革などにより、日本の主要産業は第一次産業から第二次産業へ移行した。村落において、家業としての農業に従事してきた次三男以下の男性たちは、雇用労働を求めて都市に出てくるようになった。都市化と呼ばれる人口の都市部への流入が起こり、そして、都市に出てきた若者たちが結婚して形成した核家族が、都市家族、すなわち近代家族なのである。そして、日本の戦後の都市家族が、近代家族として普及していった背景には、雇用制度の問題が大きい。

　1950年代後半から1973年まで続いた高度経済成長期には、主として村落から出てきた人々が雇用労働者となり、労働力人口のおよそ80％以上が雇用労働者となった。そして、日本型雇用慣行と呼ばれる雇用システムも登場する。日本型雇用慣行は、年功序列や終身雇用などに代表されるが、基本的に男性労働者を対象としたものであり、女性は対象外であった。女性の場合、終身雇用はおろか、若年退職を余儀なくされ、職種も男性労働者の補助であったため、昇進や昇給は望むべくもなかった。女性労働者は、結婚退職を前提として雇用されていたため、結婚適齢期（およそ24〜25歳）になっても結婚しない女性は、上司から「肩たたき」にあって、退職せざるを得ない境遇

にあった。さらに、理由が何であれ、一度労働市場から退いてしまうと、正社員として再度労働市場に参入する機会はほとんどなかったのである（松信, 2010a）。つまり、極端ないい方をすれば、女性にとっては、一定の年齢（結婚適齢期）で結婚をして主婦にならない限り、その後の生活（人生）の保障がなかったともいえる。

　また、大正期から昭和初期にかけての「奥さん」が、住み込みの女中を抱える中産階級以上の俸給労働者家庭に限られていたのに対して、戦後、「主婦」という既婚女性のあり方が労働者階級にも普及するにつれ、家事育児は主婦自らが行うものとなった。そして、それまでは、労働者階級など比較的低階層の家族では、妻も就労しないと生計が成り立たないという状況にあったが、戦後の日本型雇用慣行の中で、夫1人の賃金で一家が生活できる水準の賃金を企業が支給するという「家族賃金制」がとられるようになったことにより、夫は家庭のすべてを妻に任せて企業での仕事に専念する「企業戦士」と化し、妻は家事育児のすべてを任される「専業主婦」になるという家族のかたちが一般化する。落合が「戦後女性は主婦化した」（落合, 2004：19）と指摘しているように、「夫はサラリーマン、妻は専業主婦、子どもは2人の核家族」という近代家族が、戦後日本の家族の「標準家族モデル」として定着していったのである。

　とはいえ、1960年代後半になると、いわゆるパートタイム労働として既婚女性を労働市場に取り込もうとする動きが出てくる。しかし、当時は、パート就労の職種や分野が限られていたこともあり（製造業のライン作業など）、主婦がパートとして就労することは、ただちに普及したわけではない。また、M字型就労という言葉に示されるように、主婦がパートとして再就職するのは、子育てが一段落する30歳代後半から40歳代が中心であり、たとえ「家事育児に支障のない働き方」がパート就労の売り物であっても、子どもが小さいうちは子育てに専念することが一般的であった。「3歳児神話」という言葉に示されるように、「小さいうちの子育ては母の手で」という観念が広まったのも、戦後の「標準家族モデル」の浸透と時期を同じくしている。

こうして、高度経済成長期に近代家族の普及と定着がみられるようになったのである。

4．近代家族のゆらぎと現代家族

✜ 女性の社会進出と近代家族のゆらぎの予兆

しかし、高度経済成長期が終わりを告げるとともに、こうした状況に変化が訪れ始める。戦後、日本の産業構造は、第一次産業から第二次産業へと大きく転換したが、さらに、1973年のオイルショックをきっかけに、それまでの主要産業であった第二次産業から、第三次産業中心の産業構造へと移行していくことになった。サービス提供を主とする第三次産業では、いわゆる9時から5時の勤務で、週休二日という勤務形態をとることが難しい場合も多い。そのため、正社員だけでは補いきれず、学生アルバイトや主婦のパートタイム労働者を積極的に雇用することになった。

そればかりでなく、オイルショックによる経済成長の鈍化は、男性の賃金の伸び率低下をもたらした。そのため、これまでの生活水準を維持する、もしくはより良い生活水準を目指すのであれば、妻の収入が必要になったのである。「三種の神器」に代表されるように、消費と生活水準の向上が同義に捉えられ、また、子どもにより良い生活を保障するための学歴獲得の必要性から、生活費の補てん、子どもの習いごとや教育費のために、主婦のパート就労が欠かせなくなったのである。こうして、主婦のパート就労が広まった。このような既婚女性の就業は、「良き主婦役割、良き母親役割を完遂するため」(上野, 1985：47；1990：219) のものであり、夫のような「稼ぎ手役割」としてのものではないと捉えることができる。つまり、パート就労をする既婚女性は増加しても、妻の就業はあくまでも補助的なものであり、「夫＝稼ぎ手、妻＝主婦（家事育児の担い手）」という性別役割分業には、大きな変化はみられなかったといえよう（第3章にもあるように、この点は、現在でも大きく変化していない）。

しかし、1980年代後半になると、さらなる大きな転換のきっかけが訪れた。1986年に施行された男女雇用機会均等法である。この法律は、日本が国連の女子差別撤廃条約を批准したことを受けて制定されたものである。すでに述べたように、高度経済成長期に普及した日本型雇用慣行は、女性には適用されず、女性は若年退職、男性の補助業務、低賃金、昇進・昇給が望めないという男性とは対極の労働環境に置かれていた。こうした雇用における男女差別をなくすという意味で施行されたのが、男女雇用機会均等法である。その結果、原則的には女性も男性と同じ定年まで就業することが可能になり、さらに、この男女雇用機会均等法をきっかけに導入されたコース別人事制度によって、女性は男性の補助業務のみでなく、基幹業務にも従事できる機会が設けられたのである。こうして、女性は、ある一定の年齢になったら退職に追い込まれ、結婚しなければならないという状況から解放され、結婚を先延ばしにすることも可能になったのである。

　さらには、既婚女性が出産後も仕事を継続できるようにと、「産前産後休暇」「育児休業」が法的に整備され、結婚や出産によって、いったん退職して専業主婦になり、子育てが一段落したらパートとして再就職するという道だけではなく、結婚・出産後もそのまま正社員として仕事を継続するという道が選択できるようになった。そのため、妻が正社員の共働き夫婦がその後増加していくことになる。

■ 未婚化・晩婚化と近代家族のゆらぎ

　結婚の先延ばしは、女性にだけみられるようになった現象ではない。「未婚化・晩婚化」という社会現象は、1970年代後半から徐々にその傾向が表れ、1980年代後半からは男女の若者に共通して進展してきた。

　「未婚化・晩婚化」とは、文字通り、結婚しない若者の増加、平均初婚年齢の高齢化を指す。未婚率に関しては、図1-1にみるように、オイルショック直後の1975年では、男性の場合、30歳代前半で14.3％、30歳代後半で6.1％、女性の場合、20歳代後半で20.9％、30歳代前半で7.7％であるのに

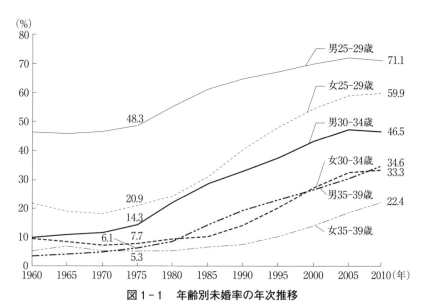

図1-1　年齢別未婚率の年次推移

出所：総務省統計局・政策統括官・統計研修所「日本の長期統計系列」より作成

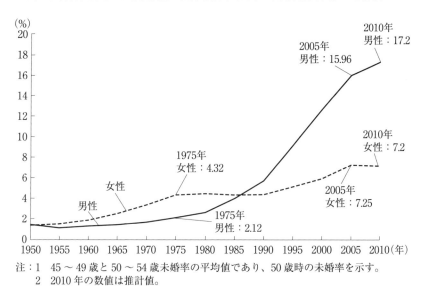

注：1　45〜49歳と50〜54歳未婚率の平均値であり、50歳時の未婚率を示す。
　　2　2010年の数値は推計値。

図1-2　生涯未婚率の年次推移

出所：国立社会保障・人口問題研究所「人口統計資料集」(2011年)より作成

対し、2010年段階では、男性30歳代前半で46.5％、30歳代後半で34.6％、女性20歳代後半で59.9％、30歳代前半で33.3％と、男女とも非常に高くなっている傾向がうかがわれる。そして、近年の特徴としては、特に男性の年齢の高い層での未婚率が上昇していることである（図には記載がないが、2010年の40歳代後半の男性の未婚率は21.5％である）。その結果、図1-2にみるように、男性における生涯未婚率の増加傾向が顕著になっている。また、平均初婚年齢は、1970年代前半（ちょうどオイルショック期頃）までは、男性27歳前後、女性24歳前後であったが、1970年代後半から上昇し始め、2009年には、男性30.4歳、女性28.6歳となっている（厚生労働省「人口動態統計」）。

「未婚化・晩婚化」は、1980年代後半から特に顕著になった傾向であるが、その背景には「理想的な相手が見つかるまでは結婚しなくてもかまわない」という「結婚適齢期の崩壊」と「恋愛結婚の浸透」、さらには、「パラサイトシングルの増加」といった要因が考えられる。1960年代半ばまでの結婚のきっかけの多くは、見合い結婚であった。その後1970年代からは恋愛結婚が逆転し、今や結婚のきっかけの90％は恋愛結婚である。つまり、結婚したいと思うような相手に出会うまでは結婚しないという状況が広まり、これが若者の未婚率の上昇につながっているのである。未婚者の90％近くが結婚をしたいと思っており、その約4割が、「理想的な相手が見つかるまでは結婚しなくてもかまわない」と回答していることから（第2章参照）、こうした実情を読み取ることができる。

そして、特に女性にとって、「理想的な相手が見つかるまで結婚しない」ということが可能になった背景の1つとしては、前述のように女性が若年退職を強要されなくなったということをあげることができるだろう。男性にとっても、高度経済成長期には、結婚して妻子をもたないと一人前とみなされない風潮が企業社会にあり（いつまでも独身の男性は、昇進や昇給も危ぶまれた）、女性ほど結婚適齢期が厳密に指摘されたわけではないが、やはりある一定の年齢までに結婚することが必要であった。しかし、男女雇用機会均等法によって、女性も男性職に参入してくる中で、こうした風潮が薄れ、男性にとっ

ても女性にとっても、結婚は人生生活上特定の時期に必ず行われなければならないというものではなくなった。そして、90％近くの男女が、ある一定の年齢で結婚するという1970年代までみられた皆婚社会が崩壊することになったのである。さらに、「未婚化・晩婚化」現象を後押ししたのが、親による子どもの扶養期間の長期化であり、それが「パラサイトシングル」という社会現象となって現れたのである。

　「パラサイトシングル」とは、学卒後社会人となっても離家せず、親と同居している未婚の若者のことを指し、やはり1980年代後半から目立ってきた現象である。少なくとも高度経済成長期までは、学卒後就職したら親元を離れるのが一般的であり、女性の場合には、就職して数年後、結婚を契機に離家するという傾向にあった。しかし、ちょうどバブル景気に世間が沸き立ち、男女雇用機会均等法が施行されるようになった1980年代後半から、就職をしても親元を離れず、しかも給与のすべてを自分の好きなことにつぎ込み、その上親には身の回りの世話から場合によっては小遣いまでもらうという独身の若者が増加したのである。山田は、こうした若者たちのことを「パラサイトシングル」と名づけたのである（山田, 2005）。

　この時代の若者の家庭は、きょうだい（兄弟姉妹のこと）数が2～3人の「標準家族」が多数を占める。親世代はきょうだい数も多く、就職したら家を出るということは必然であったが、きょうだい数が減ったこの世代では、そうした必然性も薄れている。さらに、母親たちの多くが専業主婦であり、子どもが家を出てしまうとそれまで自分がアイデンティティのよりどころとしてきた「母親役割」を失うことになってしまう。こうした理由から、親もいつまでも子どもが離家しないことに抵抗はなく、若者自身にとっては、親元にいれば、家事もせず、生活費も支払わなくてすむということから、「パラサイトシングル」が増加したと考えられる。そして、こうした現象が、ますます「未婚化・晩婚化」を促進したと考えられる。

　さらに、バブル経済崩壊後の経済不況により、「パラサイトシングル」はその特徴を変えて、増加している。発生当初は、ある意味「リッチな独身」

であり、それを謳歌したいために、結婚しようと思えばできるのにしない（つまり結婚資金は十分にあるという意味で）のが「パラサイトシングル」であった。しかし、近年は、「ニート」「フリーター」という現象に示されるように、学卒後就職ができずに、生活の保障がないから親元を離れたくとも離れることができない、結婚したくとも、結婚資金もなく、結婚後の生活の目処が立たないから結婚できないという「パラサイトシングル」が増加しているのである。未婚者の結婚していない理由をみても、近年は「結婚資金がないから」という理由が増加していることからも、こうした「パラサイトシングル」の変容がうかがわれる。

つまり、「未婚化・晩婚化」傾向により、近代家族にゆらぎがもたらされているというよりも、むしろ、家族形成自体が危うくなっているのである。

これまで、私たちは、生涯のうち「定位家族」（両親が結婚により形成した家族）と「生殖家族」（自らの結婚により形成した家族）の2つのタイプの家族を経験するといわれてきたが、定位家族のみの経験で生涯を終える人々が、今後増加する可能性が考えられる。

■ 少子化と近代家族のゆらぎ

「未婚化・晩婚化」がその主たる要因であるとされている「少子化」という現象も、近代家族のゆらぎを象徴する現象である。

「少子化」とは、出生数の減少のことを指すが、合計特殊出生率の低下を指標としている。合計特殊出生率は、再生産年齢（出産が可能な年齢）とされる15歳から49歳の女性の年間出産数の合計を15歳から49歳の女性の人口を分母として除したものであり、これによって便宜的に1人の女性の生涯の出産数としている。

そもそも、少子化が社会問題と認識されたのは、1989年の1.57ショックがきっかけである。図1-3の合計特殊出生率の推移に着目すると、少子化現象は、戦後から一貫してみられる傾向であるが、戦後すぐの少子化は、敗戦国日本の経済復興を目指しての政府としての政策の結果であった。すでに

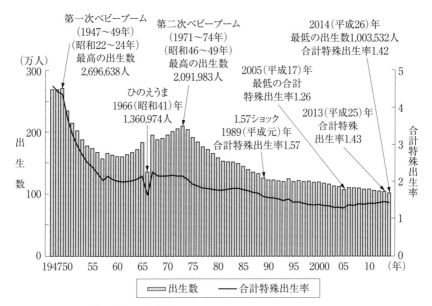

図1-3　出生数および合計特殊出生率の年次推移
注：1947〜1972年は沖縄県を含まない。
出所：厚生労働省「人口動態統計月報年計（概数）の概況」（平成26年）より作成

みたように、高度経済成長期に入ると、標準家族が定着したことにも表れているように、子どもに少しでも高度な教育を受けさせるには、子どもは2人くらいがちょうど良いということになり、しばらく、子ども数は2〜3人で落ち着くことになる。しかし、1970年代後半から徐々にその安定が崩れ始め、ついに1989年には合計特殊出生率が1.57という数値を記録した。この数値は戦後特異とされた1966年の丙午（ひのえうま）の数値1.58を下回るものであり、「少子化」傾向が捨て置けない問題として認識され始めたのである。時期を同じくして1970年代後半から、日本では高齢化が急激に進行し、「少子高齢化問題」として注目されるようになった（松信, 2010b）。

その後1990年から「エンゼルプラン」などの少子化対策が講じられるようになった。戦後最低の合計特殊出生率を経験した2005年以降、少子化傾向は若干の改善がみられたものの、2014年にはまた合計特殊出生率が低下

図 1-4 平均出生児数および平均理想子ども数の推移

注：1 理想子ども数については、妻の年齢50歳未満の初婚同士の夫婦に対する調査
　　2 完結出生児数は、結婚持続期間15〜19年の妻を対象として出生児数の平均

出所：国立社会保障・人口問題研究所「第14回出生動向基本調査」

し始め、出生数は戦後最低となった。このように、少子化の進行は一向に改善されていない。少子化が注目されるようになった1980年代後半は、先に指摘した「未婚化・晩婚化」が進展した時期であり、少子化の主たる原因は、結婚しない若者が増えたことによるといわれた。実際、図1-4にみるように、結婚した女性の完結出生児数は、2000年代前半まで2を超えている。つまり、結婚すれば、平均して2人は子どもをもっていたということになる。しかし、実際の既婚女性のもつ子ども数の分布をみてみると、1990年代後半から3人が減る一方で1人が増え、2000年代に入ると、0人も増加している。つまり、結婚しない若者が増えているから、子ども数が減っているというばかりでなく、結婚している夫婦の子ども数も減少しているために、少子化が改善されないのである。結婚している夫婦の子ども数減少の要因については、そもそも、晩婚化により、第一子の出産年齢が高くなっていることが指摘できる。第一子出生時の母親の平均年齢は、1975年には25.7歳だったが、2014年には30.6歳となっている（厚生労働省『人口動態統計』）。共働きが

増加して、出産をしたくない女性が増えたからであると指摘されることもある。しかし、専業主婦の子育て負担感も高く（第5章を参照）、専業主婦がもうこれ以上子どもはいらないというケースも少なくない。また共働きの場合、待機児童の増加にも象徴されるように、子育てをしながら職業を継続していくための体制が十分ではないこともある（松信，2010c）。

このような夫婦ともに正社員である共働き夫婦の増加と、夫婦の子ども数の減少、そして子どものいない夫婦といった傾向は、「夫はサラリーマン、妻は専業主婦、子どもは2人の核家族」という近代家族モデルのゆらぎを示しているとみなすことができるだろう。

✜ 高齢化の進展と近代家族の矛盾

前述のように、少子化と並んで進行してきた社会現象に「高齢化」がある。高齢化は、全人口に占める65歳以上人口の割合を指標とする高齢化率によって示され、7％で高齢化社会、14％で高齢社会、21％で超高齢社会と呼ばれている。日本が高齢化社会を迎えたのは、1973年であり、現在ではすでに超高齢社会に突入している。高齢化の進展は、年金問題、介護問題の深刻化として捉えられ、少子化とセットになることによって、労働人口の減少による経済の停滞も指摘されている。

近代家族との関連で高齢化を考えるならば、老親の扶養（同居と介護）の観点から捉えることができる。

「家」制度下では、跡取りの長男にのみ家督相続権が移譲されていたが、同時に老親の扶養も跡取り長男の役目であった。そのため、「規範としての家族」（第2章参照）は、三世代同居の拡大家族であった。しかし、実際は、「家」制度下の時代においては、平均寿命も短かったため、三世代同居の家族が実現した割合はさほど多くはなかった。つまり、三世代同居家族は「イデオロギーとしての家族」であったともいえる。戦後の近代家族においては、「規範としての家族」は、核家族であり、祖父母世代の夫婦は排除され、同居しないことが前提になる。だが、その一方で、戦後は平均寿命が急速に延

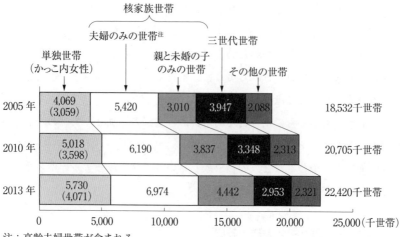

図1-5　世帯構造別65歳以上の者のいる世帯
出所：厚生労働省「国民生活基礎調査」より作成

び、高齢化が進展するに従って、「規範としての家族」は核家族であっても、老親の扶養がより一層必要とされるようになった。「家」制度下においても、核家族は一定数存在し、戦後の近代家族の進展の中でも核家族の割合は、それほど増加していない。戦後一貫して増加傾向にある家族形態は、単身家族世帯と夫婦家族世帯であり、この中で多数を占めるのが、65歳以上の高齢者の単身家族世帯と夫婦家族世帯なのである（図1-5）。そして、平均寿命については、男性よりも女性のほうが長いということもあり、高齢者の単身家族世帯は、圧倒的に女性が多い。

　つまり、近代家族化、高齢化が進展する中で、子どもが他出した後の夫婦がそのまま高齢者夫婦家族世帯として存続し、さらに、片方の配偶者の死亡により、高齢者単身家族世帯となるという傾向が生まれたといえる。そして、高齢化の進展により、その傾向がますます強まっているのである。

　こうした傾向は、近代家族のゆらぎというよりも、むしろ近代家族化が生み出した意図せざる結果といえよう。

■ 標準モデルの崩壊と家族の多様化

　上述のような近代家族の「標準モデル」を超えた家族の傾向は、恋愛結婚のより一層の浸透により、さらに新たな家族の傾向を導き出した。

　「未婚化・晩婚化」の背景には、恋愛結婚の浸透もかかわっているということは、すでに述べた通りであるが、恋愛結婚の浸透は、離婚の増加をも導いた。1980年代に入ると、離婚への容認度が高まる傾向をみせるが（第2章参照）、それと同時に離婚も増加してくる。そして、離婚の増加は、母子家庭、父子家庭の増加、ステップファミリーと呼ばれる再婚家族の出現に結びついた（第10章参照）。もともと父子家庭、母子家庭は存在してきたのであるが、そうなった主たる原因は、母親もしくは父親の死亡であった。しかし、特に離婚の急増がみられるようになった1980年代後半以降、離婚が母子家庭、父子家庭になるきっかけの主たる要因に変化していく。

　標準家族の暗黙の了解として、結婚は生涯一度きりのものであるという前提がある。そしてまた、父親と母親がそろっているということも条件となっている。近年の家族研究では、父子家庭、母子家庭を総称して「単親家族」、もしくは「ひとり親家族」という呼び方をしているが、標準モデルが一般的であったときには、「片親家族」「欠損家族」という呼び方がされており、こうしたことからも、「両親がそろっていること」が標準家族の条件であることがわかる。

　少子化が、子どものいない家族を導き出したとするならば、離婚の増加が子どもと親が1人という、やはり近代家族を超えた家族の可能性を導き出したといえよう。

　さらに、結婚が一度きりのものであるという前提は、家族成員のうち、夫婦は姻縁関係で、親子と子ども同士は血縁関係で結びついているということになる。先に指摘したステップファミリーは、親子、きょうだいが血縁でない関係を含むことになり、表面的には近代家族の形式をとっていても、その内実の関係性が近代家族とは異なることになる。

　また、日本ではまだ顕著な傾向としては現れていないが、諸外国では、

1980年代後半から婚姻届を出していない事実婚カップルを法的に保障したり、また、同性カップルの法律婚が認められたり、法律婚に準ずる制度がつくられたりと、近代家族を超える新しい家族のかたちとして登場してくる(第9章)。日本においては、事実婚の法的保障もなく、また、同性カップルは偏見の目でみられることが多い。しかし、同性愛は偏癖や疾病ではないという認識が浸透し、結婚における愛情の重視といった点から、諸外国では、同性婚に対して、異性婚と同等の権利保障をしようという動きが出てきたのである。日本においても、2015年には、自治体レベルではあるが、同性同士のパートナーシップを認めようとする動きが現れた(第9章)。こうした傾向は、これまで異性間を前提としてきた結婚・パートナーシップの認識を超えるものであるといえる。

　以上みてきたように、戦後から高度経済成長期にかけて浸透・定着した近代家族は、1970年代後半からゆらぎの予兆を経験し、1980年代後半、特に1990年代に入って本格的なゆらぎを経験する。そして、1990年代後半から2000年では、標準モデルを超える家族の傾向がみられるようになり、現在では、明らかに近代家族に基づく家族の標準モデルは、現代の家族には標準となり得ない段階に入っているといえる。

　こうした家族の傾向を家族の「多様化」「ライフスタイル化」(個人のライフスタイルに応じて、様々なかたちをとることができるということ)といった名称で呼ぶ家族研究者もいるが、ここでの共通した認識は、現代家族には、ある特定の基準、画一的な家族のモデルが存在しなくなった、すなわち標準モデルは崩壊したということである。現代の家族は、家族の模索状態にあるといってもよいであろう。

5．現代家族を考察する視点

　そこで、本書では、こうした多様化している現代家族、模索状態にある現代家族の現状を捉えるために、以下のような構成をとっていく。第2章では、

家族をめぐる意識と現実のギャップを「規範」と「イデオロギー」という観点から考察する。第3章では、共働き家族の増加を背景とした家族生活の変容を「生活時間」という観点から検討する。そして、第4章では、同じく共働き家族が増加する中で、「平等家族」が実現しているのか否か、夫婦における「性別役割分業」と「勢力」という観点から考察する。第5章と第6章では、近代家族の主要な役割とされた「子どもの社会化」「子育てのあり方」が現代の家族においてどのように変化しているのかを「社会化」「父親の育児」「子育てネットワーク」という観点から検討する。そして、第7章では、「祖父母であること」の変容について「ライフコース」の観点から考察する。さらに、第8章では、高齢者をめぐる現状と問題について、「地域のサポートネットワーク」という観点から考察する。第9章では、ジェンダー、セクシュアリティという観点から、同性カップルなどの新しい家族のかたちについて、その実情と問題を検討する。第10章では、離婚増加に伴うひとり親とステップファミリーの現状について「代替家族」「継続家族」モデルという観点から考察する。そして、第11章では、これまで近代家族の親密性という点から封印されてきた家族における暴力という点について検討する。最終章では、現代の日本における家族政策について国際比較を通じて考察し、これから求められる家族政策のあり方について検討してみたい。

■引用・参考文献
上野千鶴子,1985,『資本制と家事労働』海鳴社.
上野千鶴子,1990,『家父長制と資本制』岩波書店.
牛島千尋,2001,「戦間期の東京における新中間層と『女中』」『社会学評論』Vol. 52. No. 2：266-282.
落合恵美子,2004,『21世紀家族へ：家族の戦後体制の見かた・超えかた』(第3版) 有斐閣.
川島武宜,2000,『日本社会の家族的構成』岩波現代文庫.
姫岡勤・上子武次編著,1971,『家族：その理論と実態』川島書店.
布施晶子,1993,『結婚と家族』岩波書店.
松信ひろみ,2010a,「恋愛と結婚と家族」『21世紀の家族さがし』学文社,90-

107.

松信ひろみ，2010b,「少子化と子育て支援」『21世紀の家族さがし』学文社，54-174.

松信ひろみ，2010c,「共働き家庭における母親の仕事と子育ての両立戦略」『駒澤社会学研究』第42号：59-80.

牟田和恵，1996,『戦略としての家族：近代日本の国民国家形成と女性』新曜社.

山田昌弘，2005,『迷走する家族：戦後家族モデルの形成と解体』有斐閣.

Burgess, E. W. & Locke, H. J., 1945, *The Family: From Institution to Companionship*, American Book Company.

Murdock, G. P., 1949, *Social Structure*, Macmillan Company.（内藤莞爾監訳，1986,『社会構造：核家族の社会人類学』新泉社.）

Shorter, E. 1975, *The Naking of the Modern Family*, Basic Books, Inc.（田中俊宏・岩橋誠一・見崎恵子・作道潤訳，1987,『近代家族の形成』昭和堂.）

第2章

家族規範と結婚の変容

1．規範とは何か

規範を捉える次元：意識と行動

「家族」は大きくわけて、「意識」として捉えられる側面と、「形態」として捉えられる側面がある。そしてこの家族をめぐる「意識」と「形態」は、密接に関連していると考えられる。なぜなら家族の「形態」とは、結婚や出産、離婚など、家族をめぐる人々の行動の所産である。そしておそらく人々は、自分の行動と矛盾のない家族意識をもちやすいだろう。また人々の家族意識は、家族をめぐる個々の行動に大きく影響するだろう。

じつは「規範」にも、意識として捉えられる次元と行動として捉えられる次元がある。そしてこれまで社会学の領域では、規範とは意識であるのか、行動であるのか、もしくは両者を含むものであるのかが議論されてきた。

例えばホワイトは、規範とは「パターン化された、あるいは一般的に保持されている行動期待であり、集団成員に共通に守られている学習された反応である」という定義について、規範は行為者の意識（行動期待）であるのか、行動（学習された反応）であるのかが混同されていると批判する。そしてその上で、規範とは「一群の社会的行為者に、一定の仕方で動作することを許容するか、禁止するか、要請する」ような「規則」であると論じた。「規則」とは、一定の行動パターンへと導く指針である。このためホワイトの立場に立つならば、規範は「行動」ではなく「意識（認知）」であるということになる。ただしホワイトは「人が従わないような規則は規則ではない」から、す

べての規則は行動パターンとして現れるはずだともいう。例えば日本では全出生に占める婚姻外の出生（婚外子）の割合がきわめて低いが、こうした事実は、結婚している夫婦間でしか出産・育児を認めない社会規範の存在を推測させる。つまりホワイトによれば、規範そのものは意識であるが、人々の行動パターンも規範の指標でありうる（White, 1993=1996）。

■ 規範の分析水準

規範は分析される水準によって、個人が内面化している道徳、集団で共有されている規則、社会的に制度化されている公式的な規範、の3つに区別することができる。つまり個人水準での規範は、個々人の道徳として観察される。一方、集団の水準での規範は、「わが家では殴ってはいけないことになっている」というように、共有されている行動規則として観察されるものである（White, 1993=1996）。

ところで個人は、3つ目の水準である社会的に制度化された規範（社会規範）によって、完全に型にはめられるわけではない。ゆえに社会規範そのものと個人によるその内面化は、識別される必要がある。「個人による社会規範の内面化」について考える際には、個人は社会規範とは別に、個人的な欲求をもちうることをおさえる必要があるだろう（西野, 2000）。例えば社会的には「人は結婚するべき」という規範が制度化していても、「私は結婚したくない」と思う人もあるだろう。つまり社会規範と個人の欲求は、一致することもあれば対立することもある。意識をもつ当事者は個人であり、社会的に制度化された規範とは、個々人の間で共有された意識といいうるものである。しかし人々は社会規範とは別に個人的な欲求をもちうるのであるから、個人の意識から社会規範を推測することには慎重さが求められる。

■ 規範とイデオロギー

私たちは一般的に、「会社員の父親と専業主婦の母親、2人の子ども」といった構成を「家族らしい家族」として捉える傾向がある。しかし近年の日

本では様々な家族形態が誕生しており、「会社員の父、専業主婦の母、2人の子ども」からなる家族は、もはや家族の典型であるとはいいがたい。にもかかわらず、こうした特定の家族形態が「家族らしい家族」と認識されがちである。田淵は、このような家族イメージはイデオロギー（＝特定の価値的立場に基づく信念や意見の体系）として作用しているものであるという。つまり必ずしも実像を伴うものではなく、人々が家族とはどのようなものであると信じているかを表している（田淵, 2009a ; 2009b）。

　人々を一定の家族行動へと導く「規範としての家族」とは別に、多くの人々にとって実現することが容易ではなく、また実現されることが必ずしも求められていないにもかかわらず、「家族らしい家族」であるとして理想化される「イデオロギーとしての家族」が存在しうる。この「規範としての家族」と「イデオロギーとしての家族」を比較し、両者の重なりや矛盾、対立を検証することで、私たちが「家族」に何を求め、何を期待しているのかがより明らかにされるだろう。この点については、2節で改めてふれることにしよう。

2．家族規範の弱体化

家族規範の「変化」から「弱体化」へ

　様々な家族形態の誕生に伴って、家族社会学の分野では1980年代後半以降、「家族の多様化」や「家族の個人化」が論じられてきた。もちろんそれ以前にも家族変動はみられたが、それらについては、家族規範が変化した結果として論じられていた。例えば戦後の「直系家族から夫婦制家族へ」という変動をめぐっては、核家族が増えたのは「子は結婚後、親と別居する」という夫婦家族規範が普及したためであるのか、それとも「長子は結婚後、親と同居する」といった直系家族規範は保持されているものの、環境条件が変化したためであるのか、といった議論がなされた。つまりいずれにせよ、家族に関する規範が存在し、個人はそれに縛られていることが前提とされてい

たのである。これに対し「家族の多様化論」「家族の個人化論」は、従来からの規範が拘束力を失い、人々が自ら価値や規範を選択するようになった結果として論じられている。つまりこれらの議論では、規範の弱体化がメルクマールとされている（山田, 2004）。

■「規範としての家族」の弱体化と「イデオロギーとしての家族」の強化

このように「家族の多様化」や「家族の個人化」が論じられ、家族規範の弱体化が指摘される一方で、むしろそれゆえに特定の家族形態が「家族らしい家族」とみなされ、理想化されるという矛盾も生じている。

山田は、家族関係自体を選んだり、解消したりすることが選択肢として用意され、その選択が個人の意志にゆだねられるようになることを「家族の本質的個人化」と名づけた。個人の意志の尊重とは、自分の選択や選好が尊重されると同時に、相手の選択や選好も尊重されることを意味する。例えば自分は離婚したくないと思っても、相手が離婚を望むならば、それを無視することはできないだろう。こうなると家族という関係性の実現や維持は、必ずしも保証されないことになる。そこで多くの人は「家族が家族らしくなくなる」と感じ、それへの反動から選択不可能で解消困難な関係性を求め、それを「家族」と呼ぼうとするようになるという。人々は解消可能な関係を「家族」とは呼ばないのであり、家族が家族らしくなくなる現実を補償するべく、例えば幻想の中に理想の家族を作り出すといった試みがなされる（山田, 2004）。

家族規範が弱体化してもなお、もしくはそれゆえに、特定の家族形態が「家族らしい家族」として理想化されうる。「規範としての家族」とは別に、「イデオロギーとしての家族」がありうることを理解することで、行動指針としての家族規範が弱体化した現代においても、特定の家族像が価値あるものとして認識され、推奨されることに目が向けられるだろう。

🞜 家族意識を観察する意義

　ホワイトの立場に立つならば、規範そのものは意識であるが、人々の行動パターンから規範の存在を推測することが可能である。そして日本では、近年になっても男性による家事・育児分担が進まず、同棲や婚外子の割合は低調なままである。これらの側面に注目するならば、現実に形成される家族はあまり変化しておらず、「近代家族」を支持するような行動パターンが維持されているといえる。ゆえに家族規範が弱体化したという指摘は、人々の家族行動よりも、家族意識とその変化に注目した議論であるといえるだろう。そこで3節では、家族や結婚をめぐる人々の意識データをもとに、現代日本の家族規範について探ってみたい。

　なおこれまで述べたように、個人の意識から社会規範を推測することには慎重さが求められる。意識調査とは個人の意識を集計したものであり、そこから直接読み取りうるのは、個々人が内面化している道徳である。ただし石原が指摘するように、意識調査の結果を世論として集約することで、個々人の意識を越えた共通の価値や規範を捉えることが可能になる。通念として示される多数者の態度は、必ずしも個々人の行動と直結しないが、これを大きく規定しうるものである（石原，1982）。

3．結婚と家族をめぐる意識

🞜 非婚に対する寛容性の高まり

　第1章でも指摘されたように、近年の日本では晩婚化と未婚化が進んでいるが、結婚をめぐる人々の意識には変化がみられるだろうか。

　1992年に行われた「男女平等に関する世論調査」（内閣府）によると、「結婚は個人の自由であるから、人は結婚してもしなくてもどちらでもよい」という考え方について、「賛成」30.9％、「どちらかといえば賛成」31.8％、「どちらかといえば反対」19.8％、「反対」11.2％と、肯定的な人が6割であった。そしてその約20年後に行われた「男女共同参画社会に関する世論調査」（内

閣府 2009 年）では、「結婚は個人の自由であるから、結婚してもしなくてもどちらでもよい」という考え方について、「賛成」48.0％、「どちらかといえば賛成」22.0％、「どちらかといえば反対」16.9％、「反対」11.1％となっている。つまり肯定的な人が7割に増え、中でも「賛成」として明確に肯定する人が5割近くを占める。こうした傾向から、結婚するか否かは個人が選択するものであるとして、非婚に寛容な人が増えていることが読み取れる。「結婚するのは当たり前」「結婚してこそ一人前」といった意識は弱まり、結婚はあくまで選択肢の1つという考え方が広まっているといえる。

つまり近年の日本では、「結婚して家族をもつ」ことを要請する社会規範は弱まっている。その背景としては様々な要因が考えられるが、例えば女性の場合、職業をもつことが一般的になり、結婚が生活保障の唯一の手段ではなくなったことがあげられるだろう。現在の日本社会では結婚・出産すると就業を続けにくいことも、結婚があくまで選択肢の1つと位置づけられる一因であろう。一方男性にとっては、経済状況が悪化する中、結婚して家族を扶養する義務を負うことは負担に感じられるのではないだろうか。

しかし現代の若者は、結婚に対して本当に消極的なのだろうか。

■ 若い未婚者の意識

2010年に行われた第14回「出生動向基本調査」（国立社会保障・人口問題研究所）では、18歳から34歳の未婚男性のうち86.3％が、同じく18歳から34歳の未婚女性のうち89.4％が、「いずれ結婚するつもりである」と回答している。一方、「一生結婚するつもりはない」という人は男性9.4％、女性6.8％である。つまり結婚しないと決めている若者は、1割にも満たない。ただし男性は42.4％、女性は40.5％が「理想的な相手が見つかるまでは結婚しなくてもかまわない」と回答しており、「ある程度の年齢までには結婚するつもり」という人は、男性56.9％、女性58.4％である。

こうした結果から現代の若い未婚者は、結婚はしたいと考えていることがわかる。結婚を当然とする社会規範は弱まり、非婚に対する寛容度が高まっ

ているものの、彼らは必ずしも非婚を望んでいるわけではないのである。こうした傾向から、結婚を当然とみなす規範が弱体化したものの、結婚制度それ自体は否定されていないといえる。ただし彼らは無理に結婚しようとは考えておらず、「適齢期」までに結婚しなくてはといった結婚年齢規範は弱まっている。また結婚を当然とみなす規範の弱体化は、人々が実際に非婚にとどまる可能性を高めるものである。これらの点から、彼らは理想的な相手が現れないならば未婚にとどまる可能性が高く、こうした若者の意識が晩婚化や未婚化と関連していることが考えられる。

ところで非婚化や晩婚化は、出生率低下の一因として関心がもたれてきた。非婚に対する寛容度が高まる中、子どもをもつことをめぐる人々の意識にも変化がみられるだろうか。

■ 子どもをもたないことに対する寛容性の高まり

合計特殊出生率（第1章参照）の推移をみると、戦後の第一次ベビーブーム期にあたる1947年には4.54であった。しかしその後は急激に低下し、1960年には2.00となった。1960年代以降は一時期安定を取り戻したが、1973年の2.14をピークに減少し続け、2005年には1.26という戦後最低の値を記録した。その後は少しずつ上昇し2014年は1.42であったが、全般的には明らかに少子化が進んでいる（厚生労働省「人口動態統計」）。そして意識の上でも、「必ずしも子どもをもつ必要はない」と考える人が増加しているようである。

1992年に行われた「男女平等に関する世論調査」（内閣府）では、「結婚しても必ずしも子どもをもつ必要はない」という考え方について、「賛成」12.6％、「どちらかといえば賛成」18.0％、「どちらかといえば反対」29.4％、「反対」31.5％であった。つまり子どもをもたないことに許容的な人は、3割であった。それが2009年に行われた「男女共同参画社会に関する世論調査」（内閣府）では、同一の質問に対して「賛成」22.5％、「どちらかといえば賛成」20.3％、「どちらかといえば反対」30.1％、「反対」22.8％と、許容的な人が4割に増えている。

こうした傾向から「子どもをもつのは当たり前」「子どもをもってこそ一人前」といった意識は弱まり、結婚と同様、子どもをもつこともあくまで選択肢の1つという考え方が広まりつつあるといえる。ただし若者たちは、必ずしも子どもをもたない人生を望んでいるわけではないようである。例えば2005年に行われた第13回「出生動向基本調査」(国立社会保障・人口問題研究所)によると、「いずれ結婚するつもり」と答えた18歳から34歳の未婚者のうち、希望する子どもの数が「0人」と答えた人の割合は男性4.0％、女性5.3％にすぎない。希望する子どもの数が「1人」である人の割合も、男性8.1％、女性7.3％である。つまり男女とも9割近くが、2人以上の子どもをもちたいと考えている。

生殖補助医療技術をめぐる意識

少子化が進み、必ずしも子どもをもつ必要はないという意識が広がる一方で、子どもを望むもののなかなか妊娠・出産に至らない人々の中には、人工授精や体外受精といった生殖補助医療技術を用いて子どもをもとうとする人もある。生殖補助医療技術は複雑な親子関係をもたらしうるものであり、また人々の家族観を変容させうるものであるが、人々はこれらの技術に対してどのような意識をもっているのだろうか。

2007年に行われた「生殖補助医療技術に関する意識調査」(厚生労働省)では、第三者の精子を用いた人工受精、第三者の卵子を用いた体外受精、第三者の受精卵(胚)を用いた胚移植、代理出産の4つについて、「一定の条件のもとで社会的に認めるべきだと思いますか」とたずねられている。結果をみると、「認めてよい」「認められない」「わからない」という3つの選択肢のうち、「認めてよい」を選んだ人の割合は、順に38.1％、39.8％、27.8％、54.0％であった。こうした結果は、生殖補助医療技術の受容がある程度広がっていることを示唆するものである。ただしこれまでの調査によると生殖補助医療技術に対する許容度は、不妊当事者の間でも、医療従事者の間でも、また一般の人々の間でも、立場によって大きく異なる(東京女性財団, 2000；

柘植，2005）。

■ 離婚に対する寛容性の高まり

晩婚化・未婚化が進む一方、第10章で詳しく述べられているように離婚も増加傾向にある。そして意識の上でも、離婚に対する寛容度が高まっているようである。

1972年に全国18歳以上の女性を対象として行われた「婦人問題に関する意識調査」（総理府）によると、「結婚しても、相手に満足できないときは、いつでも離婚すればよい」という考え方について、「共鳴できる」2.8％、「ある程度理解できる」18.6％、「あまり賛成できない」43.7％、「まったく反対である」27.3％であった。つまり離婚に肯定的な人は、2割にとどまる。しかし1992年に行われた「男女平等に関する世論調査」（内閣府）では、「結婚しても相手に満足できないときは離婚すればよい」という考え方について、「賛成」18.2％、「どちらかといえば賛成」26.2％、「どちらかといえば反対」27.8％、「反対」16.1％と、離婚に肯定的な人が4割強となった。そして2009年に行われた「男女共同参画社会に関する世論調査」（内閣府）では、同一の質問に対して「賛成」21.9％、「どちらかといえば賛成」28.2％、「どちらかといえば反対」29.3％、「反対」15.5％と、離婚に肯定的な人が半数を占めるに至っている。

このような傾向から、日本ではこの40年ほどの間に離婚に対する寛容度が高まったと考えられる。結婚を当然とみなす規範が弱まる中、理想的な結婚生活でないならば無理に続ける必要はない、といった意識が広まっているのだろう。ただしこの離婚容認の程度は、欧米諸国と比較するならば弱いものである。

■ 離婚をめぐる意識：諸外国との比較

2005年に行われた「少子化社会に関する国際意識調査」（内閣府）では、日本、韓国、アメリカ、フランス、スウェーデンの5カ国を対象に、離婚に

対する態度がたずねられている。結果をみると、日本では「子どもの有無にかかわらず、事情によっては離婚もやむをえない」と回答した人が最も多く、46.3%を占めている。しかし「子どもがいれば離婚すべきではないが、いなければ事情によってはやむをえない」として、子どもをもつ夫婦には離婚を認めない者も 32.9%を占める。一方アメリカ、フランス、スウェーデンといった欧米諸国では、日本や韓国に比較して「互いに愛情がなくなれば、離婚すべきである」とする割合が高い（図 2-1）。「子どもがいれば離婚すべきではない」という意識は、家族生活が夫婦中心ではなく子ども中心に形成されていることを表すものである。日本や韓国では夫婦関係よりも子どもの存在が第一であり、離婚に際しても子どもへの配慮が求められるようである。

では次に、夫婦の役割関係に関する意識をみてみよう。

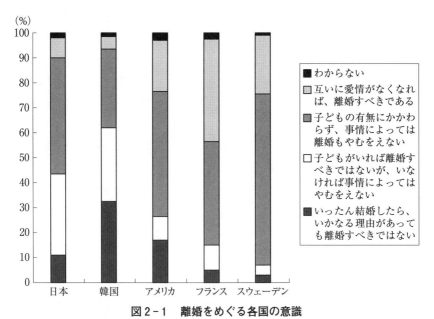

図 2-1　離婚をめぐる各国の意識
出所：内閣府「少子化社会に関する国際意識調査」（2005年）より

■「夫は仕事、妻は家庭」の否定

　2013年に行われた第5回「全国家庭動向調査」（国立社会保障・人口問題研究所）によると、妻が常勤職につく共働き夫婦でも、その6割強が、妻が家事の8割以上を行っている。また1割強の夫は、全く家事を分担していない。つまり共働き夫婦でも家事・育児はもっぱら妻が行っており、行動レベルでは性別役割分業が維持されているといえる。しかし意識レベルでは、性別役割分業に否定的な人が増えている。

　1972年に全国18歳以上の女性を対象として行われた「婦人問題に関する意識調査」（総理府）では、「夫は外で働き、妻は家庭をまもる」という考え方について、「賛成」48.8%、「どちらかといえば賛成」34.4%、「どちらかといえば反対」7.6%、「反対」2.6%であった。つまり性別役割分業に肯定的な人が8割を占めていた。しかし1992年に行われた「男女平等に関する世論調査」（内閣府）では、「夫は外で働き、妻は家庭を守るべきである」という考え方について「賛成」23.0%、「どちらかといえば賛成」37.1%、「どちらかといえば反対」24.0%、「反対」10.0%と、肯定的な人は6割に減少した。2012年に行われた「男女共同参画社会に関する世論調査」（内閣府）では、同一の質問に対して「賛成」12.9%、「どちらかといえば賛成」38.7%、「どちらかといえば反対」27.9%、「反対」17.2%となっている。

　このように「夫は仕事、妻は家庭」という考え方を支持する人は、この40年で大きく減少した。しかし前述したように、行動レベルでは性別役割分業が維持されている。夫が稼ぎ手であり、妻は主婦であることを前提とした税制度や年金制度などによって性別役割分業は強固に制度化されており、「夫は仕事、妻は家庭」という基本的パターンは変化していないのである。現代の日本社会では夫婦の役割関係を変えることには困難が伴い、性別役割分業をめぐる意識と行動が乖離しているといえるだろう。

■ 同棲・事実婚をめぐる意識

　第9章で論じられているように、結婚とは社会的に承認されたカップルの

持続的な関係性を指し、法律に基づいて行われる「法律婚」、「法律婚に準ずる地位を認める諸制度による結婚」、届け出はしていないが実態として結婚状態にあると認められる「事実婚」にわけることができる。

そしてヨーロッパ諸国では、同棲や事実婚のカップルを対象とする法律が整備され、法的届出をしないパートナーシップに対する差別が撤廃されてきた。これらの国々では同棲をしている人の割合も高く、北欧諸国では3割、中欧諸国でも2割を超えていることから、同棲が社会的に認められたライフスタイルとなっていることがわかる（岩澤, 2004）。これに対し日本では、2014年に行われた第7回「世帯動態調査」（国立社会保障・人口問題研究所）によると、同棲割合が2.5％を超える年齢層はみられない。つまり同棲は、ごく稀な水準にとどまっている。

なお2004年に行われた第1回「人口・家族・世代に関する世論調査」（毎日新聞社人口問題調査会）によると、「事実婚、同棲」については「抵抗感が全くない」16.9％、「抵抗感があまりない」32.3％、「抵抗感が少しある」36.0％、「抵抗感が大いにある」14.2％であった。つまり抵抗感が「ない」という人が半数であり、事実婚や同棲をめぐる態度は二分されている。ただし20代と30代前半では抵抗感が「ない」人が過半数を占め、若年層ほど抵抗感が低い（岩澤, 2004）。このような傾向から同棲が必ずしも強く否定されているとはいえず、こうした意識が同棲の増大につながるのか、今後の動向が注目されるところである。ただし同棲や事実婚を対象とした法律が整備され、実際に同棲をしている人の割合も高いヨーロッパ諸国と比較するならば、やはり日本では結婚（法律婚）というスタイルがより支持されているようである。

◼ 結婚の支持：諸外国との比較

2010年に行われた「少子化社会に関する国際意識調査」（内閣府）では、日本、韓国、アメリカ、フランス、スウェーデンの5カ国を対象に、「人生における結婚や同棲の必要性」についてたずねられている。その結果をみると、日本では結婚は「必ずするべき」という人は8.0％であるが、「したほう

がよい」という人が56.5%を占めている。結婚は「必ずするべき」もしくは「したほうがよい」として結婚を支持する人は、日本では6割強、韓国では8割弱を占める。一方フランスとスウェーデンでは、「結婚はしなくても同棲はした方がよい」「恋人はいた方がよい」「結婚・同棲・恋人は必ずしも必要ではない」という人が6割を占める。これらの国では、自立した男女の関係性を結婚という制度の枠で捉える必要はない、といった意識が浸透しているのだろう（図2-2）。

　こうした傾向から日本を含めアジア諸国では、ヨーロッパ諸国に比べて同棲というスタイルはあまり支持されていないことが推測される。確かに2006年に日本、韓国、中国、台湾を対象として行われた「東アジア社会調査」をみると、「結婚するつもりがなくても、男女が同棲するのはかまわない」という考え方について、全体的に否定的な人が多い。ただし世代によって意識が異なり、いずれの国・地域においても、若年層は同棲に対して比較

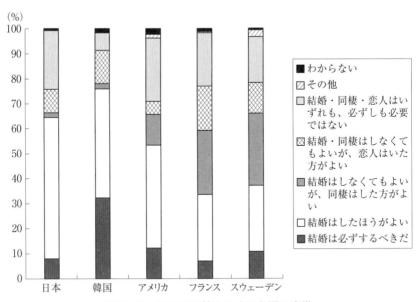

図2-2　結婚や同棲をめぐる各国の意識
出所：内閣府「少子化社会に関する国際意識調査」（2010年）より

的寛容である（岩井・保田編, 2009）。

✠ 婚外子の少なさとその背景

　欧米での同棲の多さは、婚姻外出生の多さを生じていることが知られている。一方日本では、同棲の普及がほとんどみられないことに加えて、出生に占める嫡出でない子（婚外子）の割合もきわめて低い。例えば2010年に厚生労働省が発表した「出生に関する統計」によると、出生に占める「嫡出でない子」の割合は、日本2.1％（2009年）に対してドイツ32.1％（2008年）、イギリス45.4％（2008年）、フランス52.6％（2008年）、スウェーデン54.7％（2008年）である（厚生労働省「人口動態統計特殊報告『出生に関する統計』の概況」〔平成22年度〕）。

　また日本では、結婚期間が妊娠期間より短い出生が嫡出第一子に占める割合が、2009年に25.3％となっている（厚生労働省「人口動態統計特殊報告『出生に関する統計』の概況」〔平成22年度〕）。つまり法律上の婚姻関係にある夫婦間に生まれた最初の子どものうち、4人に1人はいわゆる「できちゃった結婚」の結果生まれたことになる。

　「できちゃった結婚」は、結婚と性の分離が進んでいることを象徴するものである。2010年に行われた第14回「出生動向基本調査」（国立社会保障・人口問題研究所）によると、18歳から34歳の未婚者のうち、男性は84.0％、女性は83.2％が、「結婚前の男女でも愛情があるなら性交渉を持ってもかまわない」という考え方に「まったく賛成」もしくは「どちらかといえば賛成」である。つまり結婚に結びつかない恋愛や性交渉を許容する若者が、圧倒的多数を占めている。しかし妊娠をきっかけに結婚に踏みきる男女が多いという事実から、出産・育児に関しては、あくまで婚姻内で行われるべきという規範が強固であることが推測される。このような婚外子に対する否定的態度は、ヨーロッパ諸国の人々の意識と比較するならばより明らかである。

■ 婚外子に対する非寛容性：諸外国との比較

　2010年に行われた「少子化社会に関する国際意識調査」(内閣府)では、日本、韓国、アメリカ、フランス、スウェーデンを対象に「結婚していないカップルが、子どもをもつこと」についてたずねられている。結果をみると、日本では「抵抗感が少しある」もしくは「抵抗感が大いにある」という人が51.3％を占める。韓国ではさらに多く、57.9％である。一方、フランスでは81.9％、スウェーデンでは89.7％が「抵抗感が全くない」と回答している。つまりこれらの国々では、結婚というかたちをとらずに子どもをもつことに対して何ら抵抗感がもたれていない(図2-3)。婚外子割合の低さと婚外子に対する否定的態度は、日本社会と欧米社会の違いを端的に示すものである。フランスやスウェーデンでは婚外子の法的地位の差別が撤廃されたが、日本では多様なパートナーシップや出産のあり方が社会的に位置づけられていないといえるだろう。

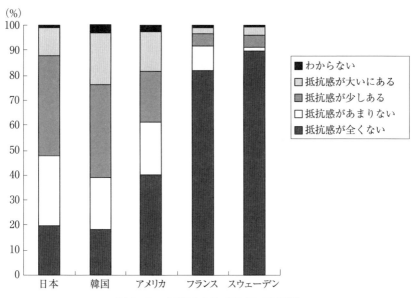

図2-3　婚外子をめぐる各国の意識
出所：内閣府「少子化社会に関する国際意識調査」(2010年)より

4.「規範としての近代家族」の弱体化と「イデオロギーとしての近代家族」の維持

　各種の意識調査データから、日本では非婚や離婚、結婚しても子どもをもたないことへの寛容度が高まり、性別役割分業に否定的な人が増加していることが読み取れる。結婚や家族をめぐる意識には大きな変化が生じており、既存の結婚の枠組みにとらわれない生き方の許容が進行しているのである。つまり結婚するかしないか、子どもをもつかもたないか、結婚後の役割分担はどうするのか、結婚生活を続けるのかといった事柄は、個人の自由意思によって選択されるべきという意識が広がっているといえる。こうした傾向に注目するならば、近年の日本社会では、結婚や家族形成に関する行動指針としての規範は弱体化したということができる。もはや「規範としての家族」は存在しないともいえ、そのことが多様な家族形態の誕生を可能にしているのだろう。

　しかしその一方で、結婚しない人生を志向する若者は少数派である。結婚に代わるパートナーシップといいうる同棲も、ほとんど普及していない。また婚外子は支持されておらず、現状ではほとんどの出産・育児が婚姻内で行われている。これらの側面に注目するならば、結婚制度そのものを否定する人はごくわずかであるといえるだろう。また性別役割分業についても、意識レベルでは否定的な人が増加しているものの、現実にはもっぱら妻が家事・育児を行っている。

　つまり結婚や家族形成をめぐって個人に選択の自由が認められ、行動レベルでも晩婚化や未婚化、少子化が進展し、離婚が増加している。しかしその一方で、結婚制度そのものは否定されず、「近代家族」を支持するような行動パターンが維持されているのである。このような傾向から、現代の日本では「規範としての近代家族」は弱体化したものの、「イデオロギーとしての近代家族」は根強く維持されているということがいえるだろう。

■引用・参考文献

石原邦雄,1982,「戦後日本の家族意識:その動向と研究上の問題点」家族史研究編集委員会編『家族史研究6』大月書店,118-139.

岩井紀子・保田時男編,2009,『データで見る東アジアの家族観:東アジア社会調査による日韓中台の比較』ナカニシヤ出版.

岩澤美帆,2004,「日本における同棲の現状」毎日新聞社人口問題調査会編『超少子化時代の家族意識:第1回人口・家族・世代世論調査報告書』毎日新聞社,71-106.

田渕六郎,2009a,「家族らしさとは」神原文子・杉井潤子・竹田美知編著『よくわかる現代家族』ミネルヴァ書房,10-11.

田渕六郎,2009b,「実像とイメージの家族変容」神原文子・杉井潤子・竹田美知編著『よくわかる現代家族』ミネルヴァ書房,18-19.

柘植あづみ,2005,「生殖補助医療に関する議論から見る日本」上杉富之編『現代生殖医療:社会科学からのアプローチ』世界思想社,138-158.

東京女性財団,2000,『女性の視点からみた先端生殖技術』

西野理子,2000,「家族の認知に関する探索的研究:個人の認知と社会規範との連結をめざして」『家族研究年報』25:43-56.

山田昌弘,2004,「家族の個人化」『社会学評論』54(4):341-354.

White, J. M., 1993, *Dynamics of Family Development: A Theoretical Perspective*, The Guilford Press.(正岡寛司・藤見純子・西野理子・嶋崎尚子訳,1996,『家族発達のダイナミックス:理論構築に向けて』ミネルヴァ書房.)

第3章

家族の生活時間とワーク・ライフ・バランス

1. 家族の生活を時間から捉える

生活時間研究の方法とデータ

　家族の日常生活を理解するにあたって生活時間を用いる方法が古くから行われてきた。家族社会学の領域では決して主要な方法であったとはいえないが、近年ワーク・ライフ・バランスへの関心の高まりもあって研究蓄積も厚みを増しつつある。

　生活時間調査では10～15分刻みのスケールで人の24時間の行為を記録することが多い。通常は簡単な日記をつけてもらい、あらかじめ決めておいた行動分類に合わせてコーディングされる。誰と一緒にいたか、どこにいたのかも同時にたずね、人の生活像を多元的に描こうとする（矢野編, 1995）。例えば、隣接領域でもある時間地理学という分野では、人々の移動のしやすさを考慮した都市空間への政策提言などへと応用もされてきた。社会学者のギデンズの構造化理論は1980年代に時間地理学にも大きな影響を与えたといわれ（荒井ほか, 1996）、学問領域の裾野は広い。

　生活時間調査は単純であるがゆえに、20世紀の初頭から欧米を中心にすでに試みられていた伝統的な手法である。日本でも第二次世界大戦前の1941年にはNHKによって大規模な調査がすでに行われていた。1960年代には本格的な国際比較調査がなされ、日本でも比較可能な調査がなされている。その後も国際比較プロジェクトは継続的に行われてきた。例えば、MTUSというデータベースでは22カ国の1960年代から現在に至るデータが比較可

能な調整を経て登録されているが、日本のデータは提供されていない（IATUR, 2011）。

1970年代以降、NHKの国民生活時間調査と総務省の社会生活基本調査による2つの大規模データを有する日本であるが、研究に求められる統計分析水準が高まっていても個票での一般公開が遅れ、学術研究への利用は限定されていた。しかし、2001年に開始された社会生活基本調査の詳細行動分類による調査によって、一定の国際比較が可能となりOECDなどに提供されている。

家族研究への応用

日本での家族社会学的研究については、熊谷により1950年代から1980年代にかけて農村家族の変化を分析する包括的な研究が行われた（熊谷, 1998）。また、品田は家事時間に着目した家族生活の比較社会学的研究をまとめた（品田, 2007）。家事を分担の視点などから扱う家族社会学的研究は多いが、生活時間調査のデータを扱った研究は限られている（松田・鈴木, 2002）。

一方、家政学の分野には独自の生活時間調査による肥沃な蓄積がある。伊藤と天野らは1975年から5年ごとに東京都在住の雇用労働者夫妻を対象とした調査を継続的に実施し、1995年には韓国の首都ソウルとの比較も行っている（伊藤ほか, 2001）。東京とソウルともに夫の長い収入労働時間、夫の少ない家事参加などが観察され、その傾向に大きな経年変化はみられなかった。

また、水野谷はこのグループによる調査データの分析に加え、各種国際統計データを駆使して雇用労働者の生活を分析した。労働時間を中心に用いられることが多い「毎月勤労統計調査」の労働時間には不払い労働が含まれておらず、国際比較で用いられるには問題が多いという。生活時間調査とつけ合わせた分析によれば、2000年におけるヨーロッパ男性の労働時間水準がおよそ年間1850時間前後であるのに対し、日本男性は500時間長いと推計され、時短が進んでいるとする政府の認識は問題であると指摘されている

(水野谷, 2005：100)。

　海外では、時間を取り上げた研究の多くが家族研究の中心近くに位置しており、*Journal of Marriage and the Issue* の書評によると、1997年に初版が出版された *Time Bind*（Hochschild, 2001）と *Time for Life*（Robinson & Godbey, 1999）の出版によって、家族の時間という問題が家族社会学の中心的な話題の1つに移行したという。日本でも翻訳され、広く読まれた『セカンド・シフト』や『管理される心』で知られるホックシールドは、*Time Bind* がベストセラーとなり、政府のワーク・ライフ・バランス議論に火をつけたとされる。その著作の中でたびたび参照された『働きすぎのアメリカ人』(Schor, 1992)は、労働時間の増加と余暇の減少を指摘し、その後アメリカで論争が起きた話題の本である。その食い違いを埋める研究が、ジェイコブズらによる生活時間の二極化現象への着目である（Jacobs & Gerson, 2004）。また、ジェンダー・ポリティクスの立場から時間を中心に理論的に据え直すことの重要性も近年主張されている（Bryson, 2007）。

■ 生活時間データの特徴と比較可能性

　一般的に日本で使われている「生活時間」は英語では time use（時間利用）と同義である。このデータの特性について述べておきたい。
　まず、データの属性に注意して取り扱う必要性が高いといえる。個人の生活時間の記録は、家事に1日平均何分といった無味乾燥なもので、そこから意味を引き出すためには、平均のとり方や比較の基準を慎重に考慮しなければならない。例えば、男性と女性の家事時間量があまりにも違う場合に、男性と女性を足した「平均人」ではよくわからないので、男女別に集計することは誰でも思いつく。けれども、結婚している女性／していない女性の属性の違いは無視されることがある。特に女性の家事時間は婚姻関係や子どもの有無・年齢によって大きく異なることが知られているので、未婚化が進んだ社会では、この属性ごとに平均値をみないと変化がよくわからない。その点でNHKの国民生活時間調査には、配偶関係の有無による分類がないため、

日本のように配偶関係で時間利用に大きな違いが生じる社会では使いにくい場合がある。

　次に、どういった行動を平均したものなのか踏まえた解釈をする必要がある。平日のみなのか休日を含めるのかという点で、国際比較では週の全体平均をとり、平日と休日を合わせた1日平均値を取り上げることが慣例となっている。また、日本では土日祝日が労働日の人も多いので、その人にとっての「労働日」なのか「カレンダー上の休日」なのか、なども注意を払わなくてはならない。主な行動のことを一次行動とし、同時にする行動を二次行動とすることが多いが、国民生活時間調査の小分類は、二次行動を足し合わせたものとなっているため、合計すると24時間を超える。一方、社会生活基本調査は一次行動のみ計量されているという違いがある。さらに、行為者平均と全体平均は、前者がその行動をした人のみの平均値であるのに対し、後者はすべての人を含めた値であるなど、まぎらわしい点も多い。

　また、行動分類についての定義をよく参照する必要がある。例えば、欧米では通常「家事」に分類されることが多い園芸やペットの世話などが、社会生活基本調査の定義では「趣味・娯楽」となっている。ここには、社会が何を家事とみなすか、という価値観が反映されている。現時点で日本では国際比較しやすいデータセットが提供されているわけではないので、利用にあたっては注意を要する。そして行動分類の水準には、おおむね3段階あり、大分類では5-10程度、中分類では20-30程度、小分類では100程度とされる（矢野編著，1995）。国際比較は中分類あたりまでで行われることが多い。

　このように留意すべき点が多いにもかかわらず、生活時間のデータが時系列的、国際的に比較する上で優位な点とは何だろうか。それは、具体的な行為を同定しやすいなど、言語的な違いを含む意識や制度の違いが反映する労働時間統計などと比べて、操作的定義を設定しやすいからである。また、現代では少なくとも先進国の生活様式はかなり似通っていることから、安定して比較の視点を提示できる。具体例でみると、日本人男性の家事時間は1971年に平均24分という結果が得られたが、その20年後も同じ24分であった

（品田，2007）。人の日常生活とは、意外にも固定的な側面を持っているものだ。

2．家事・育児時間はどう変化したか

✣ 家事時間の変化

　生活時間を用いた研究のうち、最も分厚い蓄積は家事・育児などの行為にかかわる領域にみられる。仕事と並び生活のために必要とされる義務的な労働の1つであるにもかかわらず、データ収集の方法が仕事時間のようにほかにないからだ。社会生活基本調査によれば、1976年から2011年まで5年ごとに継続したデータが入手できる。図3-1に、配偶者がいる女性の1日あたりの家事時間量（育児を含む）について、週全体の経年変化を示そう。

　1970年代には三種の神器といわれる電気冷蔵庫、電気洗濯機、電気掃除機などは大半の家庭に一通りそろってはいた。その後も電子レンジは1976年に20％程度の普及率であったのが、2006年には100％になったし、全自動洗濯機や食器洗浄機を設置する家庭は増加中で、総菜サービスの市場が拡

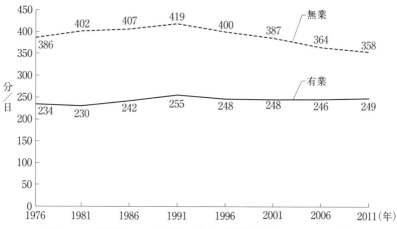

図3-1　配偶者のいる女性の家事時間変化（1976～2011年）
出所：「社会生活基本調査報告」各年版より作成

大していることは間違いないのに、家事時間にはさして変化がみられない。無業の女性は1991年まで家事時間は増加していたし、有業の女性に至っては15分増えている。1970年代以前の昭和時代前半期のデータからも、主婦たちの家事時間のうち明確に減ったのは裁縫時間だけで、他の行為にはさほど変化がなかった。その理由については、私たちの生活様式が豊かになり、必要となった家事の水準が高まったからであるという指摘もある（品田，2007：75）。

■ 育児時間の変化

また、育児時間について、6歳未満の子どもがいる女性だけを取り出し経年変化をみたものが、図3-2である。1976、1981年は育児時間のみの分類項目がなく、1986年以降のデータとなっている。育児時間は明確に増大しており、無業の女性は1.3倍、有業の女性は1.8倍の時間を費やすようになった。しかも、この間に結婚した女性が産む子どもの数は減っているので、1人の子どもにかけられている時間はさらに増大している。

育児時間の増加は先進国に共通してみられる傾向であり、1960年代から2000年代にかけて、5歳以下の子どもをもつ父親の育児時間は26分、母親

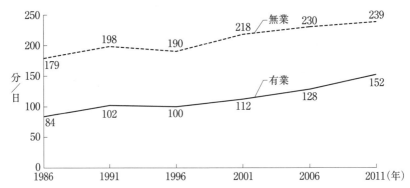

図3-2　配偶者のいる女性の育児時間変化（有業の夫と6歳未満の子どもあり：1986～2011年）
出所：「社会生活基本調査報告」各年版より作成

は72分も増加しているという報告もある (Gauthier, et al., 2004)。日本では、望ましいとされる子育ての方法が大きく変化し、極端な階層による違いが減少したことが、時間量に反映されている可能性も指摘された (品田, 2004a)。

3．親と子の生活時間

■ 乳幼児のいる親の生活時間

　幼い子どもをもつ親たちの生活は、どの社会でも時間的に厳しいものであるが、特に、仕事をもち幼い子どものいる女性は、時間的に貧しく (time poor)、時間の圧力 (time pressure) がかかっている。子育て世帯の時間構造について藤原は、核家族において妻が有業の場合、「夫が妻の労働参加に際して、子育て時間数を若干増やして支援を行っていたに過ぎない」とし、夫の労働時間短縮の重要性を指摘している (藤原, 2008)。図3-3は、愛知県における1歳から3歳までの子どもをもつ親の平均的な平日の生活時間を表したものである。仕事をしている母親は、自宅にいる間に自分のケアに使える時間が、睡眠や入浴食事などすべて合わせても8時間に満たない。仕事をしていない母親も、自分のケアが30分増えるだけである。共働きの母親の自

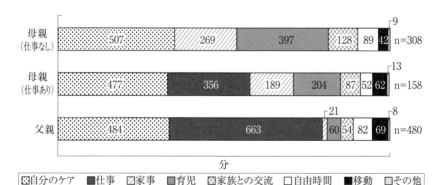

図3-3　1～3歳の子どもがいる親の生活時間（平日1日あたり・分：2007年）
出所：「乳幼児の育児と生活に関する実態調査」(2008年) より作成

由時間が最小であるのは、仕事時間を短く保っていても家事育児の大半を引き受けているためだ。父親は移動と合わせると、仕事に出かけてじつに12時間以上も自宅から離れている。父親の子育て意識が高まったとしても、家事・育児にかかわっているという現実には、まだ至っていないことがわかる。

■ 小・中学生の生活時間

次に、子どもたちの生活時間を性別ごとにみておこう。一昔前の子どものように、親に働かされ、勉強をする機会を奪われる子どもはほとんどみられなくなった。2011年に10〜14歳の子どもは学業に411分を費やし、残りの大半は個人的ケアと自由時間にあてられている。大人に比べると日本の子どもたちはさほど忙しそうに暮らしている様子はない。

ただし、子どもの頃からすでに生活時間にはジェンダーの差異がもたらされている。女子は無償労働時間が男子より14分長く、塾などの学校外の学習活動が4分少ない（表3-1）。しかし合計すると、女子は男子よりも44分多く学業に時間を使っているということがわかる。自由時間の合計は男子のほうが約1時間も多い。内訳は男子がスポーツとゲームで特に差が大きい。

表3-1 子ども（10〜14歳）の生活時間（B票、週全体、総平均）

	男子	女子
無償労働	26	40
学業・学習など	389	433
学校での授業その他	263	291
学校での宿題	58	67
塾・家庭教師など	19	15
通学	34	41
個人的ケア	698	696
自由時間	305	248
マスメディア	119	114
スポーツ	66	37
ゲーム	63	27
その他	21	22

出所：「平成23年社会生活基本調査報告 第8巻」より作成

他の先進国に比べると、日本の子どもたちは家事をしないという指摘もある（品田，2004b：149）。欧米の学齢期にある子どもたちは、家族の無償労働をかなり担っているといわれる（Denuwelaere, 2003）。したがって、ここで問題化されうるのは、日本の子どもたち、とりわけ男子が成長しても「世話をされている存在」であり続けているという点であろう。ただし、5年前の調査よりは子どもの無償労働は男女ともに増えており性

差はやや縮小傾向にある。とはいえ多くの親は労働時間が長く、文字通りわが身を削りながら子どもの生活を支えているのだ。また、子どもが成人した後も親元にとどまって、このような親子関係をそのままに継続しているケースも少なくないため、子どもが将来生活面で自立できるような時間の配分を家族で再考する余地がある。

4．国際比較からみる日本の家族生活

■ 長い有償労働と短い無償労働

生活時間研究では金銭が支払われる有償労働（paid work）と金銭が支払われない無償労働（unpaid work）を合わせて総労働を考慮することが常識となっている。有償労働とは日本の行動分類でいうと仕事、無償労働は家事、に

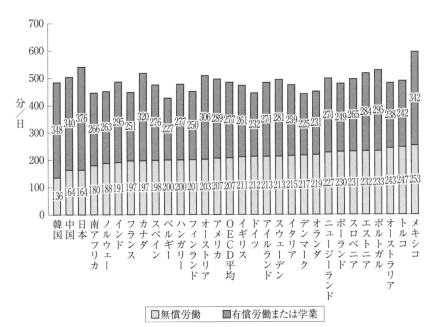

図3-4　労働時間配分の国際比較（1998～2009年、15～64歳）
出所：Society at a Glance 2011 より作成

あたると理解してほぼ問題はない。無償労働のうち、世帯の外で行われる行為をボランティアと定義することもあるが、平均時間でみるとわずかである。日本人の長時間労働はよく知られているが、日本人の生活時間のもう1つの特徴は、家族のために使われる無償労働が、相対的に短いことである。図3-4からわかるようにOECDの平均と比べると、無償労働は43分短く有償労働は99分長い。

　この傾向は1970年代から指摘され、1990年頃にも確認されており、2000年代にも変化がなかった（品田, 2007）。ちなみに韓国・中国の東アジア3カ国はすべて有償労働が長く、無償労働が短いという共通した傾向がみられるとOECDレポートでも指摘されている。家族主義的だといわれることが多い東アジアであるが、時間的に家族のために長時間を使っているとはいえない。

◼︎ 子どものいる家族の無償労働

　ところで、このような全体平均には、各国で世帯構造が異なるなどの影響が反映している可能性もある。例えば、東アジアでは親と子ども夫婦が同居するなど直系家族もいまだ多く、家事がまとめて行われているなど、無償労働時間は少なくなる理由があるからだ。次の図3-5は、0歳から17歳の子どもがいる核家族の夫と妻に限定して日本、イギリス、オランダの主な家事時間を中分類でみたものである（2000年頃）。前ページの図3-4によれば、イギリスは212分、オランダは219分、時間を無償労働に使っていた。

　ところが、核家族のみをとり出すと子どものいる男性と女性を合計して、1日あたり平均で日本213分、イギリス192分、オランダ202分となるので日本は短いどころかむしろ長い。また、日本では女性が大半の家事を担っていて、炊事の時間を中心に約100分ほども2カ国の女性より家事時間が長い。つまり、日本では子どものいる核家族の母親は長時間家事を行っているのであって、短いのはその他の属性をもつ人々なのだ。また、男性や子どもをもたない女性は家事をしないという二極化傾向が強いこともわかっている。

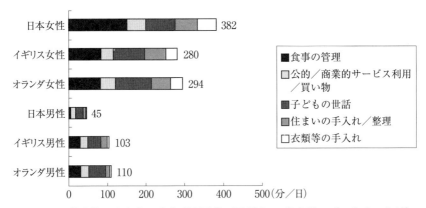

図 3-5　核家族の夫と妻の家事時間配分（子ども 17 歳未満、パートナーあり）
出所：品田（2007）より作成

5．ワーク・ライフ・バランス施策と仕事時間

注目されるワーク・ライフ・バランス

　日本でワーク・ライフ・バランス（以下 WLB とする）という言葉が広まったのは 2000 年代に入ってからで、2003 年頃から厚生労働省の白書で使われ始めた（樋口・府川編, 2011）。その後、2007 年には「仕事と生活の調和推進官民トップ会議」が立ち上がり、さらに広く知られる用語となった。1989年の 1.57 ショックから始まった政府の緊急保育対策を中心とした少子化対策が実を結ばず手詰まりになったところから、少子化対策の新たな切り札として登場したという見方もできるだろう。アメリカでは少子化と結びつけられて WLB が議論されることはなかったし、近年多くの国で出生率が回復傾向にあるヨーロッパでも、少子化との関連は強調されてはいない。

　また、日本で WLB を考えるにあたっては、欧米と異なり男女の雇用や昇進の機会均等が達成とは程遠い状況であるという事実を踏まえる必要性も指摘されている（山口, 2009：12）。別の角度からいえば、家庭を持ったとしても男女ともに仕事を継続することが当然視されつつある社会と、子どもを出

産するにあたり女性の6〜7割が仕事を辞めている日本とでは、議論のありようにいまだ大きなへだたりがある。

ワーク・ライフ・バランス施策とその進展

ところで、WLB施策とは、具体的に何を指すのであろうか。改善を目指すポイントは週労働時間が長すぎないこと、その上で労働時間に柔軟性があること、の2点とされている（樋口・府川編，2011：323）。日本人の働きすぎが問題視されてきた歴史は長いが、改めて平成18年版『国民生活白書』でも、週50時間以上の長時間労働者が28％（2000年）で先進国では大変に多いと改めて認識された。労働時間抑制を意図した改正労働基準法も2010年より施行されている。しかし、欧米で標準となっている残業代の割り増し賃金率50％とする基準でさえ、月60時間を超える残業のみに限られ中小企業は猶予ということでは実効性が疑われよう。働き方の柔軟性を促進するための法改正は十分に行われていないといってよい。

イギリスでは従来から企業の雇用主と雇用者が多様な働き方を契約する傾向があったものの、規制はEU諸国よりも弱く自主的な協定に任されていた。しかし、2003年には6歳未満の子どもまたは18歳未満の障害をもつ子どもの親や介護者が、柔軟な働き方を申請する権利を法的に保証するなどの進展がみられた。具体例をあげると、年間総労働時間契約制、圧縮労働時間制（週4日勤務など）、フレックスタイム制、在宅勤務、ジョブシェアリング、シフト労働、時差出勤／終業、学期間労働（子どもの学校の休暇中は無給休暇）、期間限定労働時間短縮など多岐にわたっている（天瀬・樋口，2008）。日本でもこのような働き方をしている人もいるが、その多くが非正社員であり、正社員でないという違いがある（大沢，2006）。そのため、大沢は日本でWLB施策が実施されるためには正社員中心の労働法と社会保障の体系を大幅に変える必要があると指摘している。

2007年に内閣府に設置された仕事と生活の調和（WLB）推進官民トップ会議は、2011年にも継続的に開催されており、最新のレポート2010年で新

「憲章」を宣言し「行動指針」を提言した。だが、長時間労働は相変わらず減らず、子育てをしながら仕事を継続する女性も増えたとはいえない。また、WLB を導入した企業で、時短効果がもたらされたとはいえないという結果もみられる（樋口・府川編，2011：167）。

◆ ワーク・ライフ・バランスの意味

　WLB を語るキーワードを、「多様性」「柔軟性」「時間の質」とした山口のように（山口，2009：23）、日本では WLB は「時間の量」を抑制することに照準せず、多様な働き方ができる社会、といった文脈で語られる傾向がみられる。幼い子どもをもつ父親は仕事時間が長いと満足度が下がるなど、時短を望んでいる当事者である（松田ほか，2010：81）。しかし、同じ調査で母親は父親の仕事時間の長さにさほど不満を抱く傾向がみられなかったという事実もある。

　低出生率が続く日本では、子どもを育てる女性は母親業へと特化することを期待され、子どものいない人は男女ともに超長時間労働を余儀なくされ続けている。単身者と母親や妻からの無償労働によるサポートがある健康な働きざかりの人が長時間労働で疲弊するような働き方をしている現状にあって、子持ちの女性が参入を拒まれやすい状況が続いている。そもそも、日本政府は ILO（国際労働機関）条約 184 のうちわずか 48 しか批准していない。労働者を守る十分な法制度がない中では、WLB の推進を掲げていても実質的に機能するとは考えにくい。

　ホックシールドは、WLB の追求を企業内部に多様な働き方のメニューを用意することに限定してしまう危険性を説き、地域や家庭といった場で人々が過ごせるように、働く時間の標準を短くすることの重要性を提示している（Hochschild, 2001）。そうでない限りは、常に昇進における差別が発生する可能性を排除できないからだ。ヨーロッパでは、アメリカと比べてもさらに分厚い家族の時間をめぐる研究の蓄積の上に、WLB 施策が実行に移された。日本では研究の蓄積が十分でないままに、政府主導で WLB の広報が行われ

るにとどまっている。

6．時間の貧困と階層

✤ 時間の階層化をめぐる議論

　日本でも 2000 年代に入り階層社会化が関心をもたれてきたが、階層化は収入、つまり金銭や資産の視点から議論されていることが多かった。けれども、日本人全体でみて労働時間が長いということは、時間でみるとそれだけ生活水準は貧しいと考えておいた方がよい。ヨーロッパでは、1 人あたりGDP などが低くても仕事時間あたり GDP が高いならよいではないか、といった議論も多くなされてきた。仕事で多忙であることを厭わない日本人も、さすがにこの働き方をいつまでも続けられると思っている人は少ないだろう。

　時間の貧困（time poor あるいは time poverty）に関する議論はここ 10 年ほど先進国ではかなり蓄積されてきたが、一般には高学歴で地位の高い職について所得の高い人や、幼い子どもがいる、といった属性をもつ人が時間の貧困状態に陥りやすいといわれてきた（Sullivan & Gershuny, 2004 など）。つまり、金銭的に貧しい人は時間的には豊かで、むしろ仕事時間が短すぎるということで、二極化が問題である（time divide）と考えられてきたのである（Jacobs & Gerson, 2004）。

✤ 日本における時間の貧困

　ところが日本のデータをみる限り、そのような時間と金銭の代替的な関係性はみられない。例えば、図 3-6 に示したように、特に女性は属している家族形態によって、時間と金銭の双方に明らかな影響を受けるが、仕事を長時間していても等価所得（世帯人数を考慮した所得）は低い。そのしわ寄せを最も受けているのはひとり親家庭で、OECD 諸国の中で最悪の貧困率となる 54.6％（2012 年）であった。

　また、女性は、仕事時間が短い人でも家事時間が長いので、総労働として

第3章　家族の生活時間とワーク・ライフ・バランス　55

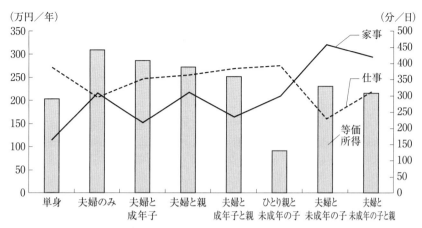

図 3-6　家族形態ごとにみた女性の仕事／家事時間と等価所得
出所：Shinada（2011）

みると常に時間の貧困状態にさらされやすい。最近の研究では、ある定義のもとで時間の貧困への陥りやすさを計算すると、女性は男性に比べて3倍も貧困となりやすいという結果が得られている（Shinada, 2011）。女性の時間あたり賃金が低くおさえられている現状と、家事の大半を女性が担っていることの双方が反映されたものだ。

　また、男性の場合は職業による差が大きく、サービス業や運輸業などで働く男性は所得も低い上に時間的にも貧しい。つまり夫がそのような職についていると、妻は家計を支えるために仕事を増やさざるを得ないし、そのことで家族のために使える時間は妻も少なくなり、結果的に世帯は全体として時間的にも貧困に陥る。一方で、高学歴で管理的な職業についている男性は仕事時間も相対的に短く所得が高いので、妻が働きに出ない傾向が高まり、家族全体として金銭的にも時間的にも豊かであることになる。

　じつは家族の成員が長時間仕事をすることで世帯の収入を増加させる、という傾向は昭和初期から持続しているといえよう。自営業世帯では妻が働くのは当然であったことが典型である。「一億総中流社会」とは時間の差異を加味したならば、実現したことがあったのか疑わしくなる。「時は金なり」

という思想が，ようやく現実味を伴って人々に受け入れられつつある現代では，金銭だけではなく時間の貧困という側面にも，もっと着目する必要があるだろう。

■引用・参考文献
天瀬光二・樋口英夫，2008，『欧州における働き方の多様化と労働時間に関する調査』JILPT調査シリーズNo. 41.（http://www.jil.go.jp/institute/chosa）
荒井良雄・岡本耕平・神谷浩夫・川口太郎，1996,『都市の空間と時間：生活活動の時間地理学』古今書院.
伊藤セツ・天野寛子・李基栄編著，2001,『生活時間と生活意識：東京・ソウルのサラリーマン夫婦の調査から』光生館.
大沢真知子，2006,『ワークライフバランス社会へ：個人が主役の働き方』岩波書店.
熊谷苑子，1998,『現代日本農村家族の生活時間』学文社.
品田知美，2004a,『＜子育て法＞革命：親の主体性をとりもどす』中公新書.
品田知美，2004b,「子どもに家事をさせるということ：母親ともう 1 つの教育的態度」本田由紀編『女性の就業と親子関係：母親たちの階層戦略』勁草書房，148-166.
品田知美，2007,『家事と家族の日常生活：主婦はなぜ暇にならなかったのか』学文社.
樋口美雄・府川哲夫編，2011,『ワーク・ライフ・バランスと家族形成：少子社会を変える働き方』東京大学出版会.
藤原眞砂，2008,「子育て世帯の時間構造」『日本労働研究雑誌』No. 571, special lssue.
松田茂樹・鈴木制男，2002,「夫婦の労働時間と家事時間の関係：社会生活基本調査の個票データを用いた夫婦の家事時間の規定要因分析」『家族社会学研究』13(2)：73-84.
松田茂樹・汐見和恵・品田知美・末盛慶，2010,『揺らぐ子育て基盤』勁草書房.
水野谷武志，2005,『雇用労働者の労働時間と生活時間：国際比較統計とジェンダーの視角から』お茶の水書房.
矢野眞和編著，1995,『生活時間の社会学：社会の時間・個人の時間』東京大学出版会.
山口一男，2009,『ワークライフバランス：実証と政策提言』日本経済新聞出版社.
Bryson, V., 2007, *Gender and the Politics of Time*, Policypress.
Denuwelaere, M., 2003, "Een ongelijke taakverdeling tussen man en vrouw:

van ouders naar Kinderen", *Mens & Maatschappij*, 78(4) : 355-378.

Gauthier, A. H., Smeeding, T. M. & Furstenberg, Frank F., Jr., 2004, "Are Parents Investing Less Time in Children? Trends in Selecteed Industrialized Countries", *Population and Development Review*, 30(4) : 647-671.

Hochschild, R. A., 2001, *Time Bind*, Owl Books.

IATUR Center for Time Use Research, 2011, (http://www.timeuse.org/mtus).

Jacobs, J. A. & Gerson K., 2004, *The Time Divide: Work, Family, and Gender Inequality*, Harvard University Press.

Robinson, J. P. & Godbey, G., 1999, *Time for Life: The Surprising Ways Americans Use their Time*, Penn State Press.

Shinada, T., 2011, "Work-time Inequality in Japan: Who are the Really Poor?", IATUR Conference, at Oxford University.

Sullivan, O. & Gershuny, J., 2004, "Inconspicuous Consumption: Work-rich, Time-poor in the Liberal Market Economy", *Journal of Consumer Culture*, 4(1) : 79-100.

Schor, J. B., 1992, *Overworked American: The Unexpected Decline of Leisure*, Basic Books.（森岡孝二・成瀬龍夫・青木圭介・川人博訳，1993，『働きすぎのアメリカ人』窓社.）

第4章

共働き夫婦の家族関係

1. 戦後の家族関係の変容

近代家族を捉える3つの視点

　第1章でも概観した通り、戦後の民法改正は「家」制度の崩壊という制度上の家族の変容をもたらしたばかりでなく、家族内部の成員間の関係性のあり方も大きく変化させることになった。

　まず、第一に、「家」制度下においては、家族成員全員が「家業」に従事する、すなわち、生産労働に携わることが前提であったが、戦後の家族においては、雇用者として生産労働に従事するのは、成人男性（夫、父親）に限られることになった。子どもは学校に通い、もっぱら保護される立場となり、成人女性（妻、母親）には、家事・育児といった家族成員のケアという役割が付与された。こうして、夫婦間の「性別役割分業」が明確化した。第二に、「家」制度下では、家庭内における意思決定の権限は、すべて家長（戸主）に集中していたのに対して、戦後の家族においては、夫婦間の平等の原則から、妻にも「意思決定」の機会がもたらされるようになった。そして、第三に、「家」の存続のために、子孫を残すことを目的とした結婚から、夫婦二人の愛情に基づく「個人」のための結婚へと結婚の意味が変容したことで、夫婦間の「情緒性」が重視されるようになった。

　このように、戦後の日本の家族においては、「役割関係」「勢力関係（意思決定）」「情緒関係」という三側面において、戦前の「家」制度とは異なる夫婦関係が成立したといえる。

そして、近代家族がゆらぎだした1990年代以降現在に至っては、共働き家族の増加や離婚の増加から、夫婦関係の様相は、さらに大きな変化を経験している。既婚女性の就業は、1980年代以降増加の一途をたどっており、今や既婚女性の70％以上が就業している。つまり、近代家族は典型ではなくなってきているのである。

　こうした家族のあり方の変容を鑑み、本章では、近年の、特に共働き夫婦における夫婦関係について、役割関係と勢力関係に焦点を置き、検討してみたい。なお、情緒関係に関しては、伴侶性（同伴行動）や性的関係から検討されることが多い。しかし、日本では、欧米社会と異なり、夫婦の同伴行動が少ないことから、測定が難しく、これまであまり扱われてきていないため、ここでは、夫婦の役割関係や勢力関係と情緒性（愛情）とのかかわりを検討することにとどめたい。

2．近代家族にみる夫婦の役割関係

■ 産業化社会と夫婦の性別役割分業

　近代家族における夫婦の役割関係で特徴的であるのは、性によって異なった役割（ある特定の社会的地位に期待される行為・行動様式）が割り振られたという点である。

　オークレイは、生産労働に携わらず、家事・育児だけを行うという「主婦役割」が、妻という地位に割り振られ、夫という地位には、家庭外で賃金労働者として生産労働に従事するという「稼ぎ手役割」が割り振られたのは、産業化社会に特徴づけられる近代社会以降であると指摘している（Oakley, 1974＝1986）。

　また、パーソンズとベールズは、家族を一小集団と捉えた上で、構造機能主義の観点から、「夫の役割＝手段（道具）的リーダー」、「妻の役割＝表出（情緒）的リーダー」という夫婦間での役割分業を提示している（Parsons & Bales, 1956＝1981）。手段的（instrumental）リーダーである夫の主たる役割は、

家族が生活していく上で必要な手段を調達する、つまり、収入を得ることである。一方、表出的（expressive）リーダーである妻の主たる役割は、家族成員の情緒的安定や日常生活での配慮に努めること、子どもの社会化を担うこと、すなわち家事・育児を行うことである。そして、このような性に基づいた役割分業が行われる要因については、女性は生物学的特質上、子どもを産み育てなければならないため、母親役割が中心にならざるを得ない。一方、男性はそうした生物学的役割をもたないために手段的役割を担うことになるとしている（Parsons & Bales, 1956＝1981：44）。つまり、パーソンズとベールズによれば、こうした夫婦間の役割分業は、生物学的にみても「合理的」であるというのである。

しかし、オークレイが指摘しているように、性差によって異なった役割が割り振られたのは、生物学的特質のみで説明されるわけではなく、近代社会の資本主義経済化、工業化という経済・産業構造の変化と、近代社会の特徴である合理主義、効率主義によるところが大きい。一家の中から成人男子を唯一の働き手として労働市場に送り出し、家庭には一人前の労働者として働くことのできない成員（子ども、高齢者、病人など）の世話をする成人女性を置くというパターンは、合理主義を追求する近代社会には好都合であったといえる。そして、既婚の成人女性には、妊娠・出産期間が存在し、その期間は労働に従事できないことから、労働市場において一人前の労働者としてみなすには不十分であるとして、家庭内のケア役割が割り振られたといえよう。つまり、近代社会における「合理主義」の貫徹のために、割り振りの要因として、「妊娠・出産」という生物学的特質が利用されたにすぎないといえる（こうした性別役割はまさに、ジェンダー〔gender〕であり、詳細は第9章を参照のこと）。

◆ 共働き夫婦における妻の二重役割

しかし、1980年代後半から進展してきた、産業構造の変化（脱工業化、IT化、グローバル化など）、そして、「脱近代社会」の到来は、女性を積極的に労働市場に取り込む動きへと結びついた。だが、ホックシールドが「セカンド・シ

フト（第二の勤務）」という言葉で示した通り（Hochschild, 1989=1990）、就業する既婚女性には、日中は労働市場での勤務（第一の勤務）があり、夕方家に帰宅すると主婦としての家事・育児（第二の勤務）が待ち受けているという具合いに、たとえ、既婚女性が労働市場に参入したとしても、それは、あくまでも「主婦役割」の延長であり、決して「稼ぎ手役割」としてのものではないという傾向が強かったといえる（上野, 1997）。

こうした既婚女性の二重役割は、依然として存在するが、特に日本は先進諸国の中でもその傾向が強い。妻がフルタイム就労である共働き家庭においても、家事・育児負担は、もっぱら妻にあるのが現状である。例えば、2013年に行われた第5回「全国家庭動向調査」（国立社会保障・人口問題研究所, 2013）をみると、フルタイムで働く妻は、パートタイムで働く妻や専業主婦に比べて平日の平均家事時間は2時間程度短いものの、夫との分担率をみると、90％から99％分担している妻が30％、100％分担している妻も14％ほどいる。パートタイムの妻では、90％から99％分担が46％、100％分担が21％にも及ぶ。この調査結果からも明らかであるように、妻の就業状況にかかわらず、夫の家事参加率は低く、日本における共働き女性は、二重役割の傾向が強いといえるだろう。

一方、子どもの有無や妻の職業によって、夫の家事分担の傾向が異なること（松信, 1995）、「繰り延べ可能な家事」と「繰り延べ不可能な家事」といった家事・育児の質の違いにより、遂行のされ方が異なること（永井, 1992）、夫の時間的余裕の有無によって、夫の家事・育児分担傾向が異なること（松田, 2008）など、共働き家庭において、夫婦関係の位相の相違や家事内容の違いによる分担度の違いが指摘されている。

■ 共働き夫婦と夫婦関係の平等性

夫婦共働きであれば、妻が稼ぎ手役割を獲得し、一方で夫が主婦役割を獲得することによって、夫婦の役割関係が流動化し、平等的な関係性が成立するのではないかという「平等主義的モデル」が理念型として想定されてきた

が、すでに検討したように、いまだにそれは実現に至っていない（Scanzoni, 1972；Scanzoni & Scanzoni, 1988；松信, 1995）。性別役割分業に関する規範（意識）は、女性を中心に全般的に大きく変化しているが、意識と現実の行動の乖離が存在しているのが実情である。その背景には、家事・育児を女性の仕事とみなすことへの否定がある一方で、女性が「家事・育児」を遂行することに対して、家族への「愛情表現」とみなす動きもあるためだと思われる。山田によれば、高度経済成長期には、男性が家庭を顧みず、職場での仕事に没頭することも、夫（父親）としての役割に専念するという意味で「愛情表現」と捉えられたという（山田, 2005）。現在では、女性が結婚相手の条件として、男性に家事・育児能力を求める傾向も指摘されており、そうした意味では、男性の仕事優先主義は愛情とは受け取られなくなっていると思われる。

そして、女性ばかりでなく、男性側でも、「弁当男子」や「イクメン」といった現象にも象徴されるように、若い層を中心に、家事育児に抵抗がない人々も増えている。しかし、職場では「男性は家庭よりも仕事優先」であり、男性が家事や育児のために仕事を早く切り上げて帰宅することなど許されないのが現状である。また、「母親の手づくり」が賞賛され、「愛妻弁当」という表現にも示される通り、妻が家事・育児を行うことは、いまだに愛情表現として捉えられている部分もある。

このように、男性が家事・育児を遂行することに関しては、若い世代から流動化の傾向がみられるものの、それを許さない職場という社会環境、そして、家事・育児を女性のものとして賞賛する社会規範の存在などから、共働き家庭においても、夫婦における平等化が進まないのではないかと考えられる。

3．近代家族における夫婦の勢力関係

最終的な意思決定者と勢力の保有

「家」制度の特徴にもみられるように、家父長的・封建的な前近代社会に

おいては、家族内の意思決定は、すべて夫が担ってきた。一方、近代家族においては、民主・平等を基本とすることから、家族内の意思決定に妻も参入することが可能となった。つまり、夫婦間における意思決定のあり方を考察することによって、役割分業と並んで、夫婦関係が平等に近づいたのかどうかを検討する1つの指標とすることができるのである。

夫婦における意思決定のあり方は、夫婦の「勢力関係」とみなされている。夫婦における「勢力（power）」は、M・ウェーバーの定義にのっとり、「たとえ、他者からの抵抗にあっても、自らの意思を貫く潜在的な能力」、「相手の行動に影響を与えることのできる潜在的能力であり、家庭生活に影響を及ぼす意思決定を行う能力に明示される」と定義されている（Blood & Wolfe, 1960：11）。つまり、家庭内の様々な事柄に関して、最終的な意思決定をできる者が、勢力を保有しているということになる。そして、勢力のバランスが夫婦間で均衡であるほど、夫婦は平等であり、夫に偏っていれば、夫優位の勢力、妻に偏っていれば、妻優位の勢力とみなすことができる。

デトロイトと東京における夫婦の勢力関係の比較

夫婦の勢力関係に関しては、アメリカのデトロイトにおいてブラッドとウォルフが行った調査研究が、先駆的研究とされている（Blood & Wolfe, 1960）。ブラッドとウォルフのデトロイト調査では、生命保険への加入、妻の就業、居住地の選択などの8つの領域に関して、最終的な意思決定者は誰かをたずねている。そして、主な意思決定者は誰かという観点から、夫優位型、平等型、妻優位型の勢力タイプが確認されている。さらに、ブラッドは、アメリカと日本の夫婦の比較という観点から、デトロイト調査の方法を踏襲し、日本の文化的背景を鑑みて質問事項を工夫した調査によって、東京都内の団地に居住する夫婦に対して調査を実施した（Blood, 1967＝1978）。調査が実施されたのは、ちょうど高度経済成長期であり、しかも、調査地は、サラリーマンと専業主婦という典型的な近代家族が居住する団地であった。

その結果、東京とデトロイトとで共通してみられる傾向として、性別役割

分業の延長上にある男女それぞれの関心事の領域では、夫中心、妻中心に意思決定が行われること、中間領域においては、夫婦が共同で意思決定を行っていることが明らかになった（Blood, 1967=1978：141-144）。ただし妻が新しい衣服を購入するかどうかと、妻が働きに出るかどうかに関して、デトロイトでは、妻が主体となって決定しているのに対して、東京では、妻主体ではなく、夫婦が共同して意思決定を行うという傾向が確認された。しかし、いずれにしても、妻主体もしくは夫婦での共同の意思決定の傾向がみられたことから、これらを総合的に検討して、東京もデトロイトも夫婦の勢力関係は平等であると結論づけられている。

また、前述のブラッドとウォルフの調査手法に基づき、神戸で調査を行った増田は、神戸の事例では、夫優位型は少なく、基本的に平等であるが、自律型の平等（夫婦が各々の領域で意思決定を行う）が多数を占め、デトロイトのように夫婦で話し合って決める一致型の平等傾向とは異なるとしている（増田, 1975）。

では、こうした夫婦における勢力関係のパターンは何によって影響を受けるのだろうか。

■ 「資源論」と「文化的脈絡における資源論」

ブラッドとウォルフは、夫婦の勢力関係を決定づける要因として、社会経済的資源の過多を指摘している。これは、夫婦において社会経済的資源（収入、職業、学歴など）をより多く所有している者のほうが、より大きな勢力を保有するという考え方であり、「資源論」と呼ばれている（松信, 1993）。さらに、ロドマンは、ギリシャとユーゴスラビアにおける実証研究から、社会経済的資源をより多くもつ者が必ずしも勢力が強いとは限らないと指摘し、「資源論」の修正として「文化的脈絡における資源論」を提唱した。ロドマンは、誰が勢力をもつべきかということを規定している「社会規範」の違いにより、資源論によって予測される「勢力と資源との正の相関関係」が必ずしも成立するわけではないとしている（Rodman, 1967；1972）。アメリカは平

等主義的規範が優勢であるが、それに対して、ギリシャやユーゴスラビアは、家父長制的規範が優勢な社会である。そのため、夫が勢力をもつべきであるという規範が強く、アメリカでは確認された資源論が成立しなかったというのである。

■ 夫婦の勢力関係に対する妻の社会経済的資源の影響

さらに、ビューリックとゼセビックをはじめとする研究者たちによって、平等主義的、家父長的規範といった社会規範の背景にかかわらず、妻の就業というオプションが選択されることによって、妻の勢力が増大することも確認された (Buric & Zecevic, 1967；Weller, 1968；Lupri, 1969；Richmond, 1976)。前述のブラッドの東京調査においても、学歴の低い男性は、学歴の高い男性よりもより大きな勢力をもっていることが明らかとなり、まさに、「文化的脈絡における資源論」を裏づける結果であった。しかし、そればかりでなく、就業している女性は、就業していない女性よりも勢力が大きいことも確認されたのである。すなわち、ロドマンが指摘したように、夫婦の勢力関係に対する社会規範の影響は大きいが、妻の就業（収入）という経済的資源の影響のほうがそれを上回るということがいえるだろう。

そしてまた、社会規範のありようとは関係なく、妻の就業によって妻の勢力が強まるのであれば、共働き夫婦においては、近代家族にみられたような必ずしも性別役割に沿うようなかたちではない意思決定が行われる可能性が指摘されている。スキャンゾーニも、平等的な夫婦関係のあり方として「夫婦間の役割関係の流動化」と、意思決定が夫婦間の「交渉」という過程を経て行われるようになることを指摘しており、いずれに関しても「妻の経済的資源へのアクセスの可能性」が重要であることを指摘している (Scanzoni, 1972；Scanzoni & Scanzoni, 1988)。

さらに、妻の保持する社会関係資本もまた、妻の勢力に影響をもたらす資源の1つであることが確認されている（松信, 2008）。夫以外の異質なネットワークをもつほど、妻の勢力が大きいことが指摘されている。この知見は、

異質な他者から得られる情報が、妻の夫との交渉に役立つことを意味しているといえるだろう。

　以上、これまでの夫婦の勢力関係に関する知見を検討してきたが、残念ながら、日本において、夫婦の勢力関係に関しては、共働き夫婦という文脈では、実証的な調査研究はほとんど行われてこなかった。したがって、共働き夫婦において、前述のような傾向がみられるようになっているのか否かは、きちんと確認されていない。そもそも、夫婦の勢力関係は、戦後の家族が、家父長的な夫婦関係からどれほど民主的な変容を遂げているのかという関心から調査が行われたこともあり、近代家族の定着とともに、関心が薄れてしまったともいえるだろう。また、最終的意思決定者によって勢力を測定するという方法や、意思決定の項目の選択基準、勢力に影響を及ぼす多様な要因（情緒性や性的魅力など）の関連性などについて、多くの批判的見解があり、その測定の難しさから、学術的な文脈では調査研究がなされにくくなったという理由もある（松信, 1993；2002）。例えば、何をもって勢力を測定するのかという点については、最終的な結果よりも、自分の意志を貫くために、どのような「戦略」で「交渉」し、相手が自分の意見に追随するように仕向けたかという「交渉過程」にこそ、勢力の状況が現れるという見解もある。また、勢力に影響を及ぼす要因をミクロレベル（夫婦間レベル）とマクロレベル（社会文化的レベル）にわけて考察すべきという見方もある（Blumberg & Coleman, 1989）。さらに、交渉過程においては、夫婦の情緒性（愛情）の程度、性的魅力なども勢力に影響を与える重要な要因であるとも指摘されている（Blumberg & Coleman, 1989）。しかし、交渉過程をどのように考察するのか、交渉過程と交渉の結果（最終的な意思決定者）の関係性や、マクロレベルとミクロレベルの影響力の関係性をどのように捉えるのか、さらには、情緒性や性的魅力の影響の測定方法など、実証レベルでの検討には多くの課題が残されている。したがって、夫婦の勢力関係の検証方法については、最終的な結論が出ていないのが現状である。

　とはいえ、ここで留意が必要な点がある。最終的な意思決定者が、夫と妻

のいずれであっても、そこで交渉が成立しているのであれば、夫婦関係は維持される。しかし、交渉が成立しない状況が続くのであれば、平等、不平等という問題を超えて、夫婦関係は解消されることになる。

つまり、近年の離婚の増加は、夫婦の交渉が不成立であった結果もたらされているとも解釈でき、夫婦の勢力関係は、現代の家族を考察するにあたり、非常に重要な視点であるといえるだろう。

4．現代における共働き夫婦の役割関係、勢力関係

■ 共働き夫婦における役割関係の実態

ここでは、保育所を利用している乳幼児をもつ共働きの母親を対象として実施された夫婦関係に関する調査データ（『仕事と家庭生活の両立に関する調査』）をもとに、現代日本の共働き夫婦における役割関係と勢力関係の実態について具体的に検討してみたい（松信, 2010；2011）。この調査は、2009年から2010年にかけて、東京都内および東京近郊県における7カ所の保育所を利用している母親348名を対象に実施されたものである。アンケートのほか、7カ所の施設のうち2カ所において、インタビュー調査も実施し、22名の母親から回答を得ている。

■ 夫の家事参加の低さ

前述のように、共働き夫婦においても夫の家事・育児参加はあまり高くないという傾向が一般的に指摘されているが、この調査でも同様の傾向がみられた。図4-1は、家事と育児にかかわる23項目について、日頃主として行っているのは誰かをたずねた結果である。選択肢としては、「父親」、「母親」、「父親か母親のどちらか時間のあるほう」、「父親と母親が一緒に行う」、「祖父または祖母」、「その他」を用意した。従来の役割分担に関する調査では、「主に夫」、「だいたい夫」、「夫と妻のどちらか」、「だいたい妻」、「主に妻」といったように、夫婦間だけの分業を問うものがほとんどであるが、ここで

第 4 章　共働き夫婦の家族関係　69

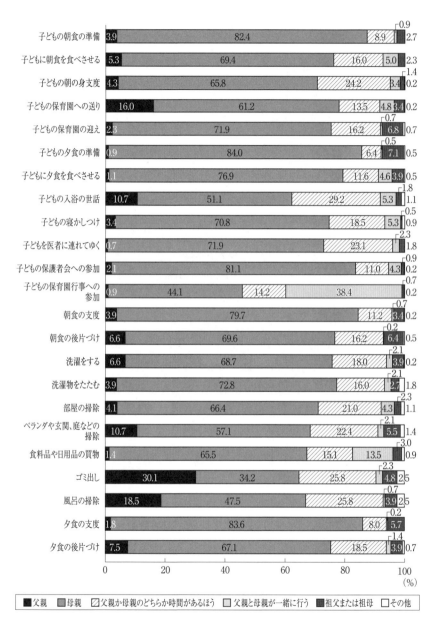

図 4-1　子どもの世話と家事

出所：松信（2011：7）

は、あえて、「2人で一緒に」と「祖父母」という選択肢を入れた。日本では共働きの場合、祖父母の協力が大きいという指摘があり、さらにインタビュー調査によって、祖父母のサポートが浮かび上がってきたため、祖父母という選択肢も加えることにした（松信, 2010）。

　その結果、図4-1にみる通り、ほとんどの家事・育児項目に関して、70％から80％は妻が行っている傾向が明らかとなった。ただし、これまでも夫が比較的参加しやすい家事として指摘されている「ゴミ出し」(30.1%)や「風呂の掃除」(18.5%)は、やはり他の項目に比べて夫の参加率は高く、次いで「子どもの保育園への送り」(16.0%)「ベランダや玄関、庭などの掃除」(10.7%)「子どもの入浴の世話」(10.7%)が比較的高い割合でみられた。そして、ここで注目すべきは、夫または妻に限定せずに、「父親か母親のどちらか時間があるほう」という回答が10％から30％と、「父親」以上にみられることである。20％を超えているものだけでも、「子どもの入浴の世話」「ゴミ出し」「風呂の掃除」「子どもの朝の身支度」「子どもを医者に連れてゆく」「ベランダや玄関、庭などの掃除」「部屋の掃除」などがある。これらの項目は、家事よりも育児項目にあてはまるもののほうが多い。こうした傾向から、共働き夫婦においては、家事よりも育児に関して、平等化の傾向がうかがえるといえるだろう。しかし、保育園児という常に大人の世話が必要な年代の乳幼児を抱えている夫婦であること、実際は、妻と夫のどちらが行うことが多いのかは定かではないことから、平等化について断言はできない。とはいえ、どちらかに固定せずに行っているという点では、役割関係の流動化の兆しをみることができるのではないかと思われる。

　また、割合としてはあまり高くはないが、「祖父母」という回答もある。インタビュー対象者の中には、子どもが生まれるとわかってから、祖父母（といっても妻の親）の近くに引っ越した、あるいは、祖父母を呼び寄せたというケースがあった（松信, 2010）。出産後も仕事を継続したいが、そもそも、長時間労働や長距離通勤などで夫の家事・育児分担を期待できないため、夫に代わって祖父母に家事・育児をサポートしてもらうために、同居もしくは

近居を始めたというのである。これは、かつての家父長制的規範の名残としての親族サポートが強い日本だからこそみられる傾向であるともいえるが、「家」制度時代と異なるのは、サポートしてもらう親族が、夫方ではなく、妻方であるという点である。妻の両親のほうが、気兼ねなく何でも頼めるからというのである（松信，2010）。

✚ 妻の義務としての家事遂行

インタビューでは、家事は主に妻が行っているが、それは、夫には期待できないから（長時間労働、長距離通勤のため時間がない）、あるいは、夫にやってもらうより自分でやったほうが手間がないから（夫にやってもらうと教えたり、やり直しが必要）といった回答があった。加えて、日常の家事はできる限り手抜きをする、夫の世話はしない（夫の食事づくり、夫の分の洗濯をしない）といった回答もあった。これらの結果から、妻の就業は、かつてのような「主婦役割の延長」や「家事・育児を前提とした」就労ではなくなってきているが、家事・育児遂行が、依然として妻の役割として捉えられていることから、「仕方なくする」、「できるだけ省略化する」、「祖父母などの外部サポートを得て行う」といった状況になっていることが確認された。

すなわち、統計データ上は、妻がほとんど行ってはいるのだが、その内実は、「義務としての家事」とでもいおうか、少なくとも「愛情表現としての家事」とはいいがたい状況になっていると捉えられる。つまり、インタビューにもあったように、夫の在宅時間が長くなる、夫の家事能力が高くなるといった状況が生じるならば、家事・育児分担の流動化が促進されるのではないかと考えられるのである。

✚ 共働き夫婦における勢力関係の実態

前述のように、これまで、日本において特に共働き夫婦の勢力関係に関する実証研究はあまり行われてこなかった。勢力の測定方法に関しても諸説はあるが、ここでは、まず、ブラッドらの手法を踏襲して「最終的な意志決定

者（勢力の結果）」から勢力関係を検討し、さらに先駆的な試みであるが、「意思決定の交渉過程（勢力の過程）」にも着目して、夫婦の勢力関係を考察してみたい。今回の調査では、「Ａ．家事・育児分担の内容と方法」「Ｂ．子どもの教育方針」「Ｃ．妻の働き方」「Ｄ．夫の働き方」「Ｅ．住まい」「Ｆ．夫の生命保険への加入」の決定方法について、「話し合いをしないで妻が決める」「話し合いをするが妻の意見が通ることが多い」「話し合いをするがどちらの意見が通るかは場合による」「話し合いをするが夫の意見が通ることが多い」「話し合いはせずに、夫が決める」の5つから選択してもらった。

■ 夫婦での話し合い傾向

　その結果は図4-2の通りである。全般的に、どの項目についても、夫婦で話し合いをするという傾向がみてとれる。ただし、家事・育児分担に関しては、妻が決める割合が高く、話し合っても妻の意見が通ることが多いとされており、これらを合わせると50％を超える数値となる。家事・育児分担の実態と合わせて考えてみても、家事・育児に関しては、共働き夫婦であっ

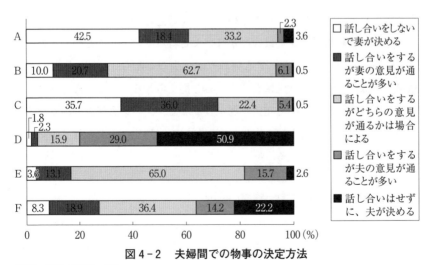

図4-2　夫婦間での物事の決定方法

出所：松信（2011：11）

ても依然妻の領域とみなされている傾向がうかがわれる。しかし、かつてのブラッドの東京調査で指摘されていた「妻の就業」について、夫が決めるという割合がかなり低い傾向がみられた。妻もしくは話し合いの結果、妻の意見が通ることが多いという回答が多く、両者を合わせると60％以上となる。妻の就業に関して、夫が決めるという傾向は、ブラッドらの解釈では平等傾向の一部とみなされていた。しかし、ここで確認された妻の意思で決める、話し合いの結果妻の意見が通ることが多いという傾向は、かつての「家」制度の名残りが薄れつつあり、妻の自立傾向を示すものであると考えられる。全般的な夫婦間での話し合いの高さという傾向と合わせて鑑みるに、近年の共働き夫婦の勢力関係は、より一層平等化に向かっているといえるだろう。

■ 妻の経済的資源の勢力への影響

前述のように、妻の就業により、妻の勢力が高まるという傾向が指摘されていた。そこで、夫と妻の社会経済的資源の保有の程度と意思決定の傾向との相関関係を検討してみた。資源として用いたのは、夫婦の学歴、職業、年齢、収入、妻の生活費への貢献度、夫の収入に対する妻の収入の割合、妻の性別役割意識である。その結果、「家事・育児分担の内容と方法」、「夫の働き方」、「夫の生命保険への加入」の3項目について、夫婦の資源の保有状況との関連がみられた。

まず、「家事・育児分担の内容と方法」に関しては、妻の性別役割規範が平等的であるほど、夫婦での話し合いの程度と夫の意見の反映度が高い傾向がみられた。前述のように、「家事・育児分担の内容と方法」については、基本的に妻が決定する程度が高かった。しかし、この相関関係の結果から考えられることは、共働きの夫婦においても、多くの場合、妻が家事・育児は女性の役割とみなしているために自分で決めてしまうが、そうした認識の程度が低くなるほど（性別役割意識が平等的であるほど）、夫と話し合う程度が高くなるということである。そして、その結果として、家事・育児分担そのものも平等傾向に向かうであろうことが推察される。

また、「夫の働き方」に関しては、妻の収入が高いほど、夫による意思決定の程度が低くなり、妻の生活費への貢献度、夫の収入に対する妻の収入の割合の程度が低くなるほど、夫による意思決定の程度が高まる傾向がみられた。また、「夫の生命保険への加入」については、夫の収入や学歴が高いほど、夫による意思決定の程度が高くなる傾向がみられた。これらの傾向は、特筆すべき点であろう。前述のブラッドらの調査では、「妻の働き方」が夫婦での話し合いによる決定事項であった。しかし、ここでは、「妻の働き方」ではなく、妻の経済的資源の程度により、「夫の働き方」に対して妻の意見が反映されるようになっているのである。そもそも、夫の就業は、性別役割分業上は夫の領域のものであるが、こうした部分に妻の決定がかかわってくるということは、まさに妻の経済的資源の程度が、妻の勢力を高めるということが確認されたといえるだろう。そして、「夫の生命保険への加入」については、掛け金と遺族が受け取る保険金の金額とが連動しているということもあり、夫の収入が高いほど（学歴の高さは収入の高さと関連していると解釈できる）、夫自身が決定する傾向となるのだと考えられる。そもそも、「夫の生命保険への加入」は、夫が死亡した場合、残された保険金で家族が生活するという意味では、夫の稼ぎ手役割の延長上にあると捉えることができるが、夫の収入があまり高くない場合には、この夫の領域に、妻の意思決定への参入があると考えられるのである。つまり、「夫の働き方」と同様に、これまでは、夫の決定事項であった領域の意思決定に関して、妻の経済的資源の影響がみられたのである。

　以上の結果から、共働き夫婦においては、意思決定における夫婦の話し合い（交渉）の程度が高くなっており、勢力関係において平等的な傾向の程度が強まっていること、妻の経済的資源の高さが妻の勢力の大きさに影響を及ぼすことが指摘される。

■ 交渉過程に着目した場合の妻の勢力

　それでは、意思決定の交渉過程に着目した場合、夫婦の勢力関係に影響を

及ぼすのはどのような要因なのだろうか。意思決定の交渉過程を考察する際には、夫婦の間で最も不一致が生じやすい問題や、妻が夫にやめてほしいと思う事柄に着目することが妥当であるといわれている（Scanzoni, 1976：401；1978：94-96）。今回の調査の項目では、「妻の就業」と「子どもの教育方針」がそれに該当するため、この2項目について「交渉の戦略」に着目して検討を行った。交渉過程に影響を及ぼすとされる「配偶者への依存度」（ここでは、夫婦以外の相談者がいるかどうか）も資源要因の1つとして加え、「交渉の戦略」としてはスキャンゾーニらの研究をもとに、「感情的に振舞う戦略」「説得的に話し合う戦略」「相手を拒否する戦略」の3タイプにわけて検討した。その結果、意思決定の結果に着目した場合に有効な資源として確認された、学歴や職業、収入ばかりでなく、「夫婦以外の相談相手の存在」（妻が夫以外の相談相手をもつほど、妻の意見が通りやすい）が影響していること、そしてどのような「交渉の戦略」を用いるかも妻が自分の意志を通すことができるかということに関連していることがわかった。さらに、どのような「交渉の戦略」を用いるかということは、学歴や職業とも関連しており、高学歴・ホワイトカラー層ほど、夫婦で「話し合う」という戦略を用いる傾向があり、その結果、妻の意思が通りやすいという傾向が確認された（松信，2015）。

「夫婦以外の相談者の有無」は、話し合いの際に自分の意見を説得的に主張するための情報源として役立つものであり、そうした意味で、話し合いによっていかに相手を説得できるか、そして高学歴ホワイトカラー女性ほど、それが可能であるということがいえるだろう。

5．現代における夫婦関係の今後

本章では、近代家族における夫婦関係を考察する枠組みから始まり、現代日本における共働き夫婦の役割関係と勢力関係の実態までを考察してきた。それでは、これまでの考察の結果指摘される現代の夫婦関係の様相と、今後の夫婦関係のあり方とは、どのようなものなのだろうか。

役割関係に関しては、家事・育児は全般的に妻が担っている傾向がみられるものの、「夫か妻の時間があるほう」という役割を固定化しない傾向も確認され、また、家事よりも育児に関して夫の参入傾向が見出された。さらに、家事における妻の義務意識と省略化、夫以外の親族（祖父母）からのサポートという状況も見出された。

一方、勢力関係に関しては、家事・育児に関する決定は主に妻が行う傾向がみられたが、妻の性別役割意識が平等的であれば、夫との話し合いで決定するようになること、かつて戦後の近代家族においては、夫婦の話し合いによる決定事項であった「妻の働き方」が、妻の決定事項となっていること、従来、夫の決定事項であった「夫の働き方」や「夫の生命保険への加入」について、妻の意向が反映されるようになっていることが明らかになった。そして、多くの事項に関して、夫婦で話し合う傾向が強まっていることも確認された。「交渉過程」に着目した場合、「夫婦以外の相談者」の存在は、自分の意見を通すことに有効であり、さらには、夫婦で話し合いを行うという交渉過程を経るほうが、妻の意見が通りやすく、高学歴ホワイトカラー女性ほどそうした傾向が強いことも確認された。

これら役割関係と勢力関係の傾向から、現代の共働き夫婦の夫婦関係、そして、今後の関係性のあり方について、大きく以下のような2点を指摘することができるだろう。

まず、第一に、役割関係と勢力関係の関連性と、それらに影響を及ぼす要因としての、妻の役割規範をあげることができる。妻が就業することに関しては、妻の意向が大いに反映される状況になっている。しかし、家事・育児に関しては、依然として妻の役割とみなされていることから、意思決定に関しても、分担の実態に関しても、妻が主として行うことになっているのだと考えられる。つまり、こうした「家事・育児は妻の役割」という妻の認識が払しょくされることが、共働き夫婦において、夫の家事・育児分担の程度を促進する、夫婦における役割関係の流動化の1つのきっかけとなると思われる。それは、家事・育児分担における意思決定と妻の性別役割意識との相関

関係からも推察される（とはいえ、インタビューの回答にもあったように、夫の長時間労働、長距離通勤が解消され、夫の在宅時間が多くなることも必要であろう）。

さらに、妻の経済的資源の程度と妻の勢力の程度の関連性が指摘される。妻の社会経済的資源が大きいほど、妻は自分の意志を通すために、夫に対して「論理的で説得性のある話し合い」を行い、その結果、自分の意志を通しやすいことがわかった。現在、既婚女性の多くは、パートタイム就労、もしくはフルタイムであっても男性より賃金や職位などが劣るケースがほとんどである。しかし、こうした状況が改善されるならば、より妻の勢力が強まり、夫婦の勢力関係は平等に向かうであろう。

そしてまた、今回のデータでは詳しくは検討しなかったが、前述のように、妻の社会関係資本が、夫や親族以外の異質なものへ広まりをもつならば、妻の勢力が強まるといえる。このような妻の保持する異質なネットワークは、妻の就業によってもたらされることが多いと考えられる。

このように、現代における共働きの夫婦関係は、まだまだ平等であるとはいえない状況にあるものの、「夫はサラリーマン、妻は専業主婦」という近代家族に比べれば、平等化の傾向を示している。今後、女性の労働条件や役割意識が平等化へ向かい、男性に家庭にかかわる時間が増加するならば、夫婦関係の平等化も一層推進されるといえるだろう。

■引用・参考文献
上野千鶴子，1997，『家父長制と資本制：マルクス主義フェミニズムの地平』岩波書店．
上子武次，1979，『家族役割の研究』ミネルヴァ書房．
永井暁子，1992，「共働き夫婦の家事遂行」『家族社会学研究』第 4 号：67-77．
姫岡勤・上子武次，1971，『家族：その理論と実態』川島書店．
増田光吉，1975，「現代都市家族における夫婦及び姑の勢力構造」『甲南大学文学会論集』27 号：49-65．
松田茂樹，2008，『何が育児を支えるのか：中庸なネットワークの強さ』勁草書房．
松信ひろみ，1993，「夫婦の勢力関係：アメリカでの研究動向を中心として」『上

智大学社会学論集』第 17 号：117-134.
松信ひろみ，1995,「二人キャリア夫婦における役割関係：平等主義的家族への可能性」『家族社会学研究』No. 7：47-56.
松信ひろみ，2002,「夫婦の勢力関係再考：勢力家庭への着目とフェミニスト的視点の導入」『新潟ジェンダー研究』No. 4：31-46.
松信ひろみ，2008,「夫婦間の勢力と4つの資本」渡辺深編『新しい経済社会学』上智大学出版：227-262.
松信ひろみ，2010,「共働き家庭における母親の仕事と子育ての両立戦略」『駒澤社会学研究』第 42 号：59-80.
松信ひろみ，2011,「仕事と家庭生活の両立に関する調査」報告書（駒澤大学特別研究助成金成果報告書).
松信ひろみ，2015,「共働き夫婦における勢力関係─交渉過程に着目して」『駒澤社会学研究』第 47 号：89-114.
森岡清美・望月嵩，2004,『新しい家族社会学』（4訂版）培風館.
山田昌弘，2005,『迷走する家族：戦後家族モデルの形成と解体』有斐閣.
Blood, R. O., 1967, *Love Match and Arranged Marriage: A Tokyo-Detroit Comparison*, The Free Press.（田村健二監訳，1978,『現代の結婚：日米の比較』培風館.）
Blood, R. O. & Wolfe, D. M, 1960, *Husbands and Wives: The Dynamics of Marriage Living*, The Free Press.
Blumberg, R. L. & Coleman, M. T., 1989, "A Theoretical Look at the Gender Balance of Power in American Couple", *Journal of Family Issues,* Vol. 10. No. 2, June：225-250.
Buric, O. & Zecevic, A., 1967, "Family Authority, Marital Satisfaction, and the Social Network in Yugoslavia", *Journal of Marriage and the Family*, 29 (May)：325-336.
Hochschild, A. R., 1989, *The Second Shift: Working Parents and the Revolution at Home*, Viking Press.（田中和子訳，1990,『セカンド・シフト：第二の勤務　アメリカ共働き革命のいま』朝日新聞社.）
Lupri, E., 1969, "Contemporary Authority Patterns in West German Family: A Study in Cross-National Validation", *Journal of Marriage and the Family*, 31 (February)：134-144.
Oakley, A., 1974, *Housewife*, Allen Lane.（岡島芽花訳，1986,『主婦の誕生』三省堂.）
Parsons, T. & Bales, R. F., 1956, *Family: Socialization and Interaction Process*, Routledge and Kegan Paul.（橋爪貞雄他訳，1981,『家族』黎明書房.）
Richmond, M., 1976, "Beyond Resource Theory: Another Look at Factors

Enabling Women to Affect Family Interatcion", *Journal of Marriage and the Family*, 38 (May) : 257-266.

Rodman, H., 1967, "Marital power in France, Greece, Yugoslavia and U.S.", *Journal of Marriage and the Family*, 29 (May) : 257-266.

Rodman. H., 1972, "Marital power and the theory of resources in cultural context", *Journal of Comparative Family Studies*, Vol. 3 : 50-67.

Scanzoni, J., 1972, *Sexual Bargaining: Power Politics in American Marriage*, Englewood Cliffs.

Scanzoni, L. & Scanzoni, J., 1976, *Men, Women, and Change*, New York : McGraw-Hill.

Scanzoni, J., 1978, *Sex Roles, Women's Work, and Marital Conflict*, Lexington Books.

Weller, R. H., 1968, "The Employment of Wives, Dominance, and Fertility", *Journal of Marriage and the Family*, 38 (August) : 437-442.

第5章

子どもの社会化と家族

1．社会化とは何か

　人は生まれ落ちた瞬間から外界と出会い、他者とのかかわりを通して、その社会の構成員らしくふるまうようになる。その過程を社会化（socialization）という。社会化の過程で、子どもは幼いうちから社会がもっている文化や価値観、規範などを内面化し学習する。赤ちゃんのときから日本語で語りかけられ、おんぶに馴染み、お箸を使って食べられるようにしつけられ、いつのまにか私たちは日本人となるのだ。社会化は意識されないうちに、人の育ちの中に入り込んでいる作用であって、人間社会の継続性はこうやって保たれてきた。

　しかし、この継続性は現代では望ましくないとされている価値や習慣であろうと、次世代に再生産が起きやすいことを意味する。とりわけ、ジェンダーと階層における社会化過程が問題化されている。

ジェンダーの社会化

　子どもはいつ自分を女性／男性のいずれかの集団に属すると理解し始めるのだろうか。産まれたばかりの子どもに対し、周囲の大人たちは「女の子向け」「男の子向け」に異なる行為をし続ける。心理学で数多く行われてきたいわゆる「ベビーX実験」では、赤ちゃんに対して、大人たちが女の子と思えば優しく抱いて語りかけ、かわいらしい人形を与えて女の子向けの遊びを勧め、男の子と思えば少々手荒な扱いもためらわずに男の子向けの遊びを

させようとし、「将来はサッカー選手かな」と語る様子などが記録されている。同じ赤ちゃんに対してでも、人は洋服の色（ピンク＝女、水色＝男など）などから、性別を判断し態度を決めて子どもへの行為を選択しているという（伊藤ほか，2002：22）。子どもは、2歳にもなれば、ジェンダーを部分的に理解していく（Giddens, 2006＝2009：190）。

◆ 階層の社会化

　幼少の頃に、家族を主な担い手（agencies）として行われている社会化の過程は、子どもの育つ階層によって、大きく違いがある。イギリスでは、親が使う言語の使い方が労働者階級と中産階級で異なる状況が知られてきた。バーンスティンは、子どもたちが慣れ親しんでいる言語コードが、学校で使われている「精密コード」と同じ中産階級は、「制限コード」にしか馴染んでいない労働者階級よりも、入学時点で有利な評価を得られやすくなる可能性を示唆した（Bernstein, 1977＝1981）。また、バーンスティンの文化伝達理論を、家庭や幼児教育機関などの、子どもの社会化過程において用いられる育児知識とそのイデオロギー性の解釈へと結びつけた研究もなされている（天童編, 2004）

◆ 社会化の担い手

　子どもを社会化する担い手としては、家族のほかに、保育施設、学校、仲間集団などが存在する。また、メディアは子どもに直接作用するという意味では、担い手の1つであるともいえよう。従来は、社会化を幼児期と児童期に生じる第一次的な段階、児童期の後半から成熟期にかけての第二次的な段階と区分した上で、家族は第一次的社会化における主な担い手とされてきた（Giddens, 2006＝2009：186）。けれども、現代社会では子どもは幼いうちから保育園や幼稚園、あるいは様々な教育機関に預けられる機会も増えた。一方で、成長しても家族と過ごす時間は増え、期間も長くなる傾向がある。

　2001年に生まれた子どもについて、保育者の組み合わせの変化をみると、

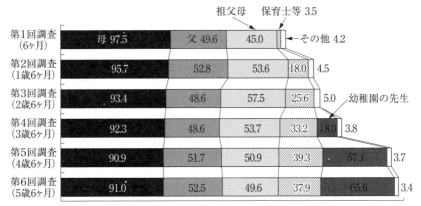

図5-1　ふだんの保育者の変化（複数回答）

注：総数35783　複数回答のため、合計しても100％にはならない。
出所：第6回「21世紀出生児縦断調査」結果の概況

　生まれて半年までは家族および親族が担い手の中心であるが、3歳になる前には3割程度が家族・親族以外の担い手を交えていることがわかる（図5-1）。また、祖父母の担い手としての存在感はかなり大きく、保育機関に匹敵する。それでもなお、母親の保育者としての存在感は依然として大きく、父は同居しているのに社会化の担い手として子どもの年齢によっては、祖父母よりも存在感が薄い。

　以下では、子どもの社会化について、主に家族という担い手が、どのようにかかわっていると考えられてきたのか、また、その内容は時代や地域によってどのような違いがあるのか、さらに、現代社会では家族による社会化のどのような側面にとりわけ関心が寄せられているのか、という論点を中心に整理をしておこう。

2．子どもの人格と発達段階の社会理論

▣「生まれ」と「育ち」

　社会化という過程は子どもの「育ち」の側面により焦点をあてるものでは

あるが、ヒトの発達は「生まれ」にも同時に制約されている。遺伝子やDNAなどといった用語が日常でも使われるようになった昨今、個人の生得的側面に一般の人々が関心を寄せる傾向もみられる。ただし、学術的には過去に続いてきた「生まれ」と「育ち」どちらが重要かという議論よりも、近年は「生まれ」と「育ち」の相互の関係性に関心がもたれている。

人間には他の生物とは違い「自我」が存在するという点が特別であり、個人が明確なアイデンティティをもち、自分とは違う人を他者と認識できる人格を獲得すると考えられてきた。だが、このような自我のあり方そのものが、西洋における近代化という社会のあり方と結びついた個人の発達観であるともいえる。日本を含む東洋や、文明化されていない社会における発達観との違いは十分に研究が蓄積されてきたとはいえない。ここでは、社会学が広く基礎を置いている西洋近代の学問の流れにおいて一般的な、幼児・児童期の子どもの発達に関する主な理論と現代的な課題を紹介しておこう。

✜ G・H・ミードの自己意識

ミードは象徴的相互作用論の祖の1人とされる社会哲学者である。彼が自我論を展開していた20世紀はじめのアメリカ、シカゴでは産業資本主義の問題が噴出していた。「社会的自我」という発想は動乱の時代にあって、「環境に適応しながら自ら変化しつつ環境をも変えていく」（那須編,1997：203）自己像としてもたらされている。このような自己意識に到達するために不可欠な段階を、ミードは2つにわけており、第一はプレイ期で第二はゲーム期とされる（Mead, 1964＝1991：59）。

プレイ期とは幼稚園に通う頃の年齢にあたり、子どもが盛んにごっこ遊びや人形遊びなど、他者の役割を演じることを好んで行う時期にあたる。ミードによれば、従来はこのような行為を単なる「模倣」として捉えてきたが、それだけではなく、他者の役割をすることを通じて、子どもは他者の目から自分自身をみる、という経験を積むのである。次に、ゲーム期になると、子どもは決められた手続きやルールに従いつつ遊ぶことを覚える。具体的には

8〜9歳ぐらいになると、子どもは野球やサッカーなどルールのある競技をすることができる。ミードはこの行為が子どもに価値基準や道徳規則、すなわち特定の個人ではない「一般化された他者」の会得を促し、社会的な自我を与えると考えた。

✤ 乳幼児期から児童期の発達段階説

20世紀を代表する心理学者の1人であるピアジェの発達段階説は、広く社会学で参照されてきた。ピアジェによれば、子どもの認知発達は2歳頃までの感覚運動期、2歳から7歳までの前操作期、7歳から12歳までの具体的操作期の3段階を踏む (Piaget, 1964＝1968)。ピアジェはこの3段階を人間の認知段階として普遍的なものとして提示している。

また、近年の脳科学や認知科学の進歩は、より幼い乳児期の子どもの発達過程について、新しい知見を生み出しつつある。例えば、他者との関係性の上に育まれる自己感 (the sense of self) の形成時期についてスターンは、乳児が自己感を形成する過程を、出生直後から数カ月ごとの4段階にわけ、生後15〜18カ月が最終段階の言語自己感を形成する時期にあたるとした (Stern, 1985＝1989)。赤ちゃんがかなり高度な生得的認識能力を備えて生まれてきている証拠が多数提示されてきた今日、社会化の過程もさらに幼い頃の育ちに関心が高まる傾向がある。

✤ E・H・エリクソンの発達段階と青年期

人間の発達をライフサイクルの段階ごとに漸性的 (epigenesis) に発達するものと位置づけたのがエリクソンである。彼はあらゆる文化は子どもが発達するプロセスに対して、「適切な速度」と「適切な順序」を保証しなければならないと述べた (Erikson, 1982＝1989：31)。

エリクソンによると、アイデンティティの基本的パターンは①幼児・児童期における個人の様々な同一化の中から選択され、②その時代の社会化過程が個々人を認証するしかたから現れるものだ、とする。ただし、完全な同一

化というものはなく、あ̇る̇程̇度̇の役割拒否が伴い、それがなければ心理・社会進化は死に瀕するとも述べている。じつは、後に言及するパーソンズの同一化にはこのような動的視点がない。青年期におけるアイデンティティの危機は同一性の混乱であり、青年期に出現する独自の強さとしての「忠誠」は、誰かに導いてもらいたいという欲求を、親的人物から賢明な助言者や指導者に向け変えたものとされている。

　この段階で、想定されている社会化の担い手は家族から離れたことになる。村澤によるとエリクソンのアイデンティティ論は、1980年代以降急速に効力を失っていったが、「ひきこもり」など青年期の問題について心理と社会を包括的に捉える新たなパラダイムはいまだ登場していないという（村澤, 2005）。親子関係の長期化とともに、子どもの社会化の過程として終わりがみえにくい現代日本では、改めて参照される意義があるのではないか。

✦ 成人期への移行の遅れと社会化

　家族と社会化という研究領域では、これまで思春期以前の学童期における親子関係に関心がとどまっていた。しかし、先進工業国では成人期への移行の意味は大きく変容し、子どもが長期にわたり自立しにくいという共通した現象が生まれたので、この時期の社会化が重要となっている。若者が早くから離家をする規範が強い欧米でも、70年代から子どもが長く定位家族にとどまる傾向が強まっている。この現象はライフコース上の課題がうまく解決されなかったしるしとみなされ、親子のコンフリクトを生んでいる（宮本, 2004：13）。

　一方、日本では子どもは成人したら離家をするべきだという規範がないことから、成人後も遠方への進学、就職、結婚などの理由がなければ生まれ育った家にとどまることが多い。高度経済成長期を経て大都市に移動してきた世代の子どもが成長したことで、実態として成人子との同居は増えている。その実態の一部は、「パラサイトシングル」や「ひきこもり」といった特有の社会現象として広く知られるところとなった。2010年の内閣府の調査に

よる推計によれば、広い意味での「ひきこもり」は15歳から39歳までの総人口の1.79%、69.6万人とされている（内閣府政策統括官，2010）。

成人期への移行の遅れは先進国に共通する社会現象であるが、生じている問題やその受け止められ方には社会文化的な差異が色濃く反映している。

3．文化とパーソナリティの形成

◆ R・ベネディクトによる自由の生活曲線

　子どもの社会化の過程をその社会に現れた「文化の型」と関連づけて説明する研究領域がある。1930年代のアメリカを中心に発達した文化人類学の領域で行われた研究は、日米開戦という重い状況下にあって蓄積されたものである。ベネディクトは、『菊と刀』の中で、日本人を「子供に対して真に寛容な国民」と述べている（Benedict, 1946=1967：294）。当時の西洋では、子どもたちは産まれた直後から一定の時間を決めて授乳し、寝かしつける厳格な育児が主流であったため、むずかれば授乳をして、添い寝をし、長期にわたり離乳をさせない日本式育児は驚きを与えたのである。また、ベネディクトによれば、日本で乳幼児期に与えられていた「自由とわがまま」は、成長とともに失われて結婚の前後で拘束が最も高まる。再び自由を取り戻せるのは老年期である。アメリカでは逆に幼い頃に厳しいしつけが加えられ、壮年期に最大の自由を獲得し、老年期には再び自由を失うという（Benedict, 1946=1967：293）。

　つまり、社会化の担い手という面からみれば、幼い頃の親に期待される重みは、当時の日本ではアメリカほどに大きくなかったという見方もできよう。日本では、児童期以後の社会化の担い手として、教育機関など家族以外の担い手に規律やしつけを期待するという要請が生じやすいともいえる。西洋近代化の過程で、日本でも親に対する社会化の担い手としての期待はむしろ高まっているが、文化的背景からその要請に応えることが難しい状況も発生している。

■ 育児法の国際比較

　ベネディクトによる日米の育児法の差異は、断片的な事例からの推定であったが、第二次大戦後に積み上げられた調査研究においても、否定されることはなかった。『ジャパン・アズ・ナンバーワン』の著作で知られるヴォーゲルは、1950年代の終わりに日本で子育ての実態を調査して、大半の母親が子どもと添い寝をしていることを確認している（Vogel, 1963＝1968）。また、千石は、1960年と1980年の生後3〜4カ月の乳児を対象とした観察調査の比較結果をもとに、日本では母親の育児のしかたがアメリカ型へと接近したと指摘した。特にベビーベッドの出現による添い寝の減少について、日本人の「異邦人化」を引き起こす可能性さえあると述べている（千石, 1984）。

　その一方で、残存する育児法の差異について、恒吉らは日本・中国・フランス・イギリス・アメリカ5カ国の主要と考えられる育児書の内容を比較した結果、育児書に書かれている多くのアドバイスは現代の科学を反映したもので、それほどの違いはなくなっていることを見出した（恒吉・ブーコック, 1997）。現在でも、明確に残存している差異とは「添い寝」に関する是非であり、日本の育児書が軒並み肯定しているのに対し、欧米ではまだ否定的に扱われているという。また、ベースとなっている子ども観に、欧米では「子どもが意図的に悪さをする」というものがあるために、生後半年もすれば大人を困らせるために夜泣きをする、と考えられている可能性を指摘している。日本や中国にはそのような受け止め方がないので、夜泣きに厳格な対処を促す記述はみられないとされる。

■ 持続する文化の差異と変容

　子育て行為における文化の差異は、いずれ縮小するだろうと多くの研究者が予測していた。けれども、行為の内容によっては、差異は温存もしくはより拡大した可能性が調査からうかがえる。例えば、2008年に親と別室で寝る日本人の幼い子どもは現在でもわずか0.8％にすぎない。母や父、あるいは父母双方と布団やベッドを共有する、いわゆる添い寝の割合は7割を超え、

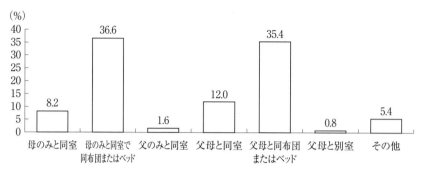

図5-2　1〜3歳の子どもがいる親子の就寝形態（2008年）
出所：「乳幼児の育児と生活に関する実態調査」より作成

　母親とのみ同室で寝る子どもは合計で約45％となっている（図5-2）。1964年から1966年にかけて行われた調査でも、子どもの別室就寝は最も高率な地域でも2.9％であった（小山編, 1973：81）。千石が1960年から1980年にかけて確認していた添い寝の減少は一次的であったようだ。

　このような一方向とはいえない変化の背景には、政府が主導する育児法の変遷も関連している可能性がある。1964年から妊娠した母親全員に配布され始めた母子健康手帳の副読本は、育児の教科書のような位置づけにある。副読本の内容を経年比較すると、1980年代に記述の内容が大きく変化していた。1960年代には、添い寝は窒息を引き起こす危険性のある望ましくないものとされていたが、1985年になるとその記述が一転し、「スキンシップのよい機会」となったのである（品田, 2004：73）。

　育児法は、その社会に蓄積されてきた歴史に左右されつつ変化を続けてきた。世界が共有する科学と地域固有の風習、そして思想がせめぎ合う中で現実の子育てが行われ、次世代へと継承されていくのである。

4．家族の中の教育

家庭教育としつけ

　子どもの社会化は教育社会学の分野でも重要な関心領域である。だが、家族によって担われる家庭教育という言葉が表す内容は曖昧なもので、とりわけ幼い頃の"養育"を"教育"と切りわけることは難しい。日本では政府が2003年より『家庭教育手帳』を発行し、2006年には教育基本法を改正して家庭教育を法的に位置づけた。子育てを支援するという立場をとりながらも、家庭教育を親たちだけに任せておくわけにはいかない、という国家の意思表示がなされたという見方もできる。

　ところで、幼い子どもの社会化に対して、日本語では家庭教育（home education）よりはしつけ（躾）という日常用語のほうが馴染むかもしれない。しつけと家庭教育はほぼ同義に扱われる場合が多い。けれども、しつけには作法や礼儀などの型を子どもに施すという含意が強く、子どもから何かを引き出す、というeducationの意味合いとは大きくずれている。犬をしつける、と使うようにしつけとは教える側がはっきりと優位に立つことを宣言する言葉だからである。子どもを虐待する親の「しつけのつもりだった」という典型的な語りにもその関係性が表れている。

家庭の教育力は変化したか

　家庭におけるしつけの喪失は、戦後の憲法により民主制度が整えられて以後、常に嘆かれ続けてきた。1970年代には、小山が過去のしつけ理念を失った親が新たな理念の定着がなされないうちに、子どもの学業成績を上げることに関心の重点を置く傾向が著しいと指摘した（小山編，1973：11）。また、柴野は「アノミー的しつけ状況」が親たちを不安と混乱に陥らせている事情について、欧米の育児観の変化および近代化に伴うしつけ思想の変化に加え、日本では伝統的な育児法やしつけ方を再評価しようという動きがあることに

ふれている（柴野編, 1989：296）。広田は「しつけの衰退」という物語に疑問を呈した上で、「家庭の教育力は低下している」どころか、「親たちは以前よりも熱心にわが子の教育に取り組むようになってきている」と述べた（広田, 1999：180）。

　これらの論考をつなげて理解するならば、戦前と戦後でしつけ思想に深い亀裂がもたらされた日本では、家庭での養育行動が子どもの学業成績を上昇させる"家庭教育"行動へ特化しやすい環境があったのではないかと考えられる。つまりしつけの喪失と家庭教育への熱心さの持続は矛盾するものではなく、用語通りに二重性を保ちつつ同時に生じうる。むしろ、子どもの社会化過程がこのような矛盾をはらんでいるところから、多くの問題が発生している可能性もある。

◈ 3歳児神話は真実か

　3歳までは母親が子育てすべきという「3歳児神話」は現代でも根強く残っているようにみえる。内田は広く国内外の知見を概観した上で、「『3歳児神話』を支持する知見や証拠はない」と明快に述べた（内田, 2010）。神話の発生源としては、第二次世界大戦後に多かった「孤児院や乳児院で育った乳児の発達が不全である」という事象をもとに、ボウルビーが子どもの健全な発達にとって、産まれて初期には特定の1人（多くは母親）と心理的な愛着関係が形成されている必要があると主張したことがあげられる（Bowlby, 1969＝1976）。この説は現在では主流とはいえず、最近では複数の人と愛着関係を結んでいる子どもの発達が優れているとさえ報告されている（柏木, 2004）。

　それでもなお、日本の母親たちの多くは子どもたちが幼い頃は家庭にとどまっている。3歳未満の子どもをもつ母親の就業率は、2008年時点で30％にすぎず、OECD平均の51％を大きく下回っていた（OECD, 2011）。調査による差はあっても、3歳までは母親が側にいたほうがよいと考えている日本女性の割合は、近年の各種調査で常に6割を超えていた。

　その理由の1つとして、「この時期の働きかけが、子どもの成長・発達に

大きく影響する」という新たな神話へと認識が変わりつつある可能性が指摘されている（松田ほか，2010：19）。その努力はときに妊娠中からの胎教となることすらある。また、1歳半から2歳ぐらいの子どもでさえ、5人に1人は何らかの習いごとに通っているのが実情である（松田ほか，2010：19）。愛知県における調査では、この年齢の子どもをもつ母親の半数近くがほぼ毎日絵本の読み聞かせをしていた。このように、かたちを変えながらも親は3歳児神話に翻弄され続けており、幼い子どもをもつ女性の労働力率が上昇していない1つの要因となっていると考えられる。

家庭教育と階層

　もっとも、親たちが常に家庭での教育に熱心であるとは限らない。つい40年ほど前までは、今では想像ができないほど、階層により子育てのしかたが異なっていた（品田，2004）。1950～1960年代の働く母親の多くは農業や商業などの自営的な働き方をしており、赤ちゃんは「いずめ」や「えじこ」などと呼ばれる特殊なつくりの籠などに入れて1人で置いておくことさえ珍しくなかった。その一方で、都市の中流家庭では専業主婦である母親が、手厚く子どもに家庭教育を施していたのである。高度経済成長期後になると、かつて特定の層にみられた「教育する家族」の特徴が一般的にみられるものとなったとはいえ、階層や地域による差は依然として残存していた（広田，1999）。

　2000年代に入り、子育て世帯の階層差が再び問題化している現在（山田，2009）、家庭における教育も影響は免れない。1998年と2008年の全国家族調査を比較すると、母親の子どもへのかかわりは、総体としてはあまり変化がなかったものの、学歴や世帯年収が高い世帯の母親は家にとどまり、中学受験に向けた教育的なかかわりを増やしていた（品田，2011）。子ども数が減少しているにもかかわらず受験をする子どもは減らないため、中学校受験率は上昇し、全国平均でも1991年に4.1％にすぎなかった私立中学校在籍率は、2011年には7.4％に上昇している（「学校基本調査」）。

だが、このような階層差は常に存在していたのであって、誰もが昔から手厚い家庭教育をされてきたわけではない。子どもの虐待など病理現象への対処をするにあたり、親以外の社会化の担い手は、階層的な差異の存在を理解し、時には親任せではない介入が求められよう。

5．親子関係と子どもの社会化

◆ 母子関係の基礎となる概念

戦後の高度成長期を経て多くの家族が経済的・物質的な豊かさを手にした後、社会化において主題化されてきたのは親子の関係性であろう。子どもの社会化の担い手は数多くある中でも、母子関係は最も重要なものと自明視されてきた。けれども、日本の精神病の患者においては、母子との葛藤が問題となりやすいといわれるように、一歩間違えればそこに病理が生まれる。

精神分析学者の小此木によれば、先駆者である古沢平作が提示した「阿闍世コンプレックス」という概念が日本人の親子関係、しいては心性を理解する上で重要である。「阿闍世コンプレックス」の概念は、西洋における社会化論で中心的な役割を果たしてきたフロイトの「エディプス・コンプレックス」の構造と、大きく異なる（小此木，1986：186）。

「エディプス・コンプレックス」とは、子どもは幼児期に異性の親に愛情を抱き（近親相姦願望）、競争相手となる同性の親に対して憎悪を向ける（親殺しの願望）。そして、このような願望を抱いたことに対する罪悪感からこれを抑圧し、同性の親に同一化し成長するというものであった。一方、「阿闍世コンプレックス」では、子どもは母親と一体であるという思い込みを抱いており、その母親が女であり父親と強い関係性がある存在だということがわかったときに、「未生怨」を抱き母親に憎しみ・殺意を抱く。その後、母親とゆるし合うことにより懺悔心から、倫理的な自我が確立される（小此木，1986：131, 186）。この心理構造に象徴される親子関係と日本人の同室就寝が関連するとされており、親と子の世代境界を維持することは難しくなるとい

う問題も指摘されている。

◼ T・パーソンズの家族役割と社会システム論

　フロイトの発達観を、社会学的なシステム論の中に取り込んでいったのがパーソンズである。パーソンズは、家族の本質的な機能を、子どもの社会化と成人の情緒安定とし、子どもが価値志向を内面化するメカニズムをフロイトの発達段階ごとに説明した。特徴的であるのは、社会における価値体系を父、母、娘、息子のそれぞれの家族における役割構造になぞらえて理論化したところだ。

　パーソンズはベールズとともに、社会集団には一般に集団の課題達成に向かう活動を担う手段的リーダーと、集団成員間のトラブルをやわらげ統合を推進する活動を担う表出的リーダーが存在することを見出し、核家族にあっては父親が手段的、母親が表出的に優位を保ち、息子と娘がそれぞれの価値の劣位に置かれる役割構造となっていると図式的に説明した（Persons & Bales, 1955：46）。息子と娘は同性の親に同一化しようと発達するという関係性が示唆されている。

　このような固定的なジェンダー役割のあてはめは、専業主婦の妻と稼ぎ手の夫という組み合わせが多かった1950年代のアメリカという時代的背景のもとでは受け入れられやすい理論であったが、1970年代以降女性の社会進出が劇的に進むにつれて批判を受けた。また、ひとり親の家族を「欠損家族」と名づけてしまった理由の1つがパーソンズの役割理論にあった。今日の社会学で、パーソンズの役割理論は主流とはいえないが、医療や福祉の領域など家族を機能的に捉える理論として影響が持続しており、多様な家族観とずれが生じている場合がある。

◼ 母親の就業と子どもの発達

　多くの先進国ではすでに母親の就業が一般化した。日本でも6歳以上の子どもをもつ女性の66％は就業し、その割合はOECDの平均とほぼ同じであ

る（OECD, 2011）。子どもの発達と母親の就業に関する数多くの研究が行われた結果，長期にわたる観察を加えても，母親の就業が子どもの発達によくない影響を及ぼすという証拠はみられなかった。むしろ集団保育の優位性がみられる研究もあるという（末盛, 2005）。日本でも，1歳半〜2歳頃の時点でみると保育園に通っている子どものほうが発達が良いという結果も得られている（松田ほか, 2010）。

　母親の就業が子どもの社会化に与える影響が研究されてきた背景には，すでに紹介したボウルビーによるアタッチメント（愛着）の形成に関する理論の提唱がその背景にある。安定した愛着関係がつくられない状態はマターナル・デプリベーション（母性的養育の剥奪）と呼ばれる。パーソンズもこのアタッチメントについてふれており，当時のアメリカでは母親が就業することがいかに問題視されたのかがわかる。その後の研究によると，家庭で育つかどうかというよりも，施設で適切な養育環境が整えられていれば問題は生じないことが明らかとなった。むしろ近年では，母親が専業主婦である場合に家庭という閉鎖的な空間にいるがゆえ，児童虐待の一種であるネグレクトの発見が遅れた事例が報告されることが増えている。

　母親の就業機会の拡大に伴って，子どもの社会化の担い手がさらに多様化していくことは確実である。その一方で，子どもの減少に伴って近隣仲間集団のあり方に変化が起きている。さらに，仲間とのかかわり方もメディア環境の変化などが生じて親からはみえにくくなった。いつの時代も母親は社会化の担い手の1人であったにすぎない。しかし，社会化の直接的な担い手としての母親の役割が減少していたとしても，様々な担い手をコーディネートする役割が依然として母親に期待されている現状がある。この役割をどう社会が補完しうるのかが喫緊の課題となっている。

■引用・参考文献
伊藤公雄・樹村みのり・國信潤子，2002，『女性学・男性学：ジェンダー論入門』有斐閣アルマ．

内田伸子，2010,「＜3歳児神話＞は＜真話＞か？」『学術の動向』15(2)：76-86.
小此木啓吾，1986,『現代人の心理構造』NHKブックス.
柏木惠子，2004,「働く母親と子どもの発達」『小児科臨床』Vol. 57, 増刊号：87-93.
小山隆編，1973,『現代家族の親子関係：しつけの社会学的分析』培風館.
品田知美，2004,『＜子育て法＞革命：親の主体性をとりもどす』中公新書.
品田知美，2011,「母親の子どもに対するかかわり方はどう変化したか」福田亘孝・西野理子編『家族形成と育児』日本家族社会学会全国家族調査委員会.
柴野昌山編，1989,『しつけの社会学：社会化と社会統制』世界思想社.
千石保，1984,『いつ＜日本人＞になるか：日米母子調査にみる育児と文化』小学館.
末盛慶，2005,「母親の就業状態が子どもに与える影響：先行研究の概観と今後の展望」『日本福祉大学社会福祉論集』112：117-132.
全国私立保育園連盟，2008,『乳幼児の育児と生活に関する実態調査報告書』
恒吉僚子・ブーコック，S.，1997,『育児の国際比較：子どもと社会と親たち』NHKブックス.
天童睦子編，2004,『育児戦略の社会学：育児雑誌の変容と再生産』世界思想社.
内閣府政策統括官，2010,『若者の意識に関する調査（ひきこもりに関する実態調査）報告書』（概要版）.
那須壽編，1997,『クロニクル社会学：人と理論の魅力を語る』有斐閣アルマ.
広田照幸，1999,『日本人のしつけは衰退したか：＜教育する家族＞のゆくえ』講談社.
松田茂樹・汐見和恵・品田知美・末盛慶，2010,『揺らぐ子育て基盤』勁草書房.
宮本みち子，2004,『ポスト青年期と親子戦略：大人になる意味と形の変容』勁草書房.
村澤和多里，2005,「E. H. エリクソンとP. L. バーガーによるアイデンティティ論の検討：青年期の理解と援助にむけて」『作新学院大学人間文化学部紀要』No. 3：1-15.
山田昌弘，2009,「経済の階層化と近代家族の変容——子育ての二極化をめぐって」『家族社会学研究』Vol. 21, No. 1.
Benedict, R., 1946, *The Chrysanthemum and the Sword: Patterns of Japanese Culture*, Boston.（長谷川松治訳，1967,『定訳　菊と刀：日本文化の型』社会思想社.）
Bernstein, B., 1977, *Class, Codes and Control*, Routledge & Kegan Paul.（萩原元昭編訳，1981,『言語化社会化論』明治図書.）
Bowlby, J., 1969, Attachment and Loss, Vol. 1 Attachment, The Hogarth Press.

(黒田実郎・大羽蓁・岡田洋子訳, 1976, 『母子関係の理論Ⅰ愛着行動』岩崎学術出版社.)

Erikson, E. H. 1982, *The Life Cycle Completed: A Review*, W. W. Norton & Company. (村瀬孝雄・近藤邦夫訳, 1989, 『ライフサイクル：その完結』みすず書房.)

Giddens, A., 2006, *Sociology* (5th ed.), Polity Press. (松尾精文・小幡正敏・西岡八郎・立松隆介・藤井達也・内田健訳, 2009, 『社会学』〔第5版〕而立書房.)

Mead, G. H., 1964, *The Genesis of the Self and Social Control, International Journal of Ethics*, in Mead, G. H., Selected Writings, The Bobbe-Merrill. (船津衞・徳川直人訳, 1991, 『社会的自我』恒星社厚生閣.)

Mehler, J. & Dupoux, E., 1990, *Naiture Humain*, Odile Jacob. (加藤晴久・増茂和男訳, 2003, 『赤ちゃんは知っている：認知科学のフロンティア』藤原書店.)

OECD Family Database 2011

Persons, T. & Bales, R. F., 1955, *Family: Socialization and Interaction Process*, Routledge & Kegan Paul.

Piaget, J., 1964, *six, études de psychologie*, Goonthier. (滝沢武久訳, 1968, 『思考の心理学』みすず書房.)

Stern, D. N., 1985, *The Interpersonal World of the Infant: A View from Psychoanalysis and Developmental Psychology*, Basic Books. (小此木啓吾・丸田俊彦監訳, 1989, 『乳児の対人世界：理論編』岩崎学術出版社.)

Vogel, E. F., 1963, *Japan's New Middle Class: The Salary Man and His Family in a Tokyo Suburb*, University of California Press. (佐々木徹郎訳, 1968, 『日本の新中間階級：サラリーマンとその家族』誠信書房.)

第6章

現代家族の子育て事情

1. 現代家族の子育ての特徴

子育ての担い手と支え手

　本章では、未就学児の子育てを取り上げて、①子育ての担い手と支え手は誰か、②時代による違いはあるか、③わが国と諸外国で違いはあるか、④子育ての担い手と支え手の現代的特徴がもたらす問題点は何か、という視点から、わが国の家族における子育ての特徴を述べる。

　子育ての担い手と支え手は、家族内において子育てを担う人（＝担い手）と家族以外で子育てを支えている人（＝支え手）という2つの点から捉える。わが国におけるその特徴は次の通りである。

　第一は、多くの子どもが親と子どもからなる核家族で育つことがあげられる。国勢調査（2005年）によると、6歳未満の子どもがいる世帯の中では、核家族世帯（ひとり親世帯を含む）が81.2％と大半を占める。残りは、祖父母等が同居するいわゆる三世代世帯などである。ここから、家族内において子育てを担う人は、大半の場合、子どもの親であることがわかる。

　第二は、世帯の中は性別役割分業であり、母親が子育てを中心的に担っている。「社会生活基本調査」（2011年）によると、末子が就学前の場合、土日を含む週全体では、母親が育児に費やす時間は3時間15分であるのに対して、父親のそれは37分である。末子が未就学児である母親の就労形態をみると、専業主婦が54.8％を占めており、正規雇用者は19.1％、パートなど労働時間が短い者が多い非正規雇用者等は24.9％である（第一生命経済研究所，

2010)。

　第三に、家族内で行われる子育てを、親族や友人など周囲の人たちがサポートしている。詳細は後述するが、主な支え手は、親やきょうだいなどの親族か地域の友人である。

　このほか、幼稚園や保育所等の機関・サービスが利用されている。保育所は親が日中就労するなどして家庭で保育ができない場合に利用されており、その利用率（2014年4月現在）は0歳児が11.4％、1・2歳児が35.1％、3歳児以上が44.5％である（厚生労働省「保育所関連状況取りまとめ」）。幼稚園は幼児教育施設として利用されており、利用率（2009年12月現在）は4歳が52.9％、5歳が63.8％、6歳が62.3％である（厚生労働省「全国家庭児童調査」〔平成21年度〕）。3歳児以上になると、多くの子どもが幼稚園か保育所に通っている。

　家庭内では母親が中心的に育児を担い、父親がそれを支え、家庭外からは親族や友人がサポートし、また幼稚園や保育所等を利用しながら子育てをしているのが、わが国の子育ての現状である。以下では、家庭内における父母の育児分担と親族や友人のサポートの様子を中心にみていく。

◆ 時代的変化

　子育ての担い手と支え手は、時代とともに変化してきた。各地の産育習俗の伝承によると、地域共同体で農業を営んでいた近代以前の日本では、子どもはあくまでも集団の一員であると考えられており、子どもは地域の全員で育てられていたといわれる（鎌田ほか, 1990）。

　明治の産業化によって働く場と暮らす場はわかれ、父親が外で仕事をし、母親が家庭で家事・育児に専念する「近代家族」（詳しくは第1章参照）が生まれた（落合, 2004）。その後、近代家族の普及に伴って専業主婦が育児の中心的な担い手となり、それまで子育てにかかわることがあったとされる父親は、もっぱら働く役割に徹して、育児に直接かかわることがなくなっていった。

　ただし、家庭内で母親のみで子育てをすることは負担が大きい。時代時代に応じて、それを支える人たちがいた。大正から昭和初期にかけては、専業

主婦世帯は比較的裕福な層であり、家事使用人を雇うことが多く、彼女たちが育児の支え手となっていた。

　戦後は一般的な家庭においても専業主婦が広まったが、そうした家庭では富裕層のように家事使用人を雇うことはできなかった。その代わり、親族や友人が母親の子育てを支えてきたのである。親族に頼ることが多かったのは、戦後から高度経済成長期にかけて育児を行った世代である（落合，1993）。この時期に子育てをした世代は、きょうだい数が多かったため、祖父母に加えてきょうだいからのサポートも受けることが可能であった。

　その後の世代は、頼ることができるきょうだいの数が少ないため、親族ではなく、同じ年頃の子どもをもつ子育て仲間などの友人を育児支援先として求めることになった。これは、子育て仲間で一緒に子どもを遊ばせ、時には子どもの世話をしてもらうという関係である。

　以上のように、近代以降、母親がもっぱら育児を担ってきたが、それを支える人たちがいた。戦前は家事使用人、戦後の早い時期は親族、高度経済成長期以降は友人である。ただし、こうした変遷をみると、子育ての支え手は、家事使用人、親族、友人と時代を経るにしたがって、育児に対するサポート力は弱くなってきているとみられる。

■ 日本と諸外国の子育ての違い

　国によって子育ての担い手には違いがある。日本・韓国・アメリカ・フランス・スウェーデンを比較すると、大きくわけて日本と韓国、アメリカ・フランス・スウェーデンが、それぞれ似ている。

　日本と韓国はもっぱら母親によって行われており、アメリカ・フランス・スウェーデンでは母親が主に行いながらも、父親が行うことも多い（内閣府政策統括官，2011）。父親が母親と同程度以上行っている割合をみると、例えば食事の世話（母親の回答）は、日本が9.0％、韓国が31.7％、アメリカが42.3％、フランスが56.3％、スウェーデンが64.7％である。

　こうした違いは、父母と子どもの接触時間にも現れている（牧野ほか，

2010)。父母が平日に子どもと一緒に過ごす時間をみると、日本では父親が3.1時間であるのに対して、母親は7.6時間と倍以上である。韓国も父親が2.8時間、母親が7.1時間で日本に近い。これに対して、アメリカでは父親が4.6時間、母親が7.1時間で、父親の接触時間が長い。スウェーデンはさらにその父母差が小さい。

こうした国による違いが出る背景には、日本と韓国ではもっぱら父親が生活費を稼いでいる割合が高いのに対して、アメリカ・フランス・スウェーデンでは共働きが多いという事情がある。

子育ての支え手も国によって異なる。突然の用事の際に子どもの面倒を頼む人をみると、日本ではここにあげた他の国よりも祖父母をあげた割合が高い（内閣府政策統括官，2011）。一方、子育てにおける悩みの相談相手としては、日本は祖父母とともに友人（子育て仲間、近所の人を含む）が多いが、こうした特徴はアメリカにおいてもみられる。父親の参加は少ないが、親族や友人に多く支えられているのが、日本の子育ての特徴である。

◆ 孤育てになるリスクと社会関係資本

周囲の人による子育ての手助けや助言、相談等がなければ、子育ては「孤育て」になる。

そうなると、子育てを中心的に担う者の心身の負担は重くなる。母親が、父親や周囲の人のかかわりなしに子育てを行う場合、心身の負担の重さから、育児不安（牧野，1982）になる危険がある。育児不安とは、子どものことでどうしたらよいかわからなくなったり、子どものことがわずらわしいように思えてイライラする状態であり、うつに近いものといえる。

また、子どもが社会で生きていくために必要な様々なことを学んでいくためにも、多くの大人が子育てにかかわることが必要である。子どもたちは、親、親族、親の友人等、多くの大人たちとかかわることで、それらの人から認知的な刺激を受け、その人たちをモデルにして行動のしかたを学ぶことができ、精神的な発達が促される（松田，2008）。

社会学や政治学等には、「社会関係資本（ソーシャル・キャピタル）」という概念がある。社会関係資本とは、人と人とのつながりや、そこから生み出される他者に対する信頼、規範、互酬性等のことである（Coleman, 1988；Putnam, 2001）。親子を支える親族や友人、さらに地域社会はこの社会関係資本にあたる。子育てにおいて、これは欠かせないものである。

2．父親の子育てへのかかわり

父親の参加が求められている背景

少なくとも近代になってから今に至るまで、わが国の父親の育児へのかかわりは少ない。しかしながら、次にあげる理由などから、現在、父親の子育てへのかかわりが求められるようになっている。

第一に、先述の通り、時代を経るにつれ、育児の支え手が弱くなったため、父親に育児への参加が求められるようになった。育児の支え手が弱くなった分、ベビーシッター等の外部サービスを利用する手もあるが、多くの家庭の場合、現実的にみてこれまで参加の少なかった父親に白羽の矢が立つことになった。

第二に、近年は就業する母親が増えてきていることがあげられる。母親が仕事をしている場合、保育サービスを利用したとしても子育てのすべてを行うことは時間的に難しいため、この理由からも父親の参加が要請されるようになった。

育児参加の現状

現在、育児に積極的にかかわる男性を「イクメン」（育児をする男）と呼び、メディアで取り上げられたりしている。果たして、イクメンはどの程度いるであろうか。また、近年、そうした男性は増えているのだろうか。

日本家族社会学会の「全国家族調査（NFRJ）」を分析した松田（2011）の結果が図 6-1 である。

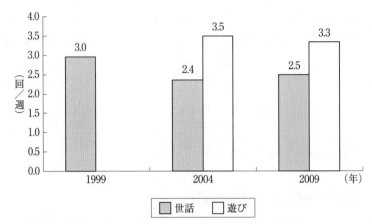

注：日本家族社会学会全国家族調査委員会が実施した全国家族調査（NFRJ）の結果。1999 年は「育児や孫・子どもの世話」を行う頻度を、2004 年と 2009 年は「子どもの身の回りの世話」と「子どもと遊ぶこと」の頻度をたずねている。

図 6-1　父親が育児を行う週あたりの頻度

出所：松田（2011）

　世話の回数をみると、1999 年は 3.0 回、2004 年は 2.4 回、2009 年は 2.5 回である。度数分布の変化をみると、「ほぼ毎日」行う者や「ほとんど行わない」者は減り、「1 週間に 2 ～ 3 回」の者が増えている。「1 週間に 2 ～ 3 回」といえば、多くの場合、週末に世話を行っていることになる。「ほぼ毎日」子どもの世話をする父親は、2009 年時点で 16％である。

　遊びの頻度をみると、2004 年は 3.5 回であるのに対して、2009 年は 3.3 回とわずかに減っている。度数分布をみると、近年ほど「ほぼ毎日」行う者が減り、「1 週間に 2 ～ 3 回」の者が増加している。世話同様、子どもと遊ぶことも週末に行う父親が増加傾向にある。「ほぼ毎日」子どもと遊ぶ父親は、2009 年時点で 23％である。

　この調査では世話や遊びの具体的な内容まで知ることはできないが、頻度をみる限り、確かにイクメンという男性は存在しているといえる。ただし、割合にしてそうした男性は少ない。また、近年ほど育児にかかわる男性が増加しているとはいえない。逆に、男性の育児参加は減っている可能性もある。

長時間労働

　わが国の父親の育児参加を低くしている最大の要因は、労働時間（通勤時間を含む）の長さである。2009年時点において、1日あたりの労働時間が11時間未満の父親が世話をする週あたりの頻度は2.9回であるのに対して、13時間以上の父親は1.7回と少ない（松田，2011）。

　国際的にみても、日本の父親が仕事に費やす時間は長い。1日のうち仕事のために費やす時間を国際比較すると、アメリカの男性は11.3時間、フランスの男性は11.2時間であるのに対して、日本の男性は12.8時間と長い（松田，2009a）。長時間労働は、本人の心身の健康にも響くほか、父子のかかわりを疎遠にすることになっている。

　また、この「全国家族調査」からは、以前は父親の性別役割分業意識（男は仕事、女は家庭という考え方）と育児参加の頻度の間に関係はみられなかったが、2009年には両者の関係が明確にみられるようになった（松田，2011）。意識がリベラルな父親はよく子どもの世話をし、意識が保守的な父親はほとんどしていない。それはリベラルな父親の世話の頻度は増え、保守的な父親においては世話の頻度は低下したためである。近年の父親たちほど、性別役割分業意識を率直に行動で示すようになったといえる。

3．親族と友人のネットワーク

世話と相談のネットワーク

　次に、首都圏と愛知県における調査結果から親族と友人による子育てのサポートの現状をみよう。子どもの母親が外出するときの子どもの世話をしてもらう人（世話ネットワーク）と子育ての相談にのってもらう人（相談ネットワーク）をたずねた結果が表6-1である。

　世話ネットワークをみると、首都圏・愛知県とも親族が多い。首都圏では親（子どもからみれば祖父母）の割合が6割台である。子どもが小さいうちは、親族に比べて、友人等の非親族に世話を頼ることは少なくなっている。首都

表6-1 世話ネットワークと相談ネットワークになっている人の割合

(単位:%)

	親族				非親族					親族、非親族ともなし
		親	きょうだい	親戚	保育園・幼稚園の友人・知人	近所の友人・知人	職場の友人・知人	それ以外の友人・知人		
<世話ネットワーク>										
首都圏										
0-3歳	71.0	65.7	34.9	14.3	56.7	46.7	a	2.8	35.4	13.5
4-6歳	71.5	63.0	41.3	17.0	70.8	63.3	a	3.9	40.4	10.2
愛知県										
1-3歳	79.1	76.1	32.7	12.3	31.1	a	14.7	a	28.4	14.0
1-3歳(保幼利用)	81.4	77.9	34.7	11.8	34.2	a	16.0	a	30.9	11.6
<相談ネットワーク>										
首都圏										
0-3歳	89.9	86.0	51.3	28.1	92.7	76.7	a	26.7	78.0	2.0
4-6歳	88.0	82.7	54.6	27.4	93.3	84.3	a	21.0	74.5	1.7
愛知県										
1-3歳	94.7	93.7	56.7	31.3	88.7	a	48.4	a	88.1	0.8
1-3歳(保幼利用)b	94.3	93.8	59.2	30.9	90.2	a	50.4	a	90.0	0.8

注:首都圏の保育園・幼稚園に通う母親が対象
　　a調査票に選択肢のない項目。b該当子またはそのきょうだいが保育園・幼稚園を利用。
出所:松田(2011)

圏よりも愛知県のほうが、親が世話をサポートする割合が高い。

相談ネットワークは、親族と非親族の両方が支えになっている。例えば、親の割合は首都圏では8割台、愛知県では9割台である。保育園・幼稚園の友人・知人の割合は首都圏では7〜8割台、近所の友人・知人は愛知県では5割前後である。

この結果から、子育ては幅広い人のサポートの上に成り立っていることがわかる。

世話と相談のネットワークの違い

以上にあげた世話と相談のネットワークの特徴をまとめると、次のようになる。

第一に、首都圏と愛知県の両地域とも、世話ネットワークのほうが少なく、相談ネットワークのほうが多い。

育児においては相談ネットワークも大切であるが、もちろん世話ネットワークも欠かせない。世話ネットワークは、特に非親族が少なく、首都圏調査の0～3歳の約4割、4～6歳の約3割に親が外出中に子どもの世話をしてくれる非親族がいない。世話ネットワークが全くない者がおよそ1割強いる。

第二に、親族は世話ネットワークにも相談ネットワークにもなりやすいのに対して、非親族は相談ネットワークにはなりやすいが、世話ネットワークにはなりにくい。親族が世話、相談ともにネットワークとなりやすいのは、親族関係というものが何かと頼みやすい関係であるためと考えられる。

ただし、親族が近くにいない者もいる。そうした者は友人等に頼るしかないため、世話についても非親族ネットワークを築くことは大切である。

第三に、首都圏と愛知県を比べると、首都圏は友人などの非親族に頼ることが多く、愛知県は親族に頼ることが多い地域である。こうした違いは、首都圏のほうが地方から移り住んできた者が多いことから生じているとみられる。

4．親子を支える

育児不安の軽減

先述したように、現在、母親たちの育児不安が問題になっている。父親の育児へのかかわりや親族や友人によるサポートは、母親らが育児不安に陥ることを防ぐことにつながる。

図6-2は、父親の育児参加度別にみた育児不安が高い母親の割合を示したものである。ここでは、父親が「子どもの遊び相手になって、一緒に遊ぶ」ことと「子どもの身の回りの世話をする」ことの程度により、育児参加の多い父親と少ない父親にわけた。母親の育児不安は、既存尺度（牧野・中西，1985）を用いて測定した育児不安の得点を「高」「中」「低」が約3分の1ず

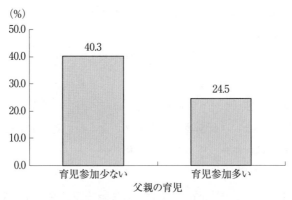

注：東京都郊外に住む母親が対象
図6-2　父親の子育て参加度別にみた育児不安が高い母親の割合
出所：松田（2009b）

つになるように分割して、そのうちの「高」の者の割合を集計している。父親の育児参加が少ない場合、育児不安が高い母親は40.3％にのぼるが、育児参加が多い場合はそれが24.5％まで低下していることから、父親のかかわりが育児不安を軽減することに大きく寄与していることがわかる。

次に、育児を支える親族等の有無と子育ての悩みの程度の関係が図6-3である。これは、表6-1の世話ネットワークと相談ネットワークになっている親族・非親族の種類（数）を計算して、それと子育ての悩みの関係を図示したものである。具体的には、世話／相談をしてくれる親、きょうだい、親戚がすべていれば3種類、いずれもなければの0種類である。非親族については、同じく保育園・幼稚園の友人・知人、近所の友人・知人、職場の友人・知人がすべていれば3種類、いずれもなければの0種類である。子育ての悩みの程度の得点は、「子どもがいうことをきかないこと」、「子どもとの接し方がわからないこと」など14項目の回答を合計して作成したものであり、得点が高いほど子育ての悩みが多いことを表す。

親族をみると、世話についても相談についても、支える親族の種類が多いほど、母親の子育ての悩みの程度は低くなる。詳しくみれば、世話をする親

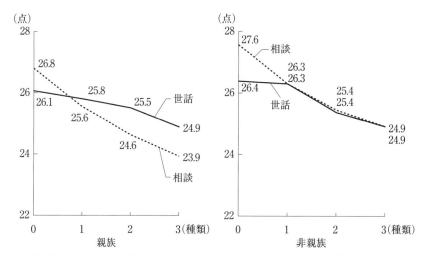

注:首都圏の保育園・幼稚園に通う母親が対象。「親族」「非親族」の種類の数とは、表 6-1 の世話ネットワークと相談ネットワークになっている親族・非親族の種類のことである。

図6-3 親族・非親族ネットワークの種類別にみた母親の子育ての悩み得点

出所:松田(2011)

族よりも相談にのる親族の種類が多いほうが、母親の子育ての悩みの軽減につながっている。

　非親族についても、世話をしてくれる人の種類が多ければ、母親の子育ての悩みは少なくなる。非親族においても、世話をしてくれる人よりも相談相手の種類が増えるほうが、子育ての悩みが軽減されている。

　以上のように、父親の育児参加や親族・非親族の支えがあることが、母親の育児不安や子育ての悩みを軽減するといえる。

子どもの発達を支える

　親族等の世話や相談のネットワークは、親を支えるだけでなく、子どもの育ちも支えるものである。

　親が行う育児を支える親族や友人等が多くいれば、子どもはそれらの人から様々な刺激を受けることができ、またその人たちをモデルにして行動のし

かたを学んでいく。また、育児ネットワークは世話や相談などにより親の育児をサポートし、それによって親は養育力を高める。これらによって、子どもの育ちは支えられ、発達が促されていくと想定される（松田, 2008）。

　子育てを支える世帯外の人の数と子どもの「自己制御能力」の関係を分析した結果が図6-4である。子どもが自己を制御できる能力とは、自分の情動をコントロールする力で、社会の一員としての行動を身につけていくためにも必要なものである（柏木, 1988）。

　ここでは、3～6歳の子どもについてのこの能力を測る尺度として、自己抑制力、自己主張力、他者支援力の3つを用いた。自己抑制力は、社会生活の中で自分の欲求や衝動をそのまま表してはいけない場面では、それらを抑制、制止する力である。自己主張力は、自分の意志や欲求を明確にもち、これを周囲に発信する力である。他者支援力は、困っている友人がいれば、助

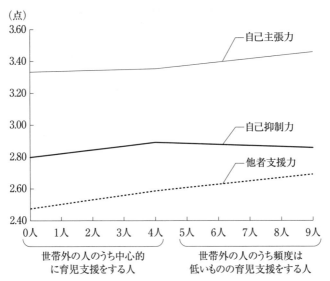

注：関東地方の保育園に通う3～6歳の子どもが対象

図6-4　子育てを支える世帯外の人の数別にみた子どもの自己抑制力、自己主張力、他者支援力

出所：松田（2008）

けることができる力である。

　子育てを支える世帯外の人（親族や親の友人等）が多いほど、子どもの自己抑制力、自己主張力、他者支援力のいずれも高くなっている。

　その人たちのうち、中心的にサポートをする人たちとその周縁にいて頻度は低いもののサポートをする人たちにわけてみると、前者の数が多いほど自己抑制力が高くなっている。

　子どもに自己抑制力を身につけさせることができるのは、ふだんから育児にかかわることが多い大人であることがうかがえる。

　また、中心的にサポートをする人たちではなく、頻度は低いもののサポートをする人が多いほど、子どもの自己主張力は高まる。ふだんから育児にかかわる大人は、子どもの心情を察して、先回りにその子の要求に応えることができるが、たまに会う大人はそのような配慮をすることはできない。そのため、たまに会う大人に自分のいいたいことを聞いてもらうためには、子どもが自ら大人に働きかけなければならない。このため、自己主張力の発達には、頻度は低いものの育児のサポートをする大人が、多くかかわることが大切であるとみられる。

　他者支援力は、そうした大人の種類にかかわらず、育児を支える大人たちが多いほど高まる。多くの大人、多様な大人と交流する中で、他者を支える力ははぐくまれるものだろう。

　また、先述した通り、父親の育児参加や育児ネットワークは母親の育児不安を軽減する。母親の育児不安が高いことは、子どもの発達にとって好ましいものではない。父親の育児参加や親族等のネットワークが多いことは、母親の育児不安を軽減し、育児不安が高いことからくる子どもの発達への負の影響を防ぐことにつながる。

5. 子ども・子育てを支える社会に

子育ての現状と課題

　先述したことを整理すると、わが国における未就学児の子育ての現状は次の通りである。

　第一に、子育ての担い手と支え手をみると、多くの子どもは核家族の中で、特に幼稚園・保育所等に通うことが少ない3歳未満のうちは、もっぱら母親によって世話をされている。母親に比べて、父親が子育てを行うことは少ない。しかし、世帯外に目を向ければ、子どもからみた祖父母等の親族や母親の友人等が子育てを支えている。先進諸国と比較した場合、父親の参加は少ないが、親族や友人に多く支えられているのが、日本の特徴である。

　第二に、時代的にみると、母親が主に育児を担う状態は変わらないものの、その母親に対する周囲のサポートは弱くなってきている。

　第三に、主に母親が育児を担っており、周囲のサポートが弱くなってきていることが、孤育てともいえる状態を生み出し、母親の育児不安など心身の負担の要因になっている。また、孤育ては、子どもの発達にとっても好ましいものではない。

　こうした問題を解決するには、父親の育児へのかかわりや周囲からの子育てのサポートを増やすことが必要である。

父親の育児参加

　諸外国に比べて、わが国の父親の労働時間は非常に長く、このことが父親の育児へのかかわりを阻む大きな要因になっている。父親の育児参加を促すには、この長時間労働の是正が必要である。日本家族社会学会の調査によると、6歳以下の子どもをもつ男性正社員の1日の労働時間（昼休み等の休憩時間を除き、通勤時間は含む）は、1999年には10.8時間であったが、2004年には11.6時間、2009年には11.3時間であり、10年前よりも延びている。労働時

間が1日11.3時間ということは、仮に昼休みを1時間とすれば、朝8時に家を出て、夜の8時過ぎに帰宅するというのが、平均的な父親の姿になる。この長時間労働では、父親たちが平日に子育てをするどころか、休日には自分の身体を休めるのが精一杯の状態であろう。この状態のまま、父親の子育て参加を求めるなら、父親たちは仕事と子育ての二重負担になる。まずは、国際的にみて長い労働時間を是正して、父親が子育てにかかわることができるようにする必要がある。

なお、家族というものは、様々な個人がつくるものであり、多様性があるものである。子育て期の家族には専業主婦家庭や共働き家庭等があり、社会階層の差もある。一口に就労者といっても、その状況は各人各様である。このため、父親の子育て参加といった場合、全員一律に父親の子育て時間を〇時間に増やすというのではなく、その家庭の状況に応じて、必要な水準の父親の子育てへのかかわりを可能にすることが大切である。

親族や友人のネットワーク

日本の子育ての特徴は、親族や友人等に多く支えられながら行っていることである。育児の担い手の負担を軽減し、子どもの発達を支えるためには、親族や友人等が子育てを支える／支え合う状態を維持または拡充することが大切である。

母親の親やきょうだいによるサポートは強いものであり、今後も子育てにおいて親族同士が交流し、支え合う状態が継続することが望ましい。ただし、近くに頼ることができる親族がいない家庭もある。このため、親族ばかりでなく、友人等による支えが必要である。

友人等の中で子育てを支え合う関係を築きやすいのが、同じ地域に住んでいる「子育て仲間」と呼ばれる同じ年頃の子どもを育てている友人である。そして、子育て仲間同士の支え合いを広げるには、児童館や子育て広場といった子育て期の家庭が集い・出会う場をつくることが効果的である（松田, 2008）。保育所や幼稚園を利用することも、そこで子育てを支え合う輪を広

げることにもつながる。国・自治体は、そうした子育て期の家庭の支え合いをはぐくむ子育て支援を実施することが求められている。地域で子育てする人たちが、インフォーマルにつながり、支え合っていくことが、今後わが国における子育てを支える大切な社会関係資本になるとみられる。

■引用・参考文献

落合恵美子，1993,「家族の社会的ネットワークと人口学的世代：60年代と80年代の比較から」蓮見音彦・奥田道大編『21世紀日本のネオ・コミュニティ』東京大学出版会.

落合恵美子，2004,『21世紀家族へ』(第3版) 有斐閣選書.

柏木恵子，1988,『幼児期における「自己」の発達：行動の自己制御機能を中心に』東京大学出版会.

鎌田久子・宮里和子・菅沼ひろ子・古川裕子・坂倉啓夫，1990,『日本人の子産み・子育て：いま・むかし』勁草書房.

第一生命経済研究所，2010,『2011年ライフデザイン白書：表とグラフでみる日本人の生活と意識の変化』ぎょうせい.

内閣府政策統括官，2011,『少子化社会に関する国際意識調査報告書』.

牧野カツコ，1982,「乳幼児をもつ母親の生活と＜育児不安＞」『家庭教育研究所紀要』3：35-56.

牧野カツコ・中西雪夫，1985,「乳幼児をもつ母親の育児不安：父親の生活および意識との関連」『家庭教育研究所紀要』6：11-24.

牧野カツコ・渡辺秀樹・船橋恵子・中野洋恵編著，2010,『国際比較にみる世界の家族と子育て』ミネルヴァ書房.

松田茂樹，2008,『何が育児を支えるのか：中庸なネットワークの強さ』勁草書房.

松田茂樹，2009a,「就労環境とストレスの関係」連合総合生活開発研究所『生活時間の国際比較：日・米・仏・韓のカップル調査』連合・連合総研共同調査研究報告書，57-74.

松田茂樹，2009b,「家族の変化と父親の子育て：家族社会学の視点から」『チャイルドヘルス』Vol. 12, No. 8.

松田茂樹，2011,「NFRJからみた父親の育児参加の変容」福田亘孝・西野理子編『家族形成と育児』日本家族社会学会全国家族調査委員会.

Coleman, J. S., 1988, "Social Capital in the Creation of Human Capital", *American Journal of Sociology*, 94 (Supplement)：S95-120.（金光淳訳，2006,「人的資本の形成における社会関係資本」野沢信司編・監訳『リーディングス

ネットワーク論：家族・コミュニティ・社会関係資本』勁草書房，205-238.)

Putnam, R. D., 2001, *Bowling Alone: The Collapse and Revival of American Community*, Simon & Schuster.（柴内康文訳，2006，『孤独なボウリング：米国コミュニティの崩壊と再生』柏書房.)

第7章

ライフコースの変容と「祖父母であること」

1.「お祖母さん」は「お婆さん」か?

　本章では、人生の中盤以降に経験することが多い「祖父母であること (Grandparenthood)」を、ライフコース論の分析視角に基づいて考察する。周知の通り、人口変動や家族変動・産業構造の転換などの社会変動は、家族による高齢者の扶養や社会保障など、社会の客体としての高齢者の問題や、主体としての高齢者の問題（副田，1981）への関心を引き起こした。こうした社会変動は、高齢期に影響を及ぼしただけでなく、人々のライフコース全般にわたって変容をもたらしつつある。

　例えば、近代化の程度が著しく進展した社会では、成人期への移行の局面にも変化が生じている（Settersten, et al., 2005；宮本，2004）。年齢を軸としたライフイベント（出来事）や役割相互の関係が変化していることは、ライフコースの社会的・標準的スケジュールの再編成に関する問題を引き起こし（安藤，1997；1999）、その再編成の過程で、一部の若年者の間に、「（年齢的には）大人なのに、大人になれない」という不安感を引き起こした（安藤，2003）。

　中年期から高齢期への移行の局面においてもライフコースの変容は生じており、「祖父母であること」には、以下でみるように、この変容が顕著に反映されている。祖父母という地位は、中年期から高齢期にかけて新たに獲得される場合が多く、ライフコースの変容により、今日の祖父母は、歴史的にみればきわめて特異な経験をしていることが考えられる。

　議論を始めるにあたって、「祖父母という経験」を「高齢期」の問題とし

てのみ考えるわけではない方針を強調しておきたい。孫がいる人＝祖父母には「お年寄り」のイメージがあるが（Robertson, 1977；安藤, 1989）、「祖父母であること」と「高齢者であること」は、異なる社会的次元の経験である。祖父母という地位は、子どもがさらに子どもを産めば獲得されるので、社会的に「高齢者」「老人」である必要はない。また、高齢者すべてに孫がいるわけでもない。「お祖母さん」は「お婆さん」であるとは限らず、「お婆さん」が「お祖母さん」であるとも限らないということである。にもかかわらず祖父母と高齢者が同一視されやすい傾向があるのは興味深いが、この点については後述する。

■ 平均余命の伸長と「祖父母期」の長期化

　今日の祖父母が、歴史的には特異な経験をしている可能性を、例えば人口学的条件で考えてみよう。1947年の平均寿命は男性50.06歳・女性53.96歳であったが、2012年では男性は79.94歳・女性は86.41歳となっている（厚生労働省, 2013）。平成8年版の『厚生白書』では、このような平均寿命の伸長が親子関係の長期化をもたらしていることを指摘しているが（厚生省, 1996：63-64）、この親子関係の長期化は、祖父母―孫関係の長期化も示唆する。

　もちろん、この平均寿命の伸長が、0歳の平均余命の伸長であることには注意が必要である。平均寿命が約50歳から約80歳に伸びたということは、高齢者が平均30年長く生きるようになったということを意味するわけではない。実際、1947年の50歳時の平均余命は男性19.44年・女性22.64年であったのに対し、2012年の50歳時平均余命は男性が31.70年・女性が37.59年である。また、1947年の65歳の平均余命は男性が10.16年・女性12.22年であったのに対し、2012年の65歳の平均余命は男性18.89年・女性23.82年である（厚生労働省, 2013）。1947年から2005年の間の50歳時の平均余命の伸長は男性12.26年・女性14.95年であり、65歳の平均余命の伸長は男性8.73年・女性11.60年である。戦後の50歳時や65歳時の平均余命は、0歳児の平均余命である平均寿命の伸長に比べれば、その伸長の幅は小さい。

■「ありふれた経験」としての成人の孫との関係

　しかし、孫との関係を考えた場合には、この50歳時や65歳時の平均余命の伸長は、やはり大きな意味をもつと思われる。例えば50歳で初孫が生まれた場合、上でみたように、1947年では50歳時平均余命が男性19.44年・女性22.64年であるので、成人の孫との一定期間の関係は平均的には成立しないが、2012年の50歳時平均余命は男性31.70年・女性37.59年なので、50歳で初孫が誕生した場合には、平均的には孫が30歳になるまでの祖父母―孫関係が期待される。同様に、1947年に65歳で初孫が誕生した場合には小学生の孫との関係しか期待されないが、2012年では65歳で初孫が誕生しても、高校生の孫（祖父の場合）や成人の孫（祖母の場合）との関係が期待される。50歳時や65歳時の平均余命の伸長は、0歳時の平均余命のそれに比べれば大きくはないものの、孫の発達に伴う祖父母と孫の関係の変化という点では、十分な祖父母期間の伸長をもたらしているといえるであろう。

　さらに留意すべき点は、年齢ごとの生存率も、戦後大きく変化している点である（厚生労働省, 2013）。例えば65歳まで生存する割合は、1947年では男性が39.8％・女性で49.8％であったのが、2012年では男性が87.8％・女性が93.8％となっている。65歳時の平均余命が0歳児のそれよりも伸長幅が小さいとはいえ、そもそも65歳まで生存する人の割合が大きく異なることは、65歳の祖父母の存在可能性の程度も著しく違うことを意味する。すなわち、長期化した祖父母期のもとで、10代の孫や成人期の孫との関係が可能な祖父母が、層として誕生している可能性があるということである。

■ 出生率の低下と「祖父母であること」

　出生率の低下は、平均余命の伸長と同様に、日本社会に大きな影響を与えている。日本の合計特殊出生率は、第二次世界大戦直後の1947年には4.54と高い水準であったが、1950年には3.65、1957年には2.04と急激に低下した。この第二次世界大戦後から1950年代にかけての急激な出生率の低下は、現在の祖父母が、祖父母という地位で経験している「祖父母―孫」関係と、

かつて孫として経験した「祖父母―孫」関係の間に、構造的な相違が生じている可能性を示すだろう。特に、上述の平均余命の伸長と合わせて考えると、平均余命が短く合計特殊出生率が高かった時期と、平均余命が伸長し合計特殊出生率が低下した時期では、「相対的に多くの孫と、相対的に短い期間成立する祖父母―孫関係」から、「相対的に少ない孫と、相対的に長期間成立する祖父母―孫関係」へと変化したことが推測される。藤本は、こうした祖父母と孫の関係の変化を、「拡散的関係から凝集的関係への変化」（藤本，1981：175）と捉えている。

　また、合計特殊出生率の低下は、末子出生までの期間の短縮をもたらす。例えば昭和58年版の『労働白書』では、「結婚から末子出生までの平均年数は（昭和）37年の10.84年から（昭和）57年には4.69年と減少している」と指摘されている（労働省，1983：149）。晩婚化によって第一子出生年齢は上昇するものの、結婚から末子出生までの期間の短縮によって、孫が生まれる時点では、末子に対する日常生活での養育的親役割は全体的には縮小傾向にあると思われる。したがって、「相対的に少ない孫と、相対的に長期間成立する祖父母―孫関係」は、親子関係との競合が相対的に少ない中で展開されると考えられる。つまり、「親期」と「祖父母期」の間にずれが生じているということである（Hagestad, 1985）。このことは、中年期から高齢期にかけて社会的役割や社会関係が縮小している場合には、祖父母という地位の重要性が高まる可能性を示唆しているであろう。藤本も、平均余命の延びと出生児童の減少、およびこの2つから生じる家族周期の変化によって、脱親期における祖父母役割の重要性が高まってきていることを指摘している（藤本，1981：175-176）。

　以上のように、人口学的条件からだけでも、現在の祖父母は歴史上これまでにないような「祖父母であること」を経験していると考えられ、「パイオニアとしての祖父母」（Shanas, 1980）と位置づけられるだろう。

2. ライフコース・アプローチ

　このような「祖父母であること」の変化は、人口学的変動のみならず、家族変動など他の社会変動によっても引き起こされているが、そうした歴史的に特異な今日の「祖父母であること」の経験を体系的に理解するために、本章ではライフコース・アプローチを採用する。

　ライフコース・アプローチは、ライフサイクル・家族周期論に比べると、歴史的な事件・変化が個人に及ぼす影響や、長期にわたる地位・役割の変化を取り扱う上で柔軟な分析枠組みとなっている (Elder, 1977)。また、ライフコースと類似している用語にライフスパンがあるが、ライフスパンという用語が生涯にわたる心理内的現象に焦点を置くのに対し、ライフコースという用語で強調されるのは、発達に影響を及ぼす外的な要因と、時間の経過に伴うそうした外的要因の変化である (Settersten, 2003)。歴史的に特異な経験をしていると考えられる今日の「祖父母であること」を分析・考察する上では、このような特徴をもつライフコース・アプローチは有効であると思われる。

◼ ライフコース分析のガイドライン

　ライフコース論は、1960年代以降、社会学・心理学・人口学・人類学・歴史学など、様々な領域にまたがった学際的な視点として発展してきた (Elder & Shanahan, 2006)。そのようなライフコース論の全体像をここで紹介するのは紙幅の都合上難しいので、ライフコース論の旗手であるエルダー (Glen H. Elder, Jr.) による、ライフコース分析を行う上での基本的なガイドラインの議論を紹介し、その基本的な分析視角に基づきながら、「祖父母であること」に接近していきたい。

　ライフコース論では、個人のライフコースと歴史的変動を結びつけるいくつかのメカニズムが検討されており、さらに、それらのメカニズムを包含した、ライフコース・アプローチによる研究のガイドラインとなる「原則」

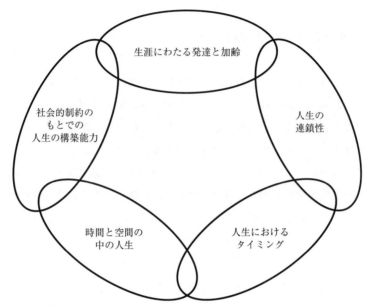

図7-1 ライフコース分析の基本的ガイドライン（原則）
出所：Elder (2003)

(principles) が示されている (Elder, 1998；Elder & Johnson, 2002；Elder, *et al.*, 2003；Elder & Shanahan, 2006)。図7-1は、その概観である (Elder, 2003)。以下、簡単にそれぞれのガイドラインについて説明する。

「生涯にわたる発達と加齢の原則 (The Principle of Lifelong Development and Aging)」

「子ども期であれ青年期であれ高齢期であれ、問題としているライフステージにおける行動の分析は、そのライフステージに限定しておこなっても十分な説明が出来ない」(Elder & Johnson, 2002：162) というように、生理的・心理的・社会的変化は生涯にわたって可能であり、発達や加齢のプロセスは、生涯にわたる視野をもつことによって、十分な理解が可能となることに留意を促す原則である。例えば、中年期の行動パターンは、その時点での状況や将来の予期に影響を受けるだけでなく、子ども期の経験にも左右される

可能性が示唆されている (Elder & Shanahan, 2006)。

✜ 「人生の連鎖性に関する原則 (The Principle of Linked Lives)」

　社会関係は、ライフコースの展開に影響を及ぼす、発達的文脈として考えられる (Elder & Johnson, 2002)。「人生の連鎖性に関する原則」は、人々が相互に依存しながら生活する中で、社会的変動が、発達的文脈であるミクロなレベルの人間関係の文脈を通じて個人のライフコースに影響を及ぼす点への注意を喚起し、ある個人の人生に生じた変化が、他者の人生における変化を引き起こす可能性が強調されている。思春期の少女の性的経験と妊娠は、本人の学校生活や健康にかかわるような行動上のリスク（飲酒など）よりも、友人の学校生活や健康にかかわるリスクと関係していることを示す研究などを通じて、連鎖的な影響を及ぼす可能性のある「重要な他者」に留意する必要が指摘されている (Elder, *et al.*, 2003 ; Elder & Shanahan, 2006)。

✜ 「タイミングの原則 (The Principle of Timing)」

　ライフコース上の移行やイベントの要因や結果は、それらを経験するタイミングによって異なるという点に留意を促す原則である。退職のタイミングが労働者と企業の両者の条件の組み合わせに左右され、そしてその退職のタイミングによって退職後の状態への満足が異なることを示した研究や、非行に走る年齢の相違によってその後の反社会的行動のパターンが異なることを示す研究などを通じて、あるイベントや移行を経験するタイミングが及ぼす影響について検討する必要性が示されている。タイミングがなぜこうした影響をもたらすかに関しては、「異なった年齢の者は、同じ状況に、異なる経験と異なる資源をもって直面するので、その結果、新しい状況に異なる方法で適応する。こうした種類の適応は、意志決定の選択的な過程を通じてライフコースを構造化する」(Elder & Johnson, 2002：64) と説明されている。

■「時間と空間の原則（The Principle of Time and Place）」

　個人のライフコースは、歴史的な時間と空間に埋め込まれ（embedded）ながら形成される点に注意を促す原則であり、発達やライフコースの歴史的・空間的な多様性が強調されている。文化大革命で徴農や下放（sent down）を経験した若者は、そうした経験がない若者とは、異なった人生の軌道をたどったことを示す研究や、旧ソ連邦の異なる地域に生まれ育った同一出生コーホート（同じ時期に生まれた人たち）の人生が、ソ連邦解体後、社会経済的側面では、全体的にはそれぞれの地域の特性を反映したものとなったことを示す研究などを通じて、「時間と空間の原則」への留意の必要性が示されている（Elder & Shanahan, 2006）。

■「人生の構築能力に関する原則（The Principle of Human Agency）」

　歴史的・社会的環境を背景とした人生の社会的制約や機会の中で、人々は選択・譲歩や行為を通じて自分自身の人生を構築するという点に留意を促す原則であり、個人が、社会的環境や構造的制約のもとでも受動的存在にとどまらない点が強調されている（Elder & Shanahan, 2006）。例えば、明瞭な年齢規範がある場合でも、教育の終了・初職・結婚などのイベントを、同じ年齢の人たちが同じタイミングで経験するわけでは必ずしもない。このように、規範とそのもとでの選択には「緩やかな結合」（loose coupling）という性格があり、この「緩やかな結合」は、個人のライフコースが社会的環境によって構造化されるとともに、個人の選択によっても構築されることを示している（Elder & O'Rand, 1995；Elder, et al., 2003）。非常に制約が強かった中国の文化大革命のもとでも人生の選択肢は存在し、どのような選択をするかによってその後の人生の質が異なったことを示す研究や、ベトナム戦争に反対してカナダへの移住を選択した人たちのその後のライフコースについての研究などが、この「人生の構築能力に関する原則」の説明で紹介されている（Elder, et al., 2003；Elder & Shanahan, 2006）。なお、Human Agency はしばしば「人間行為力」と訳されるが（例；Giele & Elder, 1998＝2003）、ここでは本書の性格にも鑑

み、その意味するところから、「人生の構築能力」と訳しておく。

3．「祖父母であること」への「タイミングの原則」からの接近

　前節では、ライフコース研究のガイドラインとなる5つの原則を紹介したが、文化大革命下の若者のライフコースについての研究を2つの原則の説明の例として用いることが可能であったように、これらの基本的視点は、相互に関連し合っている。

　「祖父母であること」に対してライフコース視点から接近する場合も、1つの材料が、2つ以上のガイドラインの対象となることは不思議ではない。この点を踏まえた上で、紙幅の都合上、本章では「タイミングの原則」を中心にして、「祖父母であること」に接近する。「タイミングの原則」を中心とするのは、これらの原則が相互に関連し合っている中で、特に「タイミングの原則」と他の原則との関連の重要性が指摘されていることによる（Giele & Elder, 1998＝2003）。

■ 「早期」の祖母と「適時」の祖母

　「孫は目に入れても痛くはない」というような祖父母の反応は、祖父母であれば「自然」な、「当たり前」な態度であると考えられているかもしれない。ところが、祖父母となるタイミングについて注意を払うと、祖父母が孫を溺愛するというのは、必ずしも「自然」な態度であるわけではない可能性が浮かび上がってくる。

　バートンとベングッソン（Burton & Bengtson, 1985）は、南ロサンジェルス居住の黒人家族を調査し、相対的に早いタイミングで孫が誕生した祖母（25歳～38歳：以下「早期」の祖母と略す）と、平均的なタイミングで孫が生まれた祖母（42歳～57歳：以下「適時」の祖母と略す）で、祖母役割に対して異なった反応がみられたことを報告している。バートンとベングッソンによれば、大半の「適時」の祖母は孫の誕生を歓迎したのに対し、「早期」の祖母は、祖

母役割にネガティヴな反応をみせた。

　こうした祖母役割へのネガティヴな反応は、当初は自分の娘が早く子どもを産んだり未婚の母親となったことによると推測された。しかし、調査・分析を進める中で、子どもを早く産んだ自分の娘への懸念がネガティヴな反応を引き起こしたのではなく、若くして祖母になったという、祖母自身の状況がネガティヴな反応の背景にあることが判明した。例えば、28歳で孫が生まれた女性の、次のようなコメントが紹介されている。

　　「この赤ん坊を生んだ娘の首をへし折ってやれれば、と思うの。ボーイフレンドができたばかりなのよ、私は。彼は私が年をとりすぎていると思うに違いないわ。若いときに子どもがいるだけで十分悪いのに、今やおばあちゃんだなんて！」(Burton & Bengtson, 1985：61)。

　ここでは、非常に若くして祖母となった女性が、孫がいることでボーイフレンドに見捨てられるかもしれないという不安から、祖母という地位に対して、「孫を溺愛する祖母」というイメージとはかけ離れた態度をとっていることが示されている。ほかにも、非常に早いタイミングで孫が産まれたことで、自分の子どもにまだ手がかかり母親役割と祖母役割との両立ができないのではないかと思ったり、祖母役割と自分の職業上の役割との調整が難しくなるのではないかと心配したりして、「祖母であること」にネガティヴな態度となったケースが紹介されている (Burton & Bengtson, 1985)。

　このように、祖母という地位を非常に早いタイミングで獲得することが様々な問題を引き起こし、そしてそれらの問題が祖母役割へのネガティヴな反応の原因となっていることは、孫の誕生を歓迎するという祖父母の「自然」と考えられている態度が、一定の社会的条件を背景として成立する可能性を示しているだろう。例えば最初にみたように、出生率の低下に伴う祖父母期と親期の分離 (Hagestad, 1985) は、孫に愛情・時間・お金を集中的に注ぐことを可能とする社会的環境の1つと考えられるだろう。

■「お祖父さん」と「お爺さん」

　最初に留意したように、「祖父母」と「高齢者」は異なる社会的次元の存在である。にもかかわらず、「お祖父さん」と「お爺さん」が混同されるような、「祖父母＝高齢者（老人）」という認識枠組みの存在は、祖父母になるタイミングを、相対的に早い／遅いという観点からだけでなく、「子ども期」「青年期」「高齢期」といった、社会的に区分された人生段階との関係からも検討する必要があることを示す。

　最初に、「祖父母≒老人」という認識枠組みが社会の中に存在していることを確認しておきたい。孫が生まれて「おじいさん」と呼ばれたことに関する聞き取り調査では、次のような反応が得られた。

　　「いや、もうね、勝手に子どもをうみやがって、人をじいさま扱いするとは何事だ、と憤慨したね。……まだ、50代半ばでね、気が若いんだよ。それをね、何で人を年寄り扱いしてね、失礼だよ。まあ、そんなことはあったね……」（安藤，1989：114）

　「お祖父さん／お祖父ちゃん」など、多くの場合に用いられる祖父の呼称は、男性高齢者を指す「お爺さん／お爺ちゃん」と発音上は区別できないので、孫が生まれて「お祖父ちゃん」と呼ばれたときに、「お爺ちゃん」扱いされたような気がしたということである。こうしたコメントは、祖父母の呼称と高齢男性・女性の呼称が発音上区別できないという点が、「祖父母≒高齢者」という認識枠組みの、1つの背景である可能性を示唆するだろう。

■「お祖母さん」と「お婆さん」

　次の事例は、40代で孫が生まれた女性の回答である。

　　「私のことをバーバと言っていますね、バーバにやってもらいなさいとか、バーバにあれしなさいとか……別に何の抵抗もありませんけど、

ただね、皆さんからね、何でもうバーバと呼ばせるの、って言われるんですよねぇ。別にね、もうどうせおばあさんなんだから、嫌とかそういうことはなかったんですけどね。外でね、大きな声でね、バーバ・バーバって言われるとね、アラッ、て思ってね、恥ずかしいなっ、て気はしますけどね」

「最近、絵本で、おばあさんっていうのを覚えましてね、おばあさん、おばあさんって言うんですよ。急におばあさんになった感じがしますよね。……」(安藤，1989：114-115)

　先の事例と同様に、インフォーマントに「お祖母さん」と「お婆さん」の混同が生じていることが示されている。「バーバ」と呼ばれることが「嫌とかそういうことはなかったんですけどね」という点について、「もうどうせおばあさんなんだから」とコメントされているが、この場合は、「どうせお祖母さんだから」ではなく、「どうせお婆さんなんだから」いう意味であると思われる。同様に、孫が絵本で覚えた「おばあさん」という言葉を使うことで「急におばあさんになった感じ」がするという場合も、やはり、「急に『お祖母さん』になった感じ」ではなく、「急に『お婆さん』になった感じ」ということだろう。「バーバ」と呼ばれても「別に何の抵抗もありませんけど」と思いつつも、外で回りに人がいるときに「バーバ」と呼ばれて、「アラッ」と思い、また、「恥ずかしいなっ、て」と感じるのは、先の事例で「おじいさん」と呼ばれて「憤慨」したのと同様に、「祖父母≒高齢者」という認識枠組みが内在化されている結果と考えられよう。

　それとともに、「皆さんからね、何でもうバーバと呼ばせるの、って言われるんですよね」というコメントは、孫が生まれた当時は40代で外見的にも「お婆さん」ではないインフォーマントが、「お婆さん」というイメージを惹起する「バーバ」と呼称で呼ばれていることへの周囲の人々の違和感も示しているだろう。すなわち、「祖父母≒老人」という認識枠組みは、2番目の事例のインフォーマントだけでなく、その周囲の多くの人々の中にも内

面化されているであろう、ということである。

■ 研究者の中の祖父母と高齢者の同一視

祖父母と高齢者を同一視する認識枠組みは、日常生活の中だけでなく、研究者の中にもみられる（安藤, 1989）。例えば『テキストブック社会学（2）家族』では、祖父母期への移行が、老年期への移行のメルクマールとして位置づけられている。

> 「……老年期を特徴づける第2の出来事は、孫の誕生である。結婚した息子や娘に子どもが生まれることによって取得する祖父母の役割を祖親性（grandparenthood）と呼ぶ」（山根, 1977：153）

民俗学者による次のような記述も、「祖父・祖母」という言葉と「老人」という言葉が代替的に使われているという点で、「祖父母≒老人」という認識枠組みの存在を示していると考えられるだろう。

> 「……若い妻にはやがて子ができる。しかし、この母親は毎日家の外にいて働かなければならない。……その間子どもは老人のいる家であればばぁさんが世話をする。それのいない家では子守をやとう。……私も親類の子などに負われたことがあるというが、<u>私の家には祖父も祖母もいたので老人が一番多く面倒を見た</u>。このようにして、6、7歳になるまでは通常祖父母のもとで育てられる。……」（宮本, 1984：33, 下線は筆者）。

このように、「祖父母≒老人」という認識枠組みは社会の中に広く存在し、研究者も含めて、多くの人に内面化されていると考えられる。では、理論的には異なる次元の祖父母と高齢者が同一視されるような認識枠組みは、なぜ存在しているのだろうか？

4.「祖父母であること」と「構造的遅滞」

✚「祖父母≒高齢者」という認識枠組みの背景は？

　先の事例からは、祖父母に対する呼称と高齢者に対する呼称が、文字上では異なるものの発音上は同じであることが、「祖父母≒老人」の同一視の成立の背景として示唆された。

　しかし、祖父母のイメージが高齢者であるのは、日本に限ったことではない。例えばロバートソンは、インフォーマルな規範や神話的通念において、祖母は伝統的に「楽しげで、白い革で装飾された眼鏡をかけた老婦人」として描かれてきたと指摘している (Robertson, 1977：165)。英語圏での祖父母と高齢者を示す語の発音は異なっているので、同一の発音が祖父母と高齢者の概念的混乱をもたらすという可能性を考えることはできない。「祖父母≒老人」という認識枠組みの成立には、別の背景も考える必要があるだろう。

✚ 祖父母期の開始と高齢期の開始のタイミング

　ここでは、かつては祖父母期の開始と社会的な高齢期の開始にそれほど大きなずれがなく、「祖父母≒老人」という認識枠組みに経験的妥当性があったことが、祖父母期の開始と社会的な高齢期の開始にずれが生じている現在でも、その影響を及ぼしているという可能性を考えたい。

　現在よりも平均余命が短かった頃は、祖父母期の開始と社会的な高齢期の開始に、それほど大きな違いがなかった可能性が考えられる。祖母になる年齢については、「日本の場合、平均結婚年齢と結婚から第 1 子出生までの間隔とについては、戦時中を除けば 1975 年までの約 50 年間それほど大きな変化はみられない」(藤本, 1981：171) と概算されている。他方、高齢期が社会的に意識された人生の最後の局面であると考えれば、平均寿命が 50 歳前後であった時期や定年退職が 55 歳であった時期では、社会的な高齢期の開始と祖父母期の開始に、それほど大きなずれはなかったと考えられよう。すな

わち、平均余命が短く、定年退職のタイミングも早かった時期には、祖父母と高齢者は異なる時間軸上の地位であるにもかかわらず、祖父母を高齢者と考えても、現実の場面で著しい食い違いが生じるケースが、それほど多くはなかったと思われる。ライフコース論の用語を用いれば、祖父母となるタイミングと社会的に高齢者になるタイミングが同期（synchronize）していたということである。

しかし、医療・衛生・食生活等の質と量の向上によって平均余命が伸長すると、生産優位の近代社会では高齢期にネガティヴなイメージがあるため、社会的な高齢期の開始のタイミングは遅くなったと思われる。また1980年代から定年となる年齢の引き上げが普及したことも（労働省, 1998）、高齢期の開始の遅延をより顕著にしたと考えられよう。

他方、結婚年齢と第一子出生年齢も上昇したが、急激かつ大幅な平均余命の伸長に比べればその上昇幅は小さく、祖父母期の開始の時期の遅れは、高齢期のそれよりも相対的には小さいと考えられる。したがって、以前は同じようなタイミングで開始されていた祖父母期と高齢期は、現在ではその開始のタイミングにずれが生じて、全体的・平均的には、祖父母期が高齢期に先行して開始されるようになってきているのではなかろうか。すなわち、祖父母期と高齢期の開始の非同期（asynchronization）が生じているということである。

しかしながら、平均余命が短かった際の経験的妥当性（「祖父母≒高齢者」）は、その基盤となる現実の変化にもかかわらず、それが自明性をもっていたがゆえに日常的知識として社会の中に存続し、人々に内面化されて、祖父母と高齢者の概念的混同をもたらしてきたと思われる。特に日本では、祖父母と高齢者への呼称が同じ発音であり、この傾向に拍車がかけられたのではなかろうか。

ライフコースの変容と「構造的遅滞」

以上のように、祖父母期への移行は、以前は高齢期への移行と同じような

タイミングで生じていたのが、人口変動のもとで、全体的・平均的には、現在では中年期に生じる場合が多くなったと思われる。急激な平均余命の伸長の結果、祖父母としての軌道（trajectory）と、社会的に区分された人生段階の軌道との関係に、変化が生じているということである。しかし、上で述べたように、経験的妥当性が失われてからも、いったん成立した「祖父母≒老人」という認識枠組みは、その自明性がゆえに消滅しなかったことが考えられる。早期のタイミングで孫が産まれた女性が、その容姿ではなく孫がいることで「年をとりすぎている」とボーイフレンドから思われることを恐れるのも、「おばあさん（お祖母さん）」と呼ばれて「急におばあさん（お婆さん）になった感じ」がするのも、「祖父母≒高齢者」という認識枠組みの効果であろう。

　この祖父母と高齢者の概念上の混同は、構造的遅滞（structural lag）という概念に照らせば、人口変動のもとでの社会的道すじ（social pathway）が再編成の途上にあり、ライフコース上の祖父母期の新しい位置づけについて、社会的な了解が成立していない可能性を示唆しているだろう。

　「構造的遅滞」とは、「誕生から死までの加齢のプロセスの変容と、人生の様々な段階で人々を育みまた報いる役割機会（role opportunities）――もしくは社会構造における居座（places）――の間にずれが生じること」（Riley & Riley, 1994：16）とされ、構造的遅滞という概念によって、現実のライフコースの変化に社会構造の変化が伴わないことで生じる問題・現象の検討が可能となる。

　平均余命の伸長に伴う祖父母期と高齢期の開始のずれが全体的・平均的には生じているにもかかわらず、中年期に初孫誕生を経験した祖父母が主観的には高齢期への移行の加速を経験するのは、急速な平均余命の伸長による構造的遅滞が戦後の日本社会に生まれ、中年期から高齢期にかけての家族生活が、この構造的遅滞の中で展開されてきたということであろう。

5.「タイミングの原則」・「時間と空間の原則」・「生涯にわたる発達と加齢の原則」

■「タイミングの原則」と「時間と空間の原則」

　すでに紙幅も尽きたが、「タイミングの原則」との関連では、歴史的時間におけるタイミングも重要となる。「時間と空間の原則」が示唆するように、どのような歴史的環境で「祖父母であること」を経験するかは、「祖父母であること」のスタイルと、その時間的な変化に影響を与えるということである。例えば孫とのコミュニケーションにおいて、通信・移動手段の発達が大きな影響（Cherlin & Furstenberg, 1986：24-51）を及ぼすであろうことは、容易に推測できよう。

　「時間と空間の原則」に関しては、同じような歴史的時間の位置にあっても、社会的空間の性格の相違によって、「祖父母であること」が異なることを示す興味深い比較研究がある。21世紀初頭という同じ歴史的タイミングのもとで、しかも同じヨーロッパという文化圏であるにもかかわらず、高度な福祉国家とそうでない社会では、祖父母に対する役割期待という点では相違がなくとも、実際の祖父母役割の現れ方が異なっていた（Hagestad & Herlofson, 2010）。小さな子どもの親への公的なサポートが少ない社会では、祖父母の助けが得られるか否かで孫の母親の就業の可能性は決定的に異なり、育児休業や公的な子どものケアサービスが少ない社会では、祖父母の役割は日常的で広範である。それに対して仕事と家族生活の対立が少ない政策をとる社会では、祖父母の役割は、必要とされるときに動員される「予備軍」のような、補助的なものにとどまっている。

　このような調査結果を考慮すると、特に「第二の人口転換」のような変化に直面している社会では、ヨーロッパとアジアの相違というようなステレオタイプ的な文化圏の影響という視点を超えて、福祉レジームと「祖父母であること」のスタイルの関連の検討が、社会的空間の相違の影響として、今後

重要な課題となると思われる。

　日本で「祖父母であること」を考える場合も、戦後の家族変動を経験した歴史的タイミングについて考慮する必要がある。戦後の日本の家族は、専業主婦化と専業主婦化のゆらぎを短期間で経験してきたが（落合, 1994；目黒, 1999）、現在の日本の祖父母の多くは、この2つの家族変動の段階を異なった人生の時点で、かつ異なった地位で経験してきたと考えられる（安藤, 2001）。すなわち、成人して家族を形成する際に第一の段階（＝近代家族化）を経験し、祖父母として第二の段階（＝近代家族のゆらぎ）を経験してきたということである。このことは、現在の祖父母が、成人期の大半にわたって、近代家族と親和的なジェンダー化されたライフコース（gendered life course）をたどってきたことを意味する。次に述べるような「祖父であること」の重要性と「祖母であること」の重要性に関する調査結果は、このような祖父母の地位を獲得する前の生活の累積的な影響を念頭に置いて解釈する必要がある（Ando, 2005）。

ジェンダー・加齢・「祖父母であること」の重要性

　日本の地方都市のサンプリングデータでは、祖父よりも祖母で、より高い孫への関心の表明（＝「祖父母であること」が祖父・祖母にとってもつ重要性）がみられたが、そこにはジェンダーと加齢の複雑な作用が存在することも示唆された（Ando, 2005）。

　先行研究では、孫への関心をあからさまには表明しないというスタイルが祖父としての適切な態度と考えられていたが（Cunningham-Burley, 1984；Cherlin & Furstenberg, 1986：125-127）、分析結果からは、就業状態の変化などを背景としながら、祖父では、加齢とともに孫への関心の表明が増大する傾向が見出された。それに対し祖母では、祖父とは異なって、「祖母であること」の重要性が、加齢によって変化するという傾向はみられなかった。

　ニューガーテンらが、祖父母のタイプによって祖父母の年齢が異なる傾向があった理由の1つを「長期に渡って役割行動に差を生み出す加齢の過程お

よび（または）継続する社会化の効果」(Neugarten & Weinstein, 1964：203) と考えているように、上述のようなジェンダー・加齢・「祖父母であること」の重要性の関係を考える上では、祖父母としての軌道のみを検討するのではなく、中年期から高齢期にかけてのライフコースという枠組みの中で考える必要があると思われる。

■ 中年期から高齢期への移行とジェンダー化された家族関係

　中年期から高齢期にかけては、成人期のジェンダー化された家族関係が存続する傾向とともに、ジェンダー化された家族関係に変化が生じる可能性も示されている。

　高齢期においても成人期のジェンダー化された家族関係が継続するという知見は、祖父性と祖母性が、父親役割・母親役割を敷衍したものになる可能性を示唆している。道具的な男性役割と表出的な女性役割が高齢期にもみられることは、例えば、変化の兆しをみせながらも根底において従来の男性性／女性性が維持されるという、高齢の夫婦における介護の問題によく示されている (Zarit, et al., 1986；Kaye & Applegate, 1994；Davidson, et al., 2000)。日本でもケアの担い手の大半が女性であり、こうした女性によるケアは、第二次世界大戦前の家規範によるのではなく、戦後の夫婦家族イデオロギーのもとで行われている（春日, 1997)。女性は男性よりも重荷を引き受け、妻は母親役割の延長で夫の介護を行うことも指摘されている（笹谷, 1999)。

　他方、退職が男性性に及ぼす影響や、退職と家庭内の役割分業の再調整についての先行研究は、中年期から高齢期において、ジェンダー化された家族関係が変化する可能性も示す。早期の退職に関する研究では、退職後に直面する問題を解決するために、家庭内の分業の調整が行われる例が報告されている (Cliff, 1993)。退職後の生活の予期に関する調査では、家事分業は関心の対象ではなかったものの、退職による夫婦関係の変化が懸念されていた (Hilbourne, 1999)。日本でも退職による伝統的性役割の逆転と幸福感が検討されている（直井, 2001：111-114)。中年期から高齢期にかけて男性性や男性

アイデンティティが変化する可能性があるのは、1つには、「職業的な稼ぎ手役割を去り、それに付随して同僚とのコミュニティを失うことは、男性の男性アイデンティティを弱める可能性がある」(Arber, et al., 2003：5) からである。

■「生涯にわたる発達と加齢の原則」と「時間と空間の原則」

中年期から高齢期への移行には、このように、ジェンダー化された成人期の家族関係の継続と変化の2つの側面を伴うので、ライフコースのこの局面における家族関係は、複雑な外観を呈する可能性が考えられる。この局面における男性性の変化の可能性は、上で紹介した、男性では「祖父であること」の重要性が加齢とともに増すという結果を解釈する上で重要となろう。退職によって男性の社会的役割やパーソナル・ネットワークが縮小し、男性アイデンティティが弱まり、「祖父であること」の相対的重要性が高まるのではないだろうか (Ando, 2005)。

すなわち、現在の日本の「祖父母であること」を考えるには、その複雑性をこうした成人期の家族関係の継続と変化という文脈から独立させるのではなく、「生涯にわたる発達と加齢の原則」が示すように、ジェンダー化されたライフコースをたどったがゆえの変化を考慮しなければならないということである。逆にいえば、現在の「祖父母であること」に、日本の家族が埋め込まれてきた戦後日本社会のジェンダー構造が反映されている可能性は、「祖父母であること」の検討が、中年期から高齢期への移行の局面における家族の特徴の把握につながりうることも示しているであろう。

(謝辞　本章の執筆にあたって、Glen H. Elder, Jr. 先生とGunhild O. Hagestad先生に、口頭発表資料の入手・利用において便宜をはかって頂きました。記して感謝致します。)

■引用・参考文献

安藤究, 1989,「祖親性 (Grandparenthood) 研究序論：社会変動と祖親性研究」

『上智大学 社会学論集』14：105-130.
安藤究, 1997,「成熟の社会的文脈と『大衆長寿』社会」張江洋直・井出裕久・佐野正彦編著『ソシオロジカル・クエスト』白菁社, 160-176.
安藤究, 1999,「人口学的変動とライフコース：成熟の社会的装置としての『標準的文化的時刻表』をめぐって」『社会学部論集（鹿児島経済大学）』18(1)：39-64.
安藤究, 2001,「祖親性（grandparenthood）の国際比較における課題」『福祉社会学部論集（鹿児島国際大学）』20(2)：1-15.
安藤究, 2003,「アダルト・チルドレン言説の『意図せざる結果』」小谷敏編『子ども論を読む』世界思想社：175-199.
落合恵美子, 1994,『21世紀家族へ』有斐閣.
春日キスヨ, 1997,「介護」井上俊編『成熟と老いの社会学』岩波書店, 179-196.
厚生省, 1996,『厚生白書』（平成8年版）ぎょうせい.
厚生労働省, 2013,『第24回簡易生命表』厚生統計協会.
笹谷春美, 1999,「家族ケアリングをめぐるジェンダー関係」鎌田とし子・矢澤澄子・木本喜美子編『講座社会学14　ジェンダー』東京大学出版会, 213-248.
副田義也, 1981,「老年社会学の課題と方法」副田義也編『講座老年社会学Ⅰ　老年世代論』垣内出版, 1-101.
直井道子, 2001,『幸福に老いるために：家族と福祉のサポート』勁草書房.
藤本信子, 1981,「祖父母と孫」上子武次・増田光吉編著『日本人の家族関係』有斐閣, 167-194.
宮本みち子, 2004,『ポスト青年期と親子戦略　大人になる意味と形の変容』勁草書房.
宮本常一, 1984,『家郷の訓』岩波書店.
目黒依子, 1999,「日本の家族の『近代性』」目黒依子・渡辺秀樹編『講座社会学　2　家族』東京大学出版会, 1-19.
山根常男, 1977,『テキストブック社会学（2）　家族』有斐閣.
労働省, 1983,『労働白書』（昭和58年版）日本労働協会.
労働省, 1998,『労働白書』（平成10年版）日本労働研究機構.
Ando, K. 2005, Grandparenthood: Crossroads between Gender and Aging, *International Journal of Japanese Sociology*, 14：32-51.
Arber, S., Davidson, K. & Ginn, J., 2003, Changing Approaches to Gender and Later Life. in Arber, S., Davidson, K. & Ginn, J. (eds.) *Gender and Ageing: Changing Roles and Relationships*, Buckingham: Open University Press, 1-14.
Burton, L. M. & Bengtson, V. L., 1985, Black Grandmothers: Issues of Timing and Continuity of Roles. in Bengtson, V. L. & Robertson, J. (eds.),

Grandparenthood, Beverly Hills, CA: Sage, 61-77.
Cherlin, A. J. & Furstenberg, F. F., 1986, *The New American Grandparent*. NY: Basic Books.
Cliff, D. R., 1993, Under the Wife's Feet': Renegotiating Gender Divisions in Early Retirement. *The Sociological Review*, 41：30-53.
Cunningham-Burley, S., 1984, 'We Don't Talk about It.': Issues of Gender and Method in Portrayal of Grandfatherhood, *Sociology*, 18：325-338.
Davidson, K., Arber, S. & Ginn, J., 2000, Gendered Meanings of Care Work within Late Life Marital Relationships, *Canadian Journal on Aging*, 19：536-553.
Elder, G. H., Jr., 1977, Family History and the Life Course, *Journal of Family History*, 2(4)：279-304.
Elder, G. H., Jr., 1998, The Life Course and Human Development. in Lerner, R. E. (ed.), *The Handbook of Child Psychology*, Vol. 1: 5th ed. NY: Wiley, 939-991.
Elder, G. H., Jr., 2003, The Emergence of Life Course Studies and Theory, Paper Presented at Life Course Workshop, Academia Sinica, Taipei, Taiwan.
Elder, G. H., Jr. & Johnson, M. K., 2002, The Life Course and Aging: Challenges, Lessons, and New Directions. In Settersten, R. A., Jr. (ed.), *Invitation to the Life Course: Toward New Understandings of Later Life*, Amityville, NY: Baywood, 49-81.
Elder, G. H., Jr., Johnson, M. K. & Crosnoe, R., 2003, The Emergence and Development of the Life Course. In Mortimer, J. T. & Shanahan, M. J. (eds.), *Handbook of the Life Course*, NY: Plenum, 3-19.
Elder, G. H., Jr., & O'Rand, A.M., 1995, Adult Lives in a Changing Society. In Cook, K. S., Fine, G. A. & House, I. S. (eds.), *Sociological Perspectives on Social Psychology*, Boston: Allyn & Bacon, 452-475.
Elder, G. H., Jr., & Shanahan, M, J., 2006, The Life Course and Human Development. In Lerner, R. E. (ed.), *The Handbook of Child Psychology*, Vol. 1: 6th ed. NY: Wiley, 665-715.
Giele, J. Z., & Elder, G. H., Jr. (eds.), 1998, *Methods of Life Course Research: Qualitative and Quantitative Approaches*. Thousand Oaks, CA: Sage.（正岡寛司・藤見純子訳，2003，『ライフコース研究の方法』明石書店.）
Hagestad, G. O., 1985, Continuity and Connectedness, in Bengtson, V. L. & Robertson, J. F. (eds.), *Grandparenthood*, CA: Sage, 31-48.
Hagestad, G. O. & Herlofson, K., 2010, Transformations in the Role of Grandparents Across Welfare States, Paper Presented at the International

Sociological Association, Gothenburg, Sweden.

Hilbourne, M., 1999, Living Together Full Time? Middle-class Couples Approaching Retirement, *Ageing and Society*, 19：161-183.

Kaye, L. W. & Applegate. J. S., 1994, Older Men and the Family Caregiving Orientation. in Thompson, E. H. (ed.), *Older Men's Lives*, Thousand Oaks, CA: Sage, 218-236.

Neugarten, B. L. & Weinstein, K. L., 1964, The Changing American Grandparent, *Journal of Marriage and the Family*, 26(2)：194-204.

Riley, M. & Riley, J., 1994, Structural Lag: Past and Present. in Riley, M., Kahn, R. L. & Foner, A. (eds.), *Age and Structural Lag: Society's Failure to Provide Meaningful Opportunities in Work, Family, and Leisure*, NY: Wiley, 15-36.

Robertson, J. F., 1977, Grandmotherhood: A Study of Role Conceptions, *Journal of Marriage and the Family*, 39：165-174.

Settersten, R. A., Jr., 2003, Propositions and Controversies in Life-Course Scholarship, in Settersten, R. A., Jr. (ed.), *Invitation to the Life Course: Toward New Understandings of Later Life,*. Amityville, NY: Baywood, 15-45.

Settersten, R. A., Jr., Furstenberg, F. F. & Rumbaut, R. (eds.), 2005, *On the Frontier of Adulthood: Theory, Research, and Public Policy*, Chicago: University of Chicago Press.

Shanas, E., 1980, Older People and Their Families: The New Pioneers. *Journal of Marriage and the Family*, 42(1)：9-15.

Spitze, G. & Russell, A. W., 1998, Gender Variations, in Szinovacz, E. M. (ed.), *Handbook on Grandparenthood*, CT: Greenwood Press, 113-127.

Zarit, S. H., Todd, P. A. & Zarit, J. M., 1986, Subjective Burden of Husbands and Wives as Caregivers: A Longitudinal Study. *Gerontologist*, 26：260-266.

第8章

高齢者と地域

　人間の人生において高齢期とは、家族、会社、趣味団体、自治会などの集団の中での地位や役割の移行を伴うと考えられる。例えば、森岡は、経済的自立能力の減退や日常生活の基本的な行動能力の衰退、子どもを保護した立場から保護される立場へと、役割逆転（role reversal）が起きるとしている（森岡・望月，1997：136）。また、三浦は、高齢期のライフサイクル変化から老後の生活を第三の人生と位置づけて、1960年代までは「貧病孤」（貧乏、病気、孤立・孤独感）の三悪、1960年代の半ばは三悪に「無為」（仕事から引退後、やることがなくなった状態）が加わり高齢者問題の四悪の時代を迎えるとしている。さらに、1980年代に入って人生80年時代になると、四悪に「耄」（からだが弱ったり、もうろくしたりすること）が加わり高齢者問題の五悪の時代を迎え、長寿社会は深刻な社会問題を抱えることになると指摘している（三浦，1988：118-123）。そして、2000年代は介護保険制度の創設に伴い家族介護から社会的介護へと介護の社会化が進む一方で、老老介護、認認介護、高齢者虐待など、新たなる高齢者問題が顕在化しつつあるといえる。

　このように、高齢期における高齢者の経済的、身体的、社会的な特性の理解とともに、時代の変化に応じた高齢者問題の現状を把握して、それらを解決に導いていくための高齢者福祉施策を模索していくことは重要な課題といえるであろう。そこで本章では、高齢者家族と地域関係の現状および高齢者のネットワークに関する先行研究を捉えた上で、高齢者のより良い地域生活と高齢者介護を支えるネットワークの視点から今後の高齢者と地域との関係を考えていきたい。

1. 高齢者と家族・地域関係

　高齢期になると、親族、配偶者、知人の病気や死に遭遇する機会が増え、高齢者の孤立・孤独化の問題が生じてくるといわれている。そして、こうした状況の中では、家族、近所の人々、友人などの情緒的援助が重要な役割を担うことになる。ここでは、高齢期の世帯構造の変化から高齢者家族の現状を捉えた上で、近所の人々や友人といった高齢者を取り巻く地域関係の現状と課題を考えていきたい。

◆ 高齢期における高齢者家族の現状と課題

　まず、厚生労働省「国民生活基礎調査」（平成26年度）の結果から65歳以上の者のいる世帯をみると、2357万2000世帯で、全世帯の46.7％を占めており、これを世帯構造別の構成割合からみると、「夫婦のみの世帯」（30.7％）、「単独世帯」（25.3％）、「親と未婚の子のみの世帯」（20.1％）、「三世代世帯」（13.2％）、「その他の世帯」（10.7％）の順となっている（図8-1参照）。

　次に、国立社会保障・人口問題研究所「日本の世帯数の将来推計（全国推計）2013（平成25）年1月推計」をみると、世帯主が65歳以上の「単独世帯」の割合は今後増加し、2010（平成22）年の30.7％から、2035（平成47）年には37.7％と全体の4割近くに達する見込みである。

　これらの動向から、今後の高齢夫婦家族や一人暮らし高齢者の増加に伴う子どもとの同別居、高齢者扶養問題が深刻化してくるものと思われる。特に、高齢夫婦家族の場合は老老介護、認認介護の問題、一人暮らし高齢者の場合は疾病・災害といった緊急時の世帯員相互のインフォーマルな支援が期待できないことから、家族を代替する地域や社会による支援などがより必要になると考えられる。

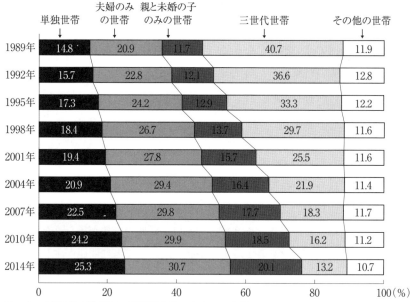

注：1　1995年の数値は、兵庫県を除いたものである。
　　2　「親と未婚の子のみの世帯」とは、「夫婦と未婚の子のみの世帯」「ひとり親と未婚の子のみの世帯」をいう。

図8－1　世帯構造別にみた65歳以上の者のいる世帯数の構成割合の年次推移
出所：厚生労働省「国民生活基礎調査」（平成26年度）

✛ 高齢期における地域関係の現状と課題

　では、日頃、高齢者は家族以外の誰と、どのような頻度で地域関係を築いているのであろうか。ここでは、高齢者の近所の人や友人との地域関係に視点を置きながら、それらの現状と課題を明らかにしていきたい。

　まず、内閣府「第7回高齢者の生活と意識に関する国際比較調査」（平成22年度）の日本、韓国、アメリカ、ドイツ、スウェーデンの5カ国で60歳以上の人を対象に実施した意識調査の結果から分析・考察を加えていきたい。「週に何回ぐらい、近所の人たちと話をするか」についてみると、日本は「ほとんど毎日」の割合が22.7％と5カ国中で最も低く、週に1回以下（「週に1回」と「ほとんどない」の合計）の人は47.9％で他国と比較して最も高くな

っている。また、家族以外の人で相談や世話をし合う親しい友人の有無別にみると、「いずれもいない」の割合は、韓国の31.3％に次いで日本が26.2％とアジア2カ国で高い割合となっている。

次に、同調査の結果から、病気のときや1人ではできない日常生活の作業が必要なとき、同居の家族以外で頼れる人の有無別にみると、日本は頼れる人のいない割合が20.3％と他国と比較して最も高い傾向にある。また、頼れる人としては「別居の家族・親族」(60.9%)、「近所の人」(18.5%)、「友人」(17.2%)の順で、別居の家族・親族以外の近所の人や友人をあげる割合が他国と比較して最も低い結果となっている。

このように、日本の高齢者の地域関係を他国と比較すると、近所の人や友人との関係がやや希薄であることから、家族・親族の支援が得られない高齢者の場合は、病気や緊急を要する支援が必要なときなどに問題が生じてくるであろう。

さらに、内閣府「高齢者の住宅と生活環境に関する意識調査」(平成22年度)の60歳以上の人を対象に実施した調査結果によると、ふだん近所の人とのつきあいがほとんどない人の割合は、全体の5.1％と低い傾向にある。しかしながら、世帯構成・性別にみると、一人暮らしの男性が17.4％と多く、健康状態別にみると、健康状態が良くない人で、近所づきあいのほとんどない人が13.5％となっている。

以上の結果から高齢者の地域関係をまとめてみると、国際比較の結果から他国に比べて地域の人とのつきあいがやや希薄であること、ふだん近所の人とのつきあいがほとんどない高齢者の割合は少数であるといえるが、一人暮らしの男性や健康状態が良くない要支援・要介護高齢者については、近所の人とのつきあいが少ないことから、地域社会から孤立しがちな傾向にあることが読み取れる。

2．高齢期の社会関係とネットワーク研究

　私たち人間は、生まれてから現在に至るライフコースの中で、家族、親族、友人、近所の人々など多くの他者と出会い、彼らとの様々な社会関係（social relationship）を取り結んでいる。近年、活発に研究が進められているソーシャル・ネットワーク（social network）、ソーシャル・サポート（social support）、サポート・ネットワーク（support network）などの概念も、社会関係の下位概念として位置づけられる（野口，1993：185）。ソーシャル・ネットワークとは、規模や接触頻度などの構造的側面、ソーシャル・サポートとは、機能的側面のうち援助的機能に注目したものである。そして、サポート・ネットワークはこれらが重なる部分、すなわち、ソーシャル・ネットワークのうち援助的な機能を果たす部分を指している（庄司ほか編，1999：358）。以下では、老年学や家族に関する先行研究に基づき、高齢期の社会関係や社会的ネットワーク研究について整理していきたい。

■ 老年学研究における高齢期の社会関係とネットワーク

　野沢は、日本のネットワーク研究について、「構造分析」と呼ばれる狭義のネットワーク分析に限定しなければ、ネットワークという概念はより広範な分野（例えば、社会人類学、家族研究、都市コミュニティ論、社会老年学、数理社会学、社会階層論、教育社会学、社会運動論、経済社会学、組織社会学、社会心理学、政治学、コミュニケーション論、移民研究、宗教社会学、社会福祉学など）で日本の研究者に採用され、日本社会の経験的な研究に応用されてきたと述べている。また、国内のそれぞれのネットワーク研究の閉鎖的な展開、基本的な概念の日本語表記がその分野や個人ごとにばらついていることなども指摘しており、今後のネットワークに着目した研究知見は狭い研究分野の垣根を越えたさらなる知的交流のネットワークが必要であるとしている（野沢編・監訳，2006：iv-ⅴ）。

ここでは、学際的な特徴をもつ老年学研究のアプローチに着目して、高齢期の社会関係とネットワークについて整理していきたい。野口は、老年学研究において社会関係が注目されるようになった背景について、次のような4つの理由をあげている（野口，1993：185-186）。第一に、家族、親族、近隣、友人など、これまで別個に検討されることの多かった社会関係の各側面を総合的に把握する視点をもたらすこと、第二に、高齢者への社会福祉や援助を考える際の基本的な前提となること、第三に、主観的幸福感や健康などに有意な影響力をもつことが知られていること、第四に、変数として操作化が比較的容易であり、尺度開発が精力的に進められてきたことである。

　このように、老年学研究における家族、親族に限定されないネットワークやトータルな援助資源の把握の視点は、高齢者の生活の質（QOL）や高齢者支援のあり方を考える上で重要であるといえる。例えば、近年浮き彫りとなっている一人暮らし高齢者の孤立・孤独化、認知症や寝たきり高齢者の介護など、様々な高齢者問題に対するソーシャルワークや高齢者福祉政策の立案にも有効なアプローチであると考える。

■ 高齢期の社会的ネットワーク研究

　次に、藤崎は、これまでのネットワーク研究を踏まえながら「高齢期の社会的ネットワーク」にテーマを限定してみると、参照しうる先行研究は意外に乏しいことを指摘しつつ、高齢期の社会的ネットワークに関する欧米の4つの既存研究の知見を中心に、以下のように整理している（藤崎，1998：11-21）。

　第一に、リトウォクら（Litwak & Szelenyi, 1969：465-481）による「第一次集団の構造と機能─親族・近隣・友人─」という社会変動を伴う第一次集団の構造と機能の変化に着目した論文は、①彼らの考察の鍵概念が「ネットワーク」ではなく「集団」であること、②そこでは第一次集団に関する一般論が展開されており、「高齢期」という特殊性が考慮されていないことといった二重の制約があると指摘している。

第二に、カーンとアントヌッチ（Kahn & Antonucci, 1981 : 383-405）による
コンボイ概念は、時間の要素を重視して、ネットワークの継時的変化を捉え
るための分析枠組みを提示しており、ライフコース・アプローチとストレス
論の基本的発想を取り入れながら、役割概念を中核として独自の立場でネッ
トワーク論の精緻化を試みた研究として位置づけている。
　第三に、ヘス（Hess, 1972 : 357-393）による友人関係の研究は、時間的継起
を軸にしたネットワークの変化というカーンらの発想と類似した関心から、
社会的ネットワークの重要なカテゴリーである「友人関係」について考察を
加えている。
　第四に、アーリング（Arling, 1976 : 757-768）の研究は、実証的データに基
づき、高齢期のパーソナリティ・モラールを規定する社会的ネットワークの
ありようを明らかにした研究であるとしている。
　さらに、藤崎は、以上の欧米の先行研究に基づき、高齢期の社会的ネット
ワーク研究の留意点を次のようにまとめている（藤崎, 1998 : 21-22）。
　第一に、社会的ネットワークを構成する家族、親族、友人、近隣などの各
カテゴリー別の属性とそれらの相互関係を留意する必要があること、第二に、
社会的ネットワークの現状のみならず、その形成プロセスにも留意しなけれ
ばならないこと、第三に、社会的ネットワークのありようは文化的・社会的
脈絡の中で理解されなければならないということ、第四に、「高齢期」とい
うライフステージの特殊性についても考慮する必要があることをあげている。
そして、第四の留意点に関しては、①中年期から高齢期にかけて生じる役割
移行の特徴をおさえておくこと、②高齢期に不可避的に生じる依存性の増大
という事実を考慮に入れるべきこと、③高齢期には、中年期までに形成され
た社会的ネットワークが、対象の死亡や加齢などにより弱体化しやすいとい
う点も考慮することなどを指摘している。
　このように、高齢期の社会的ネットワーク研究は、高齢者のライフコース
とそれを取り巻く人々との相互関係の重要性、高齢期の特殊性とそれが高齢
者に与える影響、時間的継起や文化的・社会的な視点に立った社会的ネット

ワークの理解など、高齢者と家族・地域関係の現状を捉える上での多様な視座を与えてくれるといえる。

3. 高齢社会の現状と高齢者問題

　人口高齢化は、総人口に占める老年人口（65歳以上人口）割合の相対的増加のことをいう。国連は、この老年人口割合が7％水準に達した段階を高齢化社会とし、その割合が14％水準に到達した段階を高齢社会としている。

　現在のわが国の人口高齢化の現状を2014（平成26）年の総務省「人口推計」から捉えてみると、老年人口は過去最高の3300万人（前年：3190万人）、老年人口割合も26.0％（前年：25.1％）と超高齢社会に突入している。また、老年人口割合を年齢別にみると、前期高齢者（65～74歳）は13.4％、後期高齢者（75歳以上）は12.5％となっており、特に後期高齢者の構成比が前年度の12.3％に比べ若干増加している一方で、前期高齢者が12.8％と減少している。このように、わが国の人口高齢化は、平均余命の伸長、出生数の低下、人口移動などを背景に、すでに26％水準に到達して本格的な高齢社会へと移行しつつある。さらには、国立社会保障・人口問題研究所「日本の将来推計人口（2012〔平成24〕年1月推計）」をみると、いわゆる「団塊の世代」（1947〔昭和22〕～1949〔昭和24〕年に生まれた人）が65歳以上となる2015（平成27）年には老年人口が3395万人に達すると見込まれている。その後も人口高齢化は上昇を続け、2035（平成47）年には33.4％で3人に1人、2060（平成72）年には39.9％で約2.5人1人が65歳以上の高齢者となる社会が到来すると推計されていることから、今後も高齢化問題は深刻化してくるであろう。

　こうした人口高齢化の進展により、①保健・福祉・医療問題では医療保険制度の充実、要介護者の介護体制の整備、医療・福祉施設の充実、福祉マンパワーの確保、②経済問題では高齢者雇用の確保、年金の給付と負担のバランス、③社会問題では家族・地域社会の世代間関係、家族の役割構造、生きがい・社会参加などの高齢化問題が生ずることが予測できるであろう（清水

編著, 1998：39)。以下では、とりわけ高齢者の介護問題と地域社会での孤立・孤独化の問題について取り上げていきたい。

高齢者の介護問題

　高齢期における加齢や病気に伴う身体的・精神的機能の低下は、高齢者にとって避けて通れない問題の1つである。また、介護を担う家族の負担や家族による介護が困難な世帯の場合には、介護保険のサービス利用や地域社会におけるインフォーマルな近所、友人などの支援が必要不可欠である。ここでは、高齢者介護の現状と介護の担い手について分析を加えていきたい。

　まず、厚生労働省「介護保険事業状況報告（年報）」から65歳以上の要介護度別認定数の推移をみると、2012（平成24）年度末で545.7万人となっており、2001（平成13）年度末から258.0万人増加している。また、65～74歳と75歳以上の被保険者について、それぞれ要支援・要介護の認定を受けた人の割合をみると、65～74歳は「要支援認定者」(1.4%)、「要介護認定者」(3.0%)であるのに対して、75歳以上は「要支援認定者」(8.4%)、「要介護認定者」(23.0%)となっており、75歳以上になると「要介護認定者」の割合が大きく上昇している。次に、厚生労働省「介護給付費実態調査月報」（平成27年1月審査分）によれば介護保険制度のサービスを受給した65歳以上の被保険者は、2015（平成27）年1月審査分で約488.4万人となっており、男女比でみると、「男性」(29.2%)、「女性」(70.8%)と高齢女性の割合が約7割と高くなっている。

　さらに、厚生労働省「国民生活基礎調査」（平成25年度）から要介護者等からみた主な介護者の続柄をみると、「配偶者」(26.2%)、「子」(21.8%)、「子の配偶者」(11.2%)、「その他の親族」(1.8%)、「父母」(0.5%)が61.6%と同居している人が主な介護者である（表8-1参照）。また、性別をみると、「男性」(31.3%)、「女性」(68.7%)と女性が約7割を占めており、要介護者等と同居している主な介護者の年齢別にみると、「男性」(69.0%)、「女性」(68.5%)が60歳以上となっている。

表8-1　要介護者等との続柄別にみた主な介護者の構成割合の年次推移

(単位：%)

年次	総数	同居	配偶者	子	子の配偶者	父母	その他の親族	別居の家族等	事業者	その他	不詳
2001年	100.0	71.1	25.9	19.9	22.5	0.4	2.3	7.5	9.3	2.5	9.6
2004年	100.0	66.1	24.7	18.8	20.3	0.6	1.7	8.7	13.6	6.0	5.6
2007年	100.0	60.0	25.0	17.9	14.3	0.3	2.5	10.7	12.0	0.6	16.8
2013年	100.0	61.6	26.2	21.8	11.2	0.5	1.8	9.6	14.8	1.0	13.0

出所：厚生労働省「平成25年度　国民生活基礎調査」

以上のことから、近年の高齢化の進行とともに、要支援・要介護高齢者の増加に伴う同居家族の介護問題が顕著であり、高齢夫婦家族の増加を背景とした老老介護、認認介護や女性介護者の問題が課題となってきている。

高齢者の孤立・孤独化の問題

前述した通り、わが国の高齢者は、他国に比べて近所の人や友人といった地域の人々のつきあいが少ないこと、特に一人暮らし高齢者や要支援・要介護高齢者における地域社会からの孤立・孤独化の問題が浮き彫りとなっている。また、近年、無縁社会を背景としてひとり孤独に亡くなり、その後、相当期間放置されるような無縁死、孤立・孤独死といった事例も報道されている。

2010年7月、生存していれば111歳とされていた男性が東京都区内の自宅で白骨遺体となって発見され、その家族が遺族共済年金1000万円近くを不正に受け取っていた事件をきっかけに「消えた100歳高齢者」、「所在不明高齢者」の問題が社会問題化していったといえる。法務省が2010年9月10日に発表した調査結果によると、戸籍が存在しているのに現住所が確認できない100歳以上の高齢者は全国で23万4000人にのぼり、このうち120歳以上は7万7118人、150歳以上は884人である。

また、独立行政法人都市再生機構の調べによれば、機構が運営管理する賃貸住宅の約75万戸において、単身居住者が誰にも看取られることなく賃貸

住宅内で死亡し、かつ相当期間経過後（1週間を超えて）に発見されたケース（自殺や他殺を除く）は、2008（平成20）年度の154件に比べて2013（平成25）年度は194件に増加している（内閣府編, 2015）。これらの死亡数がすべて孤立・孤独死とはいいがたいが、その中には少なからず地域社会から孤立していた高齢者も含まれると予測できる。

　こうした高齢者の孤立・孤独化の背景には、高齢者やその家族の個別事情があるといえるが、現代社会における高齢化や都市化の進行、一人暮らし高齢者の増加、地域の人々との関係の希薄化、高齢者の貧困問題など、様々な要因があげられる。今後は、地域社会の孤立しがちな高齢者の実態把握とともに、物的側面では相談や情報提供、地域の交流の場の提供、人的側面では地域社会の社会資源を活用した見守り支援などのサポート・ネットワークの構築が重要である。さらには、2011年3月11日に発生した東日本大震災の被災者支援を例に考えると、阪神・淡路大震災の仮設住宅で起こった高齢者の孤独死の問題を教訓としたコミュニティの再生と高齢者の孤立・孤独化を防止するための中長期的なサポート体制が課題となるであろう。

4．高齢者を支える社会資源とネットワーク

　前述したように、高齢化の進行に伴う介護問題や高齢者の孤立・孤独化が課題となっている。ここでは、高齢者を支える社会資源とネットワークに視点を置きながら、高齢期における高齢者のより良い生活とそれを支えるソーシャル・ネットワーク、ソーシャル・サポート、サポート・ネットワークのあり方について考えていきたい。

■ 高齢者を支えるソーシャル・ネットワーク

　ソーシャル・ネットワークとは、家族や友人・近隣などによるインフォーマル・サポートと、公的な機関やサービス事業者などによるフォーマル・サ

ポートの網の目を意味し、サポートの規模や密度、あるいは持続性などの構造的な側面に着目する概念である（和気, 2007：28）。例えば、カーンとアントヌッチによって提示されたコンボイ・モデル（convoy model）から高齢者を支えるソーシャル・ネットワークの役割について考えてみると、ネットワーク上で援助をするコンボイ（護送船団）、つまり家族、親族、友人、知人、同僚、先輩、隣人など、個人を焦点として放射上に広がるソーシャル・ネットワークは、現代社会で多様化する個人のライフコースや、様々な問題を抱える家族を支える機能として必要不可欠といえるであろう（Kahn & Antonucci, 1981：383-405）。

また、安達は、現在のような高齢期の家族生活が多様化する社会では、「個としての高齢者」の視点による家族研究が有効的であると述べており、多世代間関係やきょうだい関係などといった多様な研究対象を視野に入れ、近隣の人々や友人などといったより広範囲の人間関係を含めたネットワーク的な考察の重要性を提示している（安達, 2005：161-162）。

以上のように、いかに個人を尊重し、その人にとってより良い生活を保障するための支援のネットワークを築いていけるのかが早急な課題の1つであるといえる。特に、高齢者福祉の視点から考えると、様々なニーズを抱える要支援・要介護高齢者のQOLの向上を目指したより良い支援には、高齢者のライフコースと経済的・身体的・社会的な状況把握など、高齢者の個別性・多面性を重視したアセスメントに基づくケアプラン作成が求められている。また、その人のライフコースとその人生に影響を与えたであろう出来事（例えば時代背景、社会環境、学校や教育のあり方、風習や風俗など）を理解することも、その人を支えるソーシャル・ネットワークの構築につながるのではないかと考える。

高齢者を支えるソーシャル・サポート

ソーシャル・サポートとは、心配事を聞いてくれたり、元気づけてくれたりする情緒的なサポートと、物やお金、あるいは介護などのサービスの手段

的なサポートに大別される（和気，2007：29）。これらは、同居家族や別居家族、親戚、近隣などによってその提供の度合いが異なる傾向にある。そして、それ自体が健康や幸福感を高めるなどの直接的な効果をもつといえる。

　現在、わが国の認知症高齢者数は、高齢者介護研究会報告書「2015年の高齢者介護」(2003年) でも指摘されているように、2010年時点で208万人と見込まれており、2015年には約250万人に増加すると予測されている。こうした高齢化の進展に伴い一層の認知症高齢者の増加が予測される中で、家族による介護が不可能または困難な世帯においては、今後ますます認知症高齢者の介護などの老親扶養が問題化してくるように思われる。ここでは、認知症高齢者に対する社会資源を活かしたソーシャル・サポート、サポート・ネットワークの重要について考えていきたい。

　まず、白澤は、提供主体をもとに社会資源を類型化すると、フォーマルなものかインフォーマルなものかを基準に分類できると述べている（白澤，2010：3-7）。例えば、インフォーマルな分野の社会資源としては、家族、親戚、近隣、友人・同僚、ボランティア、地域の団体・組織などがある。フォーマルな分野としては、行政、社会福祉や医療法人によるサービスや職員、認可や指定を受けた民間機関・団体のサービスや職員などがあげられる。そして、フォーマルな社会資源とインフォーマルな社会資源を利用者などに連続的に提供するには、介護支援専門員などのフォーマルな側での調整的な役割が求められている。

　また、直井は、認知症の家族介護の客観的困難にかかわる要因を介護される側の要因と介護する側の要因に分類している（直井，2010：150-153）。介護される側の要因としては、身体の活動性（特に歩行の可能な程度）、夜間の介護の必要性、意思疎通の程度、行動・心理症状（BPSD）の程度、一方で介護する側の要因としては、年齢、健康状態、就労状態などがあげられる。特に、介護負担感には、経済的・肉体的負担や時間的な拘束などが関連すると考えられがちであるが、年齢、介護についての規範、要介護者との人間関係などの多くの要因が含まれている。

以上のことから、認知症高齢者の安心・安全とともに、介護者のストレスや介護負担感を軽減させるような社会資源としてのソーシャル・サポートの重要性が指摘できるであろう。例えば、近隣は、家族・親族の補完的役割を担うことができ、認知症高齢者の徘徊の場合の声かけ・連絡・送り届けなど、介護家族に対しては見守り、留守番などのサポートが重要になる。また、友人は、要介護者の幸福感に結びつきやすく、古い友人であれば古い記憶の共有など、介護家族にとっては、介護仲間の情報・助言、相談・苦労への共感といった大切な役割を果たすものといえる。さらには、地域社会の民生委員・ボランティア、自治会や老人クラブ、趣味の会、家族の会など、要介護高齢者とともに、家族介護者をも支える地域社会の社会資源としてこれらのソーシャル・サポートが必要不可欠である。

　今後は、地域特性を活かしたサポート・ネットワークを形成・維持するとともに、地域住民の理解と協力、地域の組織化と役割分担、リーダーあるいは世話人的な人材の開拓と育成が重要となるであろう。

5．高齢期のより良い地域関係

　本章では、高齢者家族と地域関係の現状、高齢者のネットワークに関する先行研究を踏まえた上で、高齢者のより良い地域生活と高齢者介護を支えるネットワークの視点から今後の高齢者と地域との関係を捉えてきた。

　まず、高齢者と家族・地域関係からは、高齢夫婦家族や一人暮らし高齢者の増加、一人暮らしの男性や要支援・要介護高齢者の地域社会から孤立しがちな傾向が明らかとなった。また、高齢化の進展に伴い様々な高齢者問題が浮き彫りになる中で、本章では高齢者介護や高齢者の孤立・孤独化の問題について取り上げて、高齢者のより良い生活とそれを支えるソーシャル・ネットワーク、ソーシャル・サポート、サポート・ネットワークの重要性について考えてきた。

　以上のことから、今後は、高齢者の能力や好みに合った仕事、学習、旅行、

趣味、ボランティア活動などによって、高齢期の人生をより良く生きるための自己実現、生きがいを形成していくことが重要である。つまり、高齢者が地域社会から孤立しないための社会参加の場が求められると考える。それには、健康・予防や趣味の活動などにつながるような活動内容、高齢者が積極的に社会に参加できるような社会環境の条件整備、高齢者が日常生活において適切に情報を得ることができるような配慮が求められるであろう。さらには、高齢者のこれまでの職業や学習を通じて培った経験を活かして、地域社会で役割を見出し、活躍できるような事業の推進と機会の提供も課題となるであろう。

そして、一人暮らし高齢者や要支援・要介護高齢者ができるだけ自立して、住みなれた地域で安心・安全で、その人らしく生きがいをもって暮らせるためには、地域の住民が主体的に創意工夫しながら、地域の中でお互いが支え合っていけるような土壌づくりが必要であろう。2008（平成20）年3月「これからの地域福祉のあり方に関する研究会」報告書が取りまとめられ、これからの地域福祉の意義や役割、条件について考え方が整理、提示されたように、今後は地域において行政と住民の協働による「新たな支え合い（共助）」を確立するための基盤整備が求められている。つまり、超高齢社会における様々な社会問題の解決には、専門家による相談援助や介護などのサービス提供ができるようなサポートセンターの整備、多様な世代の人々がふれ合えるような地域交流の場の提供、身近な地域社会の人々の理解と協力による介護のネットワーク化など、フォーマルとインフォーマルの両面からの支援が課題となるのではないだろうか。また、一人暮らし高齢者あるいは家族がいても家族の支援が十分期待できず、地域から孤立している高齢者に対して、住民相互で支援活動を行うなどの地域住民のつながりを再構築し、支え合う体制を実現していくことが重要となるであろう。

■引用・参考文献
安達正嗣，1999，『高齢期家族の社会学』世界思想社．

安達正嗣, 2005,「高齢期の人間関係」吉田あけみ・山根真理・杉井潤子編著, 『ネットワークとしての家族』ミネルヴァ書房.
NHK「無縁社会プロジェクト」取材班編著, 2010,『無縁社会"無縁死"三万二千人の衝撃』文藝春秋.
岡村清子・長谷川倫子編, 1997,『エイジングの社会学』日本評論社.
古谷野亘・安藤孝敏編著, 2008,『改訂・新社会老年学 シニアライフのゆくえ』ワールドプランニング.
清水浩昭編著, 1998,『日本人口論:高齢化と人口問題』財団法人放送大学教育振興会.
清水浩昭編著, 2008,『家族社会学へのいざない』岩田書店.
清水浩昭・森謙二・岩上真珠・山田昌弘編, 2004,『家族革命』弘文堂.
冷水豊編著, 2002,『老いと社会:制度・臨床への老年学的アプローチ』有斐閣.
社会保障入門編集委員会編, 2015,『社会保障入門 2015』中央法規.
庄司洋子・木下康仁・武川正吾・藤村正之編, 1999,『福祉社会事典』弘文堂.
白澤政和, 2010,「認知症高齢者にとっての社会資源とは」日本認知症ケア学会編『認知症ケアにおける社会資源』(改訂3版) ワールドプランニング.
内閣府編, 2015,『高齢社会白書』(平成 27 年版) 日経印刷.
直井直子, 2010,「認知症高齢者に対するインフォーマルケア」日本認知症ケア学会編『認知症ケアにおける社会資源』(改訂3版) ワールドプランニング.
西尾祐吾・大塚保信・古川隆司編著, 2010,『災害福祉とは何か:生活支援体制の構築に向けて』ミネルヴァ書房.
野口裕二, 1993,「老年期の社会関係」柴田博・芳賀博・長田久雄・古谷野亘編著,『老年学入門』川島書店.
野沢慎司編・監訳, 2006,『リーディングスネットワーク論:家族・コミュニティ・社会関係資本』勁草書房.
野沢慎司, 2009,『ネットワーク論に何ができるのか:「家族・コミュニティ問題」を解く』勁草書房.
野々山久也・清水浩昭編著, 2001,『家族社会学の分析視角:社会学的アプローチの応用と課題』ミネルヴァ書房.
野々山久也・渡辺秀樹編著, 1999,『家族社会学入門:家族研究の理論と技法』文化書房博文社.
藤崎宏子, 1998,『高齢者・家族・社会的ネットワーク』培風館.
三浦文夫, 1988,『高齢化社会ときみたち』岩波書店.
森岡清美・望月嵩, 1997,『新しい家族社会学』(4訂版) 培風館.
和気純子, 2007,「高齢者の社会的特性」福祉士養成講座編集委員会編『老人福祉論』(第5版) 中央法規.
Arling, G., 1976, "The Elderly Widow and Her Family, Neighbors and Friends",

Journal of Marriage and the Family, 38(4) : 757-768.

Hess, B., 1972, "Friendship", in Riley, M. W. *et al.* (eds.), *Aging and Society*, Vol. 3, Rusell Sage Foundation, 357-393.

Kahn, R. L. & Antonucci, T. C., 1981, "Convoys of Social Support: A Life-Course Approach", in Kiesler, S. B. *et al.* (eds.), *Aging: Social Change*, Academic Press, 383-405.

Litwak, E. & Szelenyi, I., 1969, "Primary Group Structures and their Functions: Kin, Neighbors, and Friends", *American Sociological Review*, 34(4) : 465-481.

第9章

現代家族とジェンダー・セクシュアリティ

1．セックス、ジェンダー、セクシュアリティ

性について考える

　これまで、私たちの社会では、性を恥ずかしいもの、いやらしいものとして、正面からまじめに取り上げることを避けてきた。しかし、性は、人それぞれの生き方やライフスタイルなどと深く結びついているものである。したがって、私たち人間について考えるときはもちろん、私たちの家族について考えるときも、性に関する部分を無視することはできない。

　また、これまで家族といえば、暗黙のうちに、男女の異性カップルを中核とするものと考えられてきた。しかし、近年、わが国でも、LGBTなどのセクシュアル・マイノリティ（sexual minorities）の存在が可視化されるようになってきた。そして、そうした流れの中で、セクシュアル・マイノリティと家族というテーマもまたみえるようになってきた。セクシュアル・マイノリティもまた、家族の中に生まれ、その中で育ち、そして新たに自分自身の家族をつくっているのである。

　そこで本章では、その前半で、性について考えるときに重要となる概念、すなわちセックスとジェンダー、そしてセクシュアリティについて概括する。その上で、後半では、多様なセクシュアル・マイノリティについて、そしてそのセクシュアル・マイノリティの家族、とりわけ同性カップルのパートナー関係や、親子関係について取り上げることにしたい。

■ セックスとジェンダー

　まず、性について考えるときに重要な3つの概念、すなわちセックスやジェンダー、セクシュアリティについて、まず簡単に定義しておこう。

　ジェンダー（gender）とは、生物学的な性別・性差であるセックス（sex）に対して、社会的、文化的、心理的につくられた性別・性差のことである。そして、セクシュアリティ（sexuality）とは、性に関する欲望や行動、意識などを広く含む言葉で、セックスやジェンダーの枠組みだけでは捉えきれない性的とされるものを指す言葉である。セクシュアリティについては後に詳しくふれる。

　さて、かつて、人間の性別を意味する言葉はセックスしかなかった。現在でも、セックスは、性別を意味する言葉として一般に使われている。

　しかしながら、このセックスという言葉には、生物学的決定論や性別特性論と呼ばれるものの見方が染みついてしまっている。生物学的決定論あるいは性別特性論とは、男女のありようは自然なものであって、変えることができないとする考え方のことである。すなわち、性別役割分業や女らしさ／男らしさ、そして性差などの男女の差異は、生まれながらの男女の肉体的な違いから生じるもので、変更することはできないと考えるのである。

　しかし、性に関する研究が進むにつれて、性別役割分業や女らしさ／男らしさ、性差などの男女の差異について、それらが社会的につくられる側面が大きいことが明らかになってきた。もちろん、人間がその生物学的なありようの影響や制限を受けるのは当然のことである。しかし、男女のありようの差異のすべてが、生物としての違いがそのまま反映したものでも、生まれながらのものでもない。むしろ、私たちが考えている以上に、社会的につくられるものであることがわかってきたのである。

　そこで、生物学的決定論的、性別特性論的発想が暗黙のうちに含まれてしまうセックスの代わりに、社会的につくられる性別・性差という新しい視点を示す言葉として、ジェンダーが登場したのである。もともと、ジェンダーは名詞を分類する言語学の文法上の用語であった。このジェンダーという用

語を、まずセクシュアリティ研究に取り入れたのが、性科学者のマネーである（Money & Tucker, 1975=1979）。そして今日ではよく知られた定義、すなわちセックスを生物学的な性別・性差、ジェンダーを社会的、文化的、心理的につくられた性別・性差と定義したのは、心理学者のストーラーである（Stoller, 1968=1973）。ちなみに、社会学の分野に導入したのは、オークレイである。

ジェンダー概念の深化

　ジェンダー概念は、その後、多くの研究者やフェミニストによって受け継がれ、精錬されていった。そして、1980年代後半以降のポスト構造主義のジェンダー論や、1990年代のクィア・セオリー（queer theory）によって、性別カテゴリーが男女2つしかないとする男女の二分法や、ストーラー流のセックス／ジェンダーの区別にも疑問が呈されるようになった。すなわち、男女という性別カテゴリーにおいても、セックスとジェンダーの間にも、明確な境界線を引くことはできないと考えられるようになったのである。
　先に述べたストーラーの定義は、セックスを基盤として、その上にジェンダーがつくられるという生物学的基盤論であった。すなわち、セックスとジェンダーを2階建てとして理解するものである。こうしたジェンダー概念は、生物学的決定論や性別特性論を相対化することには成功した。しかし、生物学的基盤論は、生物学的なものと社会的なものが、常に明確に区別でき、かつ生物学的なものが社会的なものに先立つという仮定に立つ。また、生物学的なものを基盤と考えることで、男女の二分法を含むセックスを、自然で不変なものとみなすことにもなる。
　それに対し、セックスとジェンダーを区別せず、セックスはジェンダーに内包されるものと考え、性別に関する知識や考え方を指して、ジェンダーと呼ぶ考え方が出てきた。つまり、セックスがジェンダーを規定するのではなく、むしろ、社会的につくられた、非対称的なジェンダーこそがセックスを規定するというのである。歴史学者のスコットは、ジェンダーを「肉体的差

異に意味を付与する知」(Scott, 1988=1992：24) と定義した。さらにバトラーは、「『セックス』と呼ばれるこの構築物こそ、ジェンダーと同様に社会的に構築されたものである。実際おそらくセックスはつねにジェンダーなのだ。そして、その結果として、セックスとジェンダーの区別は、結局、区別ではないのだ」(Butler, 1990 = 1999：28-29) と主張した。つまり、何を生物学的とみなすかということさえ、社会的に構築されているというのである。

さて、ジェンダーは非対称なカテゴリーであるといわれている。ジェンダーが非対称であるとは、男女というジェンダー・カテゴリーが上下に階層化され、さらに男性が主体、標準、中心となり、常に女性は客体、特殊、周縁と位置づけられ、差異化された者として、差別されている状態を指している(ジェンダーの非対称性)。また、男性が優位に置かれる男性支配を意味する家父長制 (patriarchy) を、ミレットは、年長の男性が年少の男性を支配しているのみならず、男性が女性を支配しているという、年齢と性別からなる二重の制度であると考えた (Millet, 1970=1973)。

さらに、セクシュアル・マイノリティの可視化や、セクシュアリティ研究の進展とともに、ジェンダー概念には、暗黙のうちヘテロセクシズム（異性愛主義）が含まれているとの指摘がされるようになった。男女の二分法に基づくジェンダー概念による議論は、規範化、制度化された異性愛を自然化するヘテロノーマティビティ（異性愛規範性）を前提にしている。例えば、性別役割分業も男女の異性愛関係が前提されている。そこで、これらを意識化するために、単にジェンダーというのではなく、ヘテロジェンダー (heterogender) と呼ぼうという提案もなされている (Ingraham, 1996：169)。

また、近年のジェンダー研究では、ジェンダーと、セクシュアリティやエスニシティ (ethnicity)、階級、宗教、年齢などを関連づけて分析することが多くなってきている。

ところで、ジェンダー研究の発展には、フェミニズムなどの社会運動が大きく貢献している。女性を主体とする男女平等を目指す思想や運動を、フェミニズム (feminism) という。第一波フェミニズムは、近代的人権、平等思想

に基づいて、男女の平等を要求することから始まった。わが国では、市川房枝らによる女性の参政権獲得運動（婦選運動）などがこれにあたる。第二波フェミニズムは、事実上の平等を目指し、近代社会に深く根差している家父長制やジェンダーの非対称性を告発し、近代社会そのものを根底から揺さぶる、新しい思想、運動へと発展した。わが国ではウーマンリブとして知られる。この第二波フェミニズムから誕生し、女性が女らしさにとらわれず、自分らしく生きることができるように、女性の視点から、男性中心社会を批判的に捉え直し、女性問題を解決しようとする実践的な学問を、女性学という。

　こうした男性が女性を支配、抑圧する性差別的なジェンダー秩序はまた、男性も抑圧する側面をもっている。そのため、フェミニズムの影響を受けた男性たちもまた、男らしさにとらわれず、自分らしく生きることを目指す社会運動が生まれた。これを男性運動といい、わが国では、メンズリブとも呼ばれる。その運動から生まれたのが、男性問題の解決を目指す男性学である。

ジェンダー概念の意義

　ジェンダー概念の理解において、留意したいことがある。それは、社会的構築をいうジェンダー概念は、男女の生物学的な役割や差異をすべて否定したり、性差のすべてが後天的な要因によって決定されると主張したりするものではないということである。人間が生物として、男女で異なった生物学的役割が与えられているのだから、生物学的な性差があるのは当然である。

　ジェンダー理論が目指しているのは、この生物学的要因を否定することではない。生物学的要因と社会的要因が相互作用していること、そして、その社会的な要因の大きさに留意して、性別に関する様々な現象をありのままに捉えようとしているのである。

　また、ジェンダー概念は個人差の存在にも敏感である。性差は集団としての男女の間の差である。そうした性差は、そのまま個々の女性、男性にあてはまるものではない。個人のレベルでは、逆転が起こることも決して珍しいことではない。それに、同じ性別に属する人たちの間にも差異がある。この

ように、性差より個人差が大きいことも忘れてはならない。さらにいえば、性差、すなわち集団としての平均や、最大値、最小値にばかり目を奪われていると、人間としての共通性を軽視することにもなりかねない。性差についてきちんと考えると、逆に、性別にこだわらないことの重要性にも気づくのである。

　ところで、フェミニズムの主張の1つに、リプロダクティブ・ヘルス／ライツの尊重がある。リプロダクティブ・ヘルス／ライツ（性と生殖に関する健康と権利）とは、身体的、精神的、社会的に良好な状況にあり、安全な性生活を営み、子どもをいつ、何人産むか、または産まないかなどを、当事者である夫婦、とりわけ実際に妊娠、出産をする女性に幅広い自己決定権を認めようとする考えのことである。妊娠・出産・中絶に関わる女性の生命や健康を重視しているのである。

　HIV/AIDSなどの性感染症（STD、STI）の予防の問題を含め、誰もが身体的、精神的、社会的に良好な状態で、安全で満足な性生活を営むという性的健康（セクシュアル・ヘルス）を享受できること、そして自分のからだやセクシュアリティについて知り、性的自己決定の権利が尊重されることである性的権利（セクシュアル・ライツ）が保障されることは、最も基本的な人権の1つであるといえる。

　ジェンダー概念は、生物学的要因と社会的要因のいずれも考慮するものである。したがって、リプロダクティブ・ヘルス／ライツに含まれる、女性の妊娠、出産などに関する身体機能の保護（母性保護）と、その妊娠、出産が、女性の個性と能力の発揮を妨げることのないよう、周囲や社会が配慮すること（男女平等）は、矛盾することなく両立するのである。

　このように、ジェンダー概念の意義は、生物学的な役割や性差を強調しすぎることで、人間としての共通性や個人差を見失ったり、それらを根拠として、性差別を温存したりしないことにあるのである。

2．セクシュアル・マイノリティ —— 多様なセクシュアリティ

セクシュアリティの3要素

　性について考えるとき、セックス、ジェンダーと並んで無視することができない概念が、セクシュアリティである。

　セクシュアリティ（sexuality）は、性に関する欲望や行動、意識などを広く含む言葉で、セックスやジェンダーの枠組みだけでは捉えきれない性的とされるものを指す。また、セクシュアリティは、ジェンダーと同様に、社会的な要素を内包した概念である。性というと性交にのみ関心が集まりやすいが、セクシュアリティというときは、それよりも広く、その人の性のあり方全体を視野に入れようとする態度が感じられる。

　世界保健機関（以下、WHO）では、セクシュアリティを「生涯を通じての人間の存在において中心的な事柄であり、セックス、性自認、性役割、性指向、エロティシズム、快楽、親密さ、生殖を包含するものである」と定義している（Collumbien et al, 2012：7）。また、世界性の健康学会は「性の権利宣言」の中で、「セクシュアリティ（性）は、生涯を通じて人間であることの中心的側面をな」すと述べている（2014年3月）。

　なお、フーコー（Foucault, 1976=1986）やウィークス（Weeks, 1986=1996）によると、セクシュアリティという概念は、近代に特有のものであって、他の時代には存在しないものだという。

　さて、セクシュアリティを考えるとき、手がかりとなる要素が3つある。それは、①生物学的な性別である「からだの性別（biological sex）」、②自分がどの性別に属しているかという自己認識である「こころの性別」、すなわち「性自認（sexual identity）」、そして、③恋愛や性的欲望の対象が、こころの性別からみてどの性別になるのかを表す「性（的）指向（sexual orientation）」（以下、性指向）である。この、性指向は、どのようなモノや状況に性的に興奮するか、どのような性行為を好むかといった性的なファンタジーを意味する

性的嗜好（sexual preference）とは、全く別の概念である。また、この3つの要素に、服装などの外見、ふるまいなどの女らしさ／男らしさの表現である性表現（gender presentation/expression）を加えて、4要素とすることもある。

最近、セクシュアリティの問題を語るとき、SOGI（ソギ）、あるいはSOGIE（ソギー）という用語が使われ始めている。これは、それぞれ、性的指向と性自認（Sexual Orientation and Gender Identity）、性的指向と性自認と性表現（Sexual Orientation, Gender Identity and Expression）の略である。

さて、この4つの要素の組み合わせのパターンは実に様々である。セクシュアリティの典型的なパターン、すなわちセクシュアル・マジョリティ（性的多数者）とは、シスジェンダーのヘテロセクシュアル（異性愛者）のことである。シスジェンダー（Cisgender）とは、からだの性別とこころの性別が一致し、性別違和がない人のことをいう。後述するトランスジェンダーと対になる概念である。セクシュアル・マジョリティとは、具体的にいうと、からだの性別が女性ならば、こころの性別も女性であり、恋愛や性などの対象は異性である男性となるような人や、その逆に、からだが男性なら、こころも男性、欲望の対象は女性という人のことである。そして、従来、セクシュアリティにはこの2つの典型的なパターンしかなく、要素の組み合わせも固定されていると思われてきた。しかし、実際にはこの2つのパターン以外のものもあり、かつ4つの要素の組み合わせも自由なのである。

しかし、すべての人がこうした典型的なパターンを示すわけではない。セクシュアル・マイノリティとは、非典型的なパターンを示す人たちで、「自分が自分であるために大切な、性的存在・行動・欲望に関する部分が、社会の多数派とは異なっている人たち」（共生ネット，2011：5）のことである。先述した3つの要素に沿っていえば、次のようになる。性指向において非典型的な人たちがレズビアン（Lesbian）やゲイ（Gay）、バイセクシュアル（Bisexual）であり、性自認においては、性同一性障害を含むトランスジェンダー／トランスセクシュアル（Transgender/Transsexual）の人たちであり、からだの性別においては、インターセックス（Intersex）の人たちである。

なお、セクシュアル・マイノリティは、レズビアン、ゲイ、バイセクシュアル、トランスジェンダーの英語の頭文字をとって、LGBT、さらには、インターセックスと、クィア（Queer）、もしくはクエスチョニング（Questioning）を加えて、LGBTIQ とも呼ばれる。クエスチョニングとは、セクシュアリティに関するアイデンティティが確定しない人たちのことをいう。

なお、人間のセクシュアリティは、時とともに変化する可能性をもつもの、揺らぐものである。また、後述するが、からだの性別すら、男女2つに明確に分割できるものではなく、グラデーションをなしている。したがって、セクシュアリティを固定的で、確固たるものとして捉えないほうがよいであろう。

■ セクシュアル・マイノリティの諸相

レズビアンやゲイといわれる同性愛者は同性に向く人で、バイセクシュアル（両性愛者）は性指向が異性、同性のいずれにも向く、あるいは性別にこだわらない人たちのことである。ちなみに、同性間の性行為は人間のみならず他の動物にもみられる現象である。

1993年、WHO は、『国際疾病分類』第 10 版（以下、ICD-10）から同性愛を削除した。その2年後の1995年に、日本精神神経学会も同様の見解を明らかにしている。このように、現在、同性愛は異常でも変態でもなく、多様なセクシュアリティの1つとみなされるようになっている。

トランスジェンダー（以下、TG）は、性別違和がある人を含む、社会的に割り当てられた性別に何らかの違和感をもつ人の総称である（広義の TG）。性別違和があるとは、からだの性別とこころの性別の間に何らかのずれがあることをいう。

こうした TG の中で、からだの性別をこころの性別に一致させるために、性別適合手術（いわゆる「性転換手術」）を望む人を、特にトランスセクシュアル（以下、TS）と呼ぶ。TS に対して、手術を必要としない人を TG と呼ぶこともある（狭義の TG）。性同一性障害（GID：Gender Identity Disorder）は、TG

の医学的な表現、病名である。なお、わが国では、母体保護法（旧優生保護法）の規定との関係で、性別適合手術を行うためにはこうした診断が必要となっている。そのため、GID を病気とみなすことには疑問の声もある。

　からだの性別が男性で性自認が女性の場合は MTF（Male To Female）、逆にからだの性別が女性で性自認が男性の場合は FTM（Female To Male）という。例えば、こころの性別が女性で、からだの性別が男性の場合、性別適合手術を望む人は、MTFTS と呼ばれる。

　性別適合手術を含め GID に対する治療のために、日本精神神経学会による「性同一性障害に関する診断と治療のガイドライン」（現在は第4版）が設けられている。また、「性同一性障害者の性別の取扱いの特例に関する法律」（2004年施行。以下、性同一性障害者特例法）に基づき、性別の変更が認められるようになった。しかし、性同一性障害者特例法による性別変更のハードルはきわめて高く、ごく一部の人しかその恩恵に浴することができない。一方で、法律ができたことで、法の要件を満たさない人が"ニセモノ扱い"されるなどの弊害も出てきている。また、現行の性同一性障害者特例法（2008年改正）においても、性別適合手術を受けることが前提条件され、また、未成年の子どもがいる場合には性別の変更が認められないなど、様々な課題が残されている。TG の問題は、手術のみで解決するものではなく、社会的に解決すべき問題が多いことにも留意が必要である。

　インターセックス（以下、IS）は、性分化疾患（DSD：Disorder of Sex Development）、半陰陽ともいうが、男女両方の特徴をもつか、いずれにも分化していないからだをもつ人のことである。おおよそ2000人に1人の割合で生まれてくる。IS は出生時の性別判定が難しく、後に書類上の性別と逆の性徴を表すこともある。そのため、IS の乳幼児に対して、性器切除やホルモン投与などの治療を行うことには疑問や反対の声がある（橋本, 2004）。

　一般に、人間のからだの性別は、性染色体が XX 型ならば女性に、XY 型なら男性になるといわれるが、性別は性染色体の型によって自動的に決定するほど単純なものではない。XX 型は受精後そのまま何もなければ、女性に

分化する。一方、XY 型が男性に分化するには、いくつかの特定の時期（臨界期）に男性ホルモンが適切に作用する必要がある。これをアダム原則という。その男性への分化を促すきっかけとなる SRY 遺伝子は Y 染色体にある。しかし、稀に X 染色体に含まれてしまうこともある。つまり、XY 型の性染色体をもっていても、うまく男性に分化するとは限らない。また、女性への分化はまだ安定的であるが、これも、すべてが順調にいくわけではない。そのため、性染色体、性腺（卵巣、精巣）、外性器（ヴァギナ、ペニス）など様々なレベルで、典型的でない分化をすることがあるのだ。このように、セックスは、すべてのレベルにおいて完全に女性型と、すべてのレベルにおいて完全に男性型を両極にして、グラデーションをなしている。つまり、私たち個々人のセックスも、そのグラデーションの中のどこかに位置しているのである。

　実のところ、性別について、女性、男性という2つのカテゴリーのみ設定しているのはジェンダーなのである。そして、ジェンダーが、グラデーションをなしている多様なセックスをいずれかに分割しているのである。ジェンダーが2つだから、セックスも2つになるのである（性別二元制）。その逆ではない。前節で述べたように、ジェンダーがセックスを規定しているのである。

◆ セクシュアル・マイノリティについての誤解

　セクシュアル・マイノリティについては誤解が多い。とりわけ、同性愛者＝性同一性障害と思い込んでいる人も多い。しかし、同性愛者の多くには性別違和がなく、性同一性障害ではない。また、異性の服装や化粧などをする異性装、すなわちトランスヴェスタイト（TV）、クロス・ドレッサー（CD）の人たちの多くも、性別違和がないシスジェンダーであり、しかも異性愛者が多い。性的表現もまた、性指向とは別のものである。ちなみに、性同一性障害を含む TG の人たちにとっては、こころの性別からみて、それにふさわしい格好をしているのであって、異性装とはいえない。また、ニューハーフ

は職業名に近いもので、実は多様なセクシュアリティの人が含まれている。

その他のセクシュアル・マイノリティとしては、性的欲望をもたないアセクシュアル（エイセクシュアル）と呼ばれる人たちもいる。

このように、ひとことでセクシュアル・マイノリティといっても単一の存在ではなく、実に多様な人たちが含まれている。そして、それぞれに置かれている状況、抱えている問題、ニーズなどが大きく異なっているのである。

■ ヘテロセクシズムを超えて

セクシュアル・マイノリティへの差別や偏見は根深い。背景にはヘテロセクシズムやホモフォビア、トランスフォビアがある。ヘテロセクシズムは、異性愛主義ともいうが、異性愛が唯一、自然で正常なセクシュアリティと決めつける考え方、言動のことである。また、ホモフォビア（同性愛嫌悪）、トランスフォビアは、それぞれ、同性愛（者）、TGに対する恐怖感や嫌悪感などをいう。

わが国では、ホモネタというかたちで、当たり前のように、セクシュアル・マイノリティをバカにし、笑いものにする風潮があるが、これもヘテロセクシズムの表れである。ホモフォビアやトランスフォビアはまた、セクシュアル・マイノリティへのヘイト・クライム（嫌悪犯罪）の原因ともなる。

ところで、どの時代、地域においても数％は、セクシュアル・マイノリティである。わが国の学術調査では、2％だという（塩野ほか，2010：123）。これは学校のクラスに1人いてもおかしくない数字である。つまり、セクシュアル・マイノリティは必ず身近にいるのである。しかし、ヘテロセクシズムやフォビアによる差別や偏見は、セクシュアル・マイノリティを潜在化させ、目にみえない存在にしてしまう（不可視化）。いないのではなく、いえないのである。そのため、身近にセクシュアル・マイノリティがいないように思い込んでいるのである。セクシュアル・マイノリティに対する差別や偏見を解消するためには、とりわけ異性愛者はヘテロセクシズムやフォビアについて、省みることが求められるだろう。

一方、セクシュアル・マイノリティも、カミング・アウトして自らの存在を示すことで、差別、偏見と闘い、自らの権利の確立する活動や運動を行っている。その成果として、欧米などでは同性カップルに対する法的保護が進むなど、セクシュアル・マイノリティの人権の尊重が進んでいる。カミング・アウト（カムアウト）とは、セクシュアル・マイノリティが自らのセクシュアリティを肯定的に受け入れた上で、他者に伝えることである。そのセクシュアリティを明らかにすることで、自らの存在を可視化し、周囲の人たちや社会と新しい関係を結ぶ行為なのである。

こうした運動の一環として、世界各地でパレードなどのプライドと呼ばれる催しがもたれている。そのシンボルが、赤、オレンジ、黄色、緑、青、紫からなる6色のレインボーである。かつては、シンボルとして、ピンク・トライアングルが用いられることも多かった。これは、ナチスの強制収容所で虐殺された男性同性愛者の識別章からきている。

また、ICD-10から同性愛が削除された5月17日は、「IDAHOT（International Day Against Homophobia, Transphobia and biphobia）」として、世界中で様々なイベントが開かれている。わが国でも2010年より「セクシュアル・マイノリティを理解する週間」が実施されている。そのほかにも、札幌、東京、大阪、神戸、福岡などでは、パレードが開催されている。近年は、こうしたプライド行事に地方自治体の首長や政治家が参加してスピーチを行ったり、行政機関が後援などをしたりするようになった。わが国でも、政治や行政によるサポートが始まっている。

そして、セクシュアル・マイノリティ当事者の運動のみならず、その家族による活動もみられるようになった。セクシュアル・マイノリティが悩み苦しんでいるように、家族もまた悩み苦しんでいる。そして、当事者のみならず、家族もまたサポートを必要としていることを忘れてはならない。

なお、今日では蔑称であったオカマや変態（クィア）といった言葉を誇りとともに当事者が自称として使うこともある。ただし、こうした用語は、当事者以外が使うのは避けたほうがよい。ホモやレズ、オナベという言い方に

ついても同様である。

3．カップルの法的保護の現状と課題

■ 結婚とは：結婚の三層構造

わが国では、実態においても、意識においても、結婚＝法律婚である。しかし、結婚は、法律婚のみを意味するものではない。そこで、まず、結婚とは何かを整理しておきたい。

結婚（marriage）とは、社会的に承認されたカップルの持続的な結合状態をいう。法律用語では婚姻という。結婚は、社会学的にみると、三層構造をなしているといえよう。すなわち、法的保護の手厚い順に（それは同時に国家による管理が強い順ともいえるが）、①法律婚、②法律婚に準ずる地位を認める諸制度による結婚、③事実婚である。

しかし、先に述べたように、わが国では、結婚＝法律婚という考え方が根強いため、結婚について考えるときに、②や③の存在が十分に意識されないことには留意すべきであろう。

ところで、法律婚とは、法律に基づいて行われた結婚のことである。②の法律婚に準ずる地位を認める諸制度による結婚は、法律婚とは異なるやり方で、カップルの権利を法的に保護しようとする公的な制度による結婚のことである。近年、欧米を中心に整備されつつある。その権利義務や保護のありようは様々であるが、法律婚のそれと比べて遜色のないものもある。これについては後に詳しくふれたい。

一方、事実婚は、届け出はしていないが、生活の実態として結婚状態にあると認められる関係のことである。事実婚は、内縁、同棲などとも呼ばれることもある。内縁や同棲という言葉には、いずれは法律婚をする、あるいは事情があって、法律婚したくともできないという含みがある。しかし、あえて法律婚を選ばないという意思を込めて、2人の関係を事実婚、あるいは非婚カップルと表現する場合もある（善積, 1997）。

法律婚には扶養や相続などにおいて、様々な権利義務が認められ、その関係は法的に保護されている。また、法律婚をしているカップルから生まれた子どもは嫡出子となる。一方、事実婚のカップルから生まれた子どもは非嫡出子となり、嫡出子とは法的に異なった差別的な扱いを受けることになる（婚外子差別）。例えば法定相続分は嫡出子の2分の1と規定されている（民法900条4項）。また、社会的な偏見も根強くあり、進学、就職、結婚などで、不利益を被ることもある。わが国では、結婚するとは、婚姻届を出す法律婚であるという規範が強く、婚外子差別の問題もあり（婚差会, 2004）、事実婚を選択するカップルはきわめて少数である。

また結婚＝法律婚という意識や実態以外にも、わが国の法律婚のあり方は、西欧のそれと大きく異なっている。わが国の法律婚の制度は、相対的にみて、結婚も離婚もしやすいということである。

まず、わが国の法律婚は、婚姻届を出せば結婚が成立する、届出婚主義を採用している。これは、何らかの儀式を必要とする西欧のあり方に比べて、手続きがかなり簡単であるといえよう。

離婚についても同様である。わが国には、離婚の方法として、協議離婚、調停離婚、審判離婚、裁判離婚がある。これらの中では、両者の合意と届出のみで離婚が成立する協議離婚が87.1％（2012年）と、大多数を占める。一方、西欧には、そもそも協議離婚の制度自体がない。わが国は、制度的には離婚がしやすいといえる。

また、結婚や日々の生活、個人のアイデンティティにおいて、比較的、宗教の比重が小さいことも、わが国の独自性として指摘できるだろう。

このように、わが国の結婚のあり方や意識は、西欧のそれとは大きく異なっている。後述する同性カップルの法的保護について論ずるときも、こうした差異を意識しておく必要があろう。

◆ セクシュアル・マジョリティだけのものではない結婚

これまで私たちは、結婚というと、暗黙のうちにセクシュアル・マジョリ

ティ、すなわち、シスジェンダーでヘテロセクシュアルの男女2人が、夫婦になることだと思い込んできた。しかし、少し考えてみればわかることであるが、わが国でもセクシュアル・マジョリティだけが結婚をしているわけではない。例えば、シスジェンダーではないトランスジェンダーのカップルは、書類上の性別と見た目とが逆になるだろうが、法律婚をすることができるし、実際にしている。また、異性同士で結婚していても、その性指向がヘテロセクシュアルとばかりはいえない。バイセクシュアルの人もいるだろうし、ホモセクシュアルでも異性との結婚を選択する人もいるからである。

そして、レズビアン／ゲイなどの同性カップルの中には、事実婚としての内実を備えている場合もあるだろう。また、お役所のお墨つきはなくとも、周囲の人たちから事実婚として受け入れられていることもある。

なお、カップルの中には、お互いの合意のもと、恋愛や性関係などを1人のパートナーに限定しないオープン・リレーションなポリアモリーというかたちをとる人たちもいる。もしかしたら、将来、結婚が2人の排他的な関係を前提にしなくなることすらあるかもしれない。

こうみてみると、少なくとも、結婚は、すでにセクシュアル・マジョリティ、すなわち、シスジェンダーでヘテロセクシュアルの男女だけのものではないことがわかる。結婚や家族ついて考えるとき、セクシュアル・マジョリティのみならず、同性カップルをはじめとするセクシュアル・マイノリティのことを考慮に入れる必要があることを認識しておきたい。

■ 「同性婚」「同性愛カップル」という用語の問題点

同性間の結婚について、詳しくふれる前に、いくつかの用語について検討しておきたい。本章では、「同性婚（あるいは、同性結婚）」や「同性愛カップル／異性愛カップル」「同性愛パートナー／異性愛パートナー」という用語は用いない。代わりに、それぞれ、「同性間の結婚（あるいは、同性間の婚姻）」や「同性カップル／異性カップル」「同性パートナー／異性パートナー」としたい。それはなぜか。

まず、「同性婚」という用語を避ける理由から述べよう。結婚や婚姻は、同性間であろうと、異性間であろうと、同じもののはずである。同性婚という用語は、同性間の結婚は、異性間のものとは異なるもの、あるいは異なって当然という含みが感じられる。異性間の結婚のことを「異性婚」ではなく、単に結婚と呼ぶとき、「同性婚」という言い方は、ヘテロセクシズムや性指向による差別を内包している。
　また、後述するが、同性間の法律婚は、既にある婚姻に関する法律の性中立化によって実現している。「同性婚法」といったような別の法律を新たに制定しているわけではないのである。すなわち、法的にも、同性間の結婚も、異性間の結婚も、同一の結婚として認識されているのである。
　したがって、本章では、同性婚（あるいは、同性結婚）ではなく、「同性間の結婚（あるいは、同性間の婚姻）」という用語を用いるのである。ヘテロセクシズムや性指向の非対称性を考えれば、少なくとも当面の間は、同性婚（あるいは、同性結婚）という用語を当たり前のように用いるべきではない。
　次に、「同性愛カップル／異性愛カップル」「同性愛パートナー／異性愛パートナー」ではなく、それぞれ、「同性カップル／異性カップル」「同性パートナー／異性パートナー」とする理由、すなわち、なぜ「愛」という用語を避けるのか、その理由を述べよう。
　実態に即し、かつ統計データでも、ある程度確認可能な概念であるのは、「同性愛カップル／異性愛カップル」「同性愛パートナー／異性愛パートナー」ではなく、「同性カップル／異性カップル」「同性パートナー／異性パートナー」だからである。
　従来、結婚、家族に関する研究のほとんどは、性指向を考慮しないかたちで行われてきた。本人たちにその性指向について確認することなく、同性カップルなら同性愛者、異性カップルならば異性愛者と決めつけてきた。しかし、果たしてそうであろうか。
　ヘテロセクシズムな社会、異性愛を強制する社会では、本人の性指向にかかわらず、異性と交際し、結婚をすることになるだろう。そのため、異性カ

ップルが、必ずしも異性愛カップルとはいえないのである。したがって、異性カップルの研究＝異性愛カップルの研究ではない。異性カップルの研究は、あくまで異性カップルで研究であって、異性愛カップルの研究ではない。

　しかも、現在のところ、日本で入手できる各種の統計データにおいて、セクシュアリティに関する項目は、ほとんど性別だけであるといってよい。性指向に関するデータはまずないのである。このように、統計的に確認できるのは、性別だけである。したがって、「同性カップル／異性カップル」「同性パートナー／異性パートナー」という言い方しかできないはずである。

　さらにいえば、その性別のデータでさえ不完全なものである。なぜなら、性自認と、性他認というべき他人によって定められた書類上の性別を区別して収集していないからである。また、同じ性別の人であっても、トランスジェンダーであるか、シスジェンダーであるかをわけることが必要な場合もあろう。本章では、性自認／性他認について、そしてトランスジェンダー／シスジェンダーについて、十分に考慮することができていない。また、インターセックスの人の場合、誰が同性、あるいは異性になるのだろうか。こうした限界もまた、きちんと認識しておきたい。

　話をもとに戻そう。愛という言葉を避ける理由はほかにもある。親密圏を含む、家族的なあり方の多様性を視野に入れるとき、カップル関係はともかく、パートナー関係に、性愛を、すなわち性的な結合や、排他的な二人間の「愛」なるものを想定することが適切とはいえないと考えるからである。それは、後に述べるフランスのパックス（民事連帯契約）や、わが国のゲイ・コミュニティでいわれる「元彼家族」などについて、考えてみればわかるであろう（「元彼家族」は、NHK教育『ハートネットTV』「Our Voices『結婚』『パートナーのあり方』」〔2012年12月11日〕における、ブルボンヌ氏の発言した言葉である。性的な結合や、カップル的な愛情がない〔少ない〕ペアによる、ケアのシステムとしての家族の可能性がある）。さらにいえば、「愛」という用語を用いることで、研究に、近代のラブ・ロマンティック・イデオロギーを、暗黙のうちに持ち込んでしまうことをも恐れるからである。

これらのことから、本章では、「同性愛カップル／異性愛カップル」「同性愛パートナー／異性愛パートナー」ではなく、実態に即し、統計データでもある程度、確認可能な概念である、「同性カップル／異性カップル」「同性パートナー／異性パートナー」の用語を用いるのである。しかし、先にもふれたように、これですべての問題が解決するとはいえないことも認めなければならない。本章では、同性カップル、あるいは異性カップルという言葉を使わざるを得ないが、検討の余地がある用語であることは指摘しておきたい。

今後の研究では、ヘテロセクシズムを相対化し、性自認や性指向を中心にセクシュアリティについて、自覚的な研究を行う必要があろう。

同性カップルの結婚

さて、現在、欧米を中心に、同性カップルを法的に保護する制度が設けられている。それらには5つあり、すなわち、①法律婚、②登録パートナーシップ制度、③法定同棲、④パックス（民事連帯契約）、⑤ドメスティック・パートナー制度（表9-1を参照）、である（鳥澤, 2013：1-2）。

まず、同性間の法律婚について述べよう。同性間の法律婚は、2000年に、世界で初めてオランダで導入された。これは、すでにある婚姻に関する法律から、男女という性別に関する規定を取り除くことによって、実現された。すなわち、法律婚を異性間に限定する規定を、法律から取り除くことで、つまり性中立化することで、成し遂げられたのである。「同性婚法」といったような法律を新たに制定したわけではないのである。なお、意外に思われるかもしれないが、わが国の民法には法律婚を異性カップルに限定するという明確な規定はない。ただし、夫婦などの文言が使用されていることから、暗黙のうちに異性カップルのみを対象としていると解釈されている。

現在、同性間の法律婚を認めているのは、オランダ、ベルギー、スペイン、カナダ、南アフリカ、ノルウェー、スウェーデン、アルゼンチン、ポルトガル、アイスランド、デンマーク、フランス、英国などである。欧米が中心ではあるが、それは世界に広がりつつあるといってよいだろう。

表9-1 同性間の結婚の類型

		採用している主な国など（採用順）	備考
法律婚（①）		オランダ、ベルギー、スペイン、カナダ、南アフリカ、ノルウェー、スウェーデン、アルゼンチン、ポルトガル、アイスランド、デンマーク、フランス、英国、アメリカの一部の州	
法律婚に準ずる諸制度（DP制度）	登録パートナーシップ制度（②）	オランダ、ドイツ、フィンランド、英国、スイス、オーストリア、アイルランド	
	法定同棲（③）	スウェーデン、ベルギー	
	パックス（民事連帯契約）（④）	フランス	
	ドメスティック・パートナー制度（⑤）	アメリカの一部の州	地方自治体の制度
事実婚			

出所：鳥澤（2013）を参考に、筆者が作成

　②から⑤の制度は、先述した法律婚に準ずる諸制度にあたるものである。これらは、ドメスティック・パートナーシップの英語の頭文字をとって、DP制度と呼ばれることもある（以下、DP制度）。こうしたDP制度の多くは、法律婚が認められなかった同性カップルの法的保護を図るために創設されたものである。なお、パートナーシップとは、同性間、異性間を問わず、継続的で、親密で家族的な2人の関係のことをいう。

　DP制度は、その名称や法的保護の内容や手続きなどは、国や地域によって実に様々である。法律婚とほぼ同等のものから事実婚と変わらないものまである。しかし、それらはおおよそ、同性カップルのみを対象とする制度と、同性、異性にかかわらず利用できる制度の2つに分類できる。

　登録パートナーシップ制度は、法律婚を同性カップルに拡大することに根強い反対があったことから、もともとは同性カップルのために設けられた制度であった。それは、1989年に世界で初めて、デンマークで導入された。登録パートナーシップ制度は、同性カップルのみを対象とする場合、それは

法律婚の代替として、その内容は法律婚と遜色のないものとなることが多い。ドイツの「ライフ・パートナーシップ制度（Lebenspartnerschaftsgesetz）」や、イギリス「シビル・パートナーシップ制度（Civil Partnership）」などがこの例である。

　そういう意味では、この制度は"同性婚法"といえなくもない。しかし、今日までの流れをみれば、法律婚の性中立化へ向けた過渡期的な制度ともいえ、同性間の結婚と異性間の結婚を別のものと想定し、固定化することを目指すものではないといってよい。実際、デンマークやスウェーデンなどは、法律婚を同性カップルに拡大した際に、DP制度の１つである登録パートナーシップ制度を事実上廃止している。

　法律婚を同性カップルにも認めるか否かは、その社会や個人の価値観や宗教観、倫理観が絡む大変に難しい問題である。同性の法律婚に反対する人たちは、結婚は特別なものであり、異性にのみ限定するべきで、同性間の法律婚を認めてしまうと結婚や家族に関する伝統的な価値観が崩壊してしまうと主張する。一方、賛成する人たちは、同性にも法律婚を認めないのは差別だと考える。そのせめぎ合いの中、両者に配慮するかたちで、同性カップルのみを対象とする異性の法律婚とほぼ同等の登録パートナーシップ制度は設けられたのである。こうした登録パートナーシップ制度に対しては、実質的には法律婚と変わらないと評価する声がある一方、別の制度にしたこと自体が性指向による差別だとする否定的な見解もある。

　同性間の法律婚と宗教の関係において、スウェーデンは同性間の法律婚を認める際、他の国にはない挑戦を行った。それは、教会の「司婚権」（vigselrätt）を保持したままで、同性の法律婚を実現したのである。それを受け、プロテスタント・ルター派のスウェーデン教会は、世界で初めて同性の法律婚を認めた主要なキリスト教宗派となったのである。

　一方、登録パートナーシップ制度には、同性カップルのみならず、異性カップルも利用できる制度もある。この場合、法律婚よりは軽い権利義務をもつ、もう１つの結婚のかたちとして位置づけることができる。オランダはこ

の例で、法律婚も登録パートナーシップ制度も、同性、異性いずれのカップルにも開かれている。

　法定同棲は、事実婚である同棲に一定の法律上の地位を認めるものである。スウェーデンのサンボ（SAMBO）などがこれにあたる。ちなみに、同性カップルのサンボは、異性カップルを対象とする制度とは別に創設され、後に2つは統合、性中立化されている。

　パックス（PACS：Pacte civil de solidarité、民事連帯契約）は、フランス独自の制度で、財産的効果を中心に、法律婚をしていない成年二人間の共同生活の枠組みを定める契約である（Percin, 2001=2004）。同性間、異性間を問わずに結ぶことができ、市役所ではなく裁判所に届け出る。また、貞操義務はない、つまり特定の二人間の排他的な性的結合を、さらにいえば性的結合すら前提としないことも他に例をみない特徴である。いわゆるカップルのみならず、性愛の伴わない生活上のパートナーや友人同士の共同生活でも、この制度を利用することも可能であろう。

　近年、わが国でも、収入が十分でない若者や、配偶者を失った高齢者など、友人や知り合い、ときには他人と同居する人たちが注目されるようになってきた（久保田, 2009）。こうしたルームシェア、シェアハウジングをしている人たちに対して、どのような公共サービスや法的保護を与えるか考えるときの参考になるのではないだろうか。

　ドメスティック・パートナー制度は、鳥澤によると、国の制度ではなく、地方政府や自治体が、福祉や、病院訪問権、相続権、埋葬権などについて、法的保護を行う制度である（鳥澤, 2013）。このドメスティック・パートナー制度を、国レベルの制度である登録パートナーシップ制度などと、区別しないこともある。しかし、国レベルの制度と、地域政府（地方自治体）の制度を区別することは、議論を整理する上で有益であると思われる。

　アメリカには、国レベルでの法律婚やDP制度はないが、いくつかの州などで、同性カップルの法的保護が導入されている。

　同性間でも可能な法律婚があり、かつ何らかのDP制度がある国や地域で

は、同性、異性のカップルは、それぞれのライフスタイルに合わせて、いずれかを選択することができる。しかし、同性カップルにも開かれた法律婚がない上に、法的保護の狭いDP制度しかない場合、それは、同性カップルにとって法的保護の制限でしかない。

ところで、わが国では、先にもふれたが、法律婚のみを結婚と考えがちである。しかし、これらの4つのDP制度もまた、すべて結婚である。実際、法律婚のみならず、これらの制度を利用しているカップルは、同性間、異性間を問わず、自分たちの関係を結婚とみなしており、また周囲もそのように扱うことが一般的である。

なお、日本のマスコミ報道などでも、法律婚とDP制度の区別をせずに、いずれも「同性婚」と表現していることがほとんどである。しかし、これは、法律婚もDP制度も結婚であるという認識に基づくものではなく、それらの区別や差異に自覚的ではないためであろう。

■ 同性カップルと子ども

欧米では、同性カップルが子どもをもち、子育てをすることは決して珍しいことではない。実は、わが国でも、私たちが想像している以上に、同性カップル、とりわけレズビアン・カップルによる子育てが行われている。では、同性カップルはどのように子どもを得て、そしてどのように子育てをしているのだろうか。

カップルと限定せず、個人のレベルで考えてみれば、多くのレズビアンやゲイがすでに子どもを得て、子育てをしている。異性との結婚への圧力が強ければ、多くのレズビアンやゲイが異性と結婚して、子育てをするからである。また、レズビアンとゲイが、お互いすべてを承知の上で結婚をし、子育てをすることもある。さらには、異性と結婚し、子どもをなした後で、自分の性指向に気づき、離婚をし、その後、シングルで、あるいは同性パートナーと子育てをすることもある。このように、レズビアンやゲイによる子育ては、同性カップルでという限定をつけなければ、すでに行われているのであ

る。しかし、本章ではカップルレベルに限定して話を進めたい。

　さて、同性カップルに子どもがいる理由、あるいは子どもを得る方法には、大きくわけて5つのパターンが考えられる。それらについて、カップルになる前と後とにわけてみてみよう。まず、カップルになる前から子どもがいるパターン、すなわち、①同性パートナーにすでに子どもがいて、ともに子育てをする、というものである。この場合、国によっては、パートナーの連れ子をもう片方が養子にする「連れ子型養子縁組」が認められる。

　後の4つは、カップルになった後に子どもを得るパターンである。それは、カップルのいずれかあるいは両方が、②パートナーではない異性と性交することで、子どもを得て、子育てをする、③非配偶者間人工授精などの生殖補助医療を受け、妊娠・出産し、子育てをするパターンである。また、ゲイ・カップルが主と思われるが、④代理母契約によって子どもを得て、子育てをするパターンもある。そして、⑤カップルが共同して他人の子どもを養子（共同養子縁組）にして、子育てをするパターンである。これには、海外から養子を迎える「国際養子縁組」も含まれる。なお、①〜③と④のほとんどでは、子どもはいずれかの親と血縁関係があるが、⑤では血縁関係がないことになる。

　同性カップルが親になり、子育てをすることへの抵抗感、拒否感は、同性カップルの結婚を認めることよりも強い。同性カップルに配偶者としての権利・義務を認め、尊重しても、親としての権利・義務、例えば養子縁組、親権・監護権、生殖補助医療を認めないことが多い。

　初めて同性間の法律婚が認められたデンマークにおいても、当初は同性のパートナーを親として認めず、国際養子縁組を含む養子縁組、生殖補助医療の利用も認められなかった。現在でも、DP制度においてはそれらが認められないことも多い。また、同性カップルによる養子縁組については、まず連れ子型養子縁組が、次いで共同養子縁組が認められるという順序がある。

　なお、わが国では、異性の事実婚カップルや同性カップルには共同養子縁組は認められていない。また、生殖補助医療を受けることもできない。

さて、レズビアンやゲイによる子育てというと、子どもの発達に悪影響を与えるのではないかという懸念が示されることが多い。健全な子育ては、（暗黙のうちに、シスジェンダーな異性愛者とみなされる）父母がそろった家庭でないとできないという考えは広く受け入れられている。それは、ひとり親家庭の子育てに示される懸念をみてもよくわかる。

この問題については、1970年代から欧米では、発達心理学の分野において実証研究が積み重ねられている。それらによると、レズビアン・マザーによる子育てと、ヘテロセクシュアルの親や人工授精の施術を受けた親などの子育てを比較しても、それらの間に有意な差がみられなかったという（有田, 2006）。すなわち、同性カップルに子育てが、その他の親たちによる子育てに劣るものでないというのである。

ところで、いったいどのくらいの同性カップルが子育てをしているのだろうか。アメリカの2000年センサスによると、女性の同性カップル世帯の約3分の1、男性の同性カップル世帯の約5分の1に、18歳以下の子どもが少なくとも1人いるという（Married-Couple and Unmarried-Partner Households: 2000, Issued February 2003, Census 2000 special Reports.）。

わが国では、テレビ・ドキュメンタリーなどを通じて、ようやくレズビアンやゲイによる子育てが一般に知られるようになったばかりである。

いずれにせよ、わが国おいても、少数とはいえ、同性カップルによる子育てはすでに行われている。したがって、今後は同性カップルによる子育ての是非にとどまらず、そこで育てられている子どもの利益のためにも、同性カップルによる子育てをどのように支援するかという視点での議論や政策・施策などが必要となろう。

4．わが国の現状と課題

同性カップルに生じる問題や不利益

近年、わが国でも、同性間の結婚を含む、同性カップルに対する法的保護

について、関心が高まってきている。しかし、現在、わが国には、法的に赤の他人同士である同性カップルや、異性カップルでも何らかの理由で法律婚ができない、あるいはしない場合、そのカップルを、カップルとして法的に保障するしくみがないに等しい状態である。そのため、カップルやそのパートナーの権利や意思は尊重されにくい。とりわけ、同性カップルは、生活上、広範囲に問題や不利益が生じ、きわめて不安定な状況に置かれている。そうした問題や不利益について、代表的なものをいくつか取り上げたい。

かつて、同性カップルは、公営住宅に全く入居することができなかった。なぜなら、公営住宅の入居者資格の1つに、同居親族がいること（同居親族要件）があったためである。そのため、親族以外の人とともに入居することや、原則として単身者の入居は認められていなかったのである。その後、この同居親族要件が廃止され（2012年4月）、同性カップルの入居への道が開かれた。しかし、親族ではない同性カップルの場合、その公営住宅の事業主体の承認が必要である（公営住宅法27条5号）。そのため、一部の自治体を除き、同性カップルが公営住宅に入居することは難しい状態が続いている。ちなみに、公営住宅ではないが、大阪府は府住宅供給公社の賃貸住宅について、2006年から非親族同士の入居を認めるハウスシェアリング制度を導入し、同性カップルにも門戸を開いている。

医療機関ではどうだろうか。入院したり、手術を受けたりする際、配偶者には、面接権や医療上の同意権などが認められている。しかし、同性パートナーについては、それぞれの医療機関の裁量にゆだねられている。大阪府のように、府立の病院について同性パートナーの面会や看護を認めていることもある。しかし、医療機関によっては、同性パートナーの面接や看護、医療上の説明や同意権などを、拒否する場合もある。

また、不幸にもパートナーが死亡した場合、残された同性パートナーは不利な立場に置かれがちである。共同財産の相続や葬祭においても、その権利や意思は尊重も保障もされない可能性がきわめて高い。同性パートナーには、共同財産について法定相続権が認められていないのである。遺言にて、パー

トナーへ財産を遺贈しようとしても、亡くなった同性パートナーの親や子には一定の相続分（遺留分）が、法的に認められている。さらには、同居していた住宅について、亡くなった同性パートナーが単独で、住宅の所有者、あるいは賃借名義人であった場合、残された同性パートナーにはその所有権や賃借権を受け継ぐことが認められないことが多い。そのため、最悪のケースでは、同性パートナーは住居や財産を失い、その生活が成り立たなってしまうこともありうるのである。

ところで、同性カップルへのサポートやサービスの提供は、国や地方自治体に限られるものではない。民間企業やNPOによるものも考えられる。しかしながら、同性カップルへのサポートやサービスを提供している企業は、外資系企業やごく一部の企業に限られている。ほとんどの企業においては、従業員に対するサポート、とりわけ福利厚生などの企業内福祉を、同性カップルは利用できない。また、企業による顧客サービスにおいても、法律婚カップルが享受しているサービスの多くを、同性カップルは受けることができない。例えば、住宅ローンの融資額では、同性カップルはシングルと同じ扱いとなり、融資額が低くなりがちである。また、同性パートナーは、生命保険の受取人にもまずなれない。

そうした中、最近は、「家族割」のような家族向けのサービスを同性カップルに拡大する動きもみられるようになり、改善も進んでいる。欧米に進出している日本企業は、大手企業を中心にダイバーシティ（多様性の確保）の観点から、セクシュアル・マイノリティについても、採用や福利厚生などにおいて、機会が平等に保障されるよう取り組んでいる。わずかながらではあるが、国内でもそうしたサポートを提供する動きが出てきている。しかし、全体としては、同性カップルは、その恩恵に浴することができないのである。

✦ 国際的な問題：配偶者ビザ、日本人の海外での結婚

わが国に同性の法律婚やDP制度がないことは、国内の問題にとどまらず、国際的な同性カップルや、海外で同性間の法律婚、DPを希望するカップル

にとっても大きな障害となっている。また、政府は、海外で同性間の結婚している日本人の外国人パートナーに対して、配偶者ビザを発給していない（法務省入国管理局「入国・在留審査要領」第12編　在留資格）。そのため、パートナーを連れての帰国が難しい。かつては、海外での法律婚、パートナーシップ登録の際に必要となる未婚を証明する「婚姻要件具備証明書」を、わが国が同性間の法律婚を容認しているとの誤解を与えかねないという理由で、パートナーが同性の場合は発行すべきでないとの指導が行われていた（2002年5月24日付「法務局で交付する婚姻要件具備証明書の様式について」）。そのため、海外において、日本人による同性間の法律婚やDPを著しく困難にしていた。なお、その後、婚姻要件具備証明書とは別に、単に独身であることを証明するだけの「新しい様式の証明書」を発行することとなり、その書式も通達され（2009年9月）、この点については改善が図られている。

■ 養子縁組・公正証書の活用と限界

　異性カップルならば、法律婚によって簡単に得ることができる権利やサービスを、同性カップルは手にすることができない。そこで、パートナーとしての権利と生活を守るために、現在ある法的枠組みを活用して、それらを獲得していかなければならない。その方法として、養子縁組や、公正証書による契約などがある。しかし、こうした養子縁組や公正証書にも問題点があり、カップル保護の方法としては十分なものとはいえない。

　養子縁組は、同性カップルがその権利と生活を守るために、よく利用されている。しかし、養子縁組は、親子関係をつくるもの（親子関係の創出）であって、同性カップルがそのパートナーシップの裏づけに利用するのは、制度の趣旨に沿うものではない。そのため、相続の問題などが発生した場合、養子縁組の無効を申し立てられるなど、トラブルになること可能性も否定できない（永易, 2012）。

　公正証書は、きわめて強力な証拠能力がある公文書である。そのため、同性カップルが、その共同生活に関する様々な意思を、公正証書にすることに

は意味がある。しかし、その効力には疑問も残る。契約は、それを結んだ当人たちの間では有効である。しかし、第三者をも縛るものではない。したがって、公正証書にしたからといって、その内容を周囲が尊重してくれるのかは、そのときになってみないとわからないのである。

✤ カップルの法的保護に向けた新しい動きと今後の課題

　2015年は、世界的にも国内的にも、同性カップルの法的保護において画期的な出来事が連続した年として、記憶されるであろう。アメリカでは、連邦最高裁判所が、同性間の結婚を憲法で保障された権利であると認める判決を下し、同性間の法律婚を合法化した（2015年6月）。また、ヨーロッパでは、欧州人権裁判所が、同性間の結婚を認めないのは、欧州人権条約に違反するとの判決を下し、人権侵害であると断じた（同年7月）。国内では、全国の同性愛者が日本弁護士連合会（日弁連）に対して、同性間の結婚が認められていないことは憲法に定められた法の下に平等に反するとして、人権救済の申し立てを行った（同年7月）。また、東京都渋谷区が、「渋谷区男女平等及び多様性を尊重する社会を推進する条例」に基づき、同性カップルに、パートナーシップ証明の発行を開始した（同年11月から）。

　この渋谷区の取り組みは画期的といえるものである。これまで、同性カップルはほとんどの場合、結婚としての実質を備えていたとしても、事実婚とすらみなされてこなかった。しかし、渋谷区のパートナーシップ証明の発行は、一定の条件を満たした同性カップルを、事実婚カップルであると公的に認める効果をもつものである。この制度は、事実婚としての認知にとどまるものであるため、法律婚やDP制度のような効力は期待できない。とはいえ、同性カップルが、カップルとして法的に保護される端緒になることは間違いないだろう。渋谷区のほかにも、世田谷区など、独自の取り組みを始める自治体が出てきている。

　そして最近、国会などでも、セクシュアル・マイノリティの権利について議論されるようになり、同性カップルの法的保護に向けた動きが、目にみえ

るようになってきた。

　わが国の裁判所では、結婚を同性カップルにも認めるべきか、正面から争われた例はまだない。しかし、同性カップルを事実婚と判断した例がないわけではない。2007年、同性パートナーから暴力を受けたとする女性からの申し立てを受け、西日本の地方裁判所が配偶者間暴力防止・被害者保護法（DV法）による保護命令を出したことがある（『日本経済新聞　電子版』）。

　人権救済の申し立てに関わった「同性婚人権救済弁護団（LGBT支援法律家ネットワーク有志）」は、それに先立つ同年2月に、結婚について「両性の合意」を定めた憲法24条について、この規定が、同性間の結婚を禁止しているものではないという見解を発表した。すなわち、「両性の合意」は、人々を「家制度」から解放し、男女平等の思想を宣言するという趣旨であり、同性婚を排除するものではないなどと述べている（「同性婚と憲法24条の解釈に関する報道について【要請】」〔2015年2月16日〕）。

　このように、わが国でも同性パートナーの法的保護に向けて、実際的な議論も始まり、大きく動き出した。しかし、同性間の法律婚や何らかのDP制度が実現するためには、解決すべき問題が数多く残されている。

　まず、国レベルでみれば、現在、カップルを法的に保護する制度は、異性間の法律婚しかない。そもそも、法律などは、同性カップルを全く想定していなかったり、排除しようとしたりしている。例えば、性同一性障害者特例法では、性別を変更する条件に、「現に婚姻をしていないこと」と規定されている。これは同性間の結婚となることを避けるためである。

　また、同性間の結婚というと、結婚式での服装や、性愛、性行為に関することだけが、興味本位で語られてしまうことがある。そして、それ以前の問題として、セクシュアル・マイノリティへの理解が十分であるとはいえない。

　同性カップルの法的保護に対する反対は、伝統的な家族を守るべきとする保守的な見解によるものだけではない。現在ある日本の戸籍制度や結婚制度への疑問から、同性カップルの法的保護に慎重な意見もある。

　ところで、同性カップルについての法的保護について議論するためには、

その生活実態や法的保障のニーズに関する基本的なデータは欠かせない。それは同性カップル世帯がどれだけあるのか、どのような問題を抱え、どのようなニーズがあるのかというものである。しかし、そうした同性カップルに関する基本的なデータ、とりわけ統計的なデータはほとんど存在しない。ことに国などによる公的な統計は皆無といってよいだろう。国勢調査でも、同性パートナーは数字に表れてこない。

　その一方で、当事者や研究者によって、いくつかの調査が実施されている。代表的なものに、血縁と婚姻を越えた関係に関する政策が提言研究会による「同性間パートナーシップの法的保障に関する当事者ニーズ調査」や、RT2006調査プロジェクトによる「同性パートナーのニーズ調査」(有田ほか, 2006) がある。いずれにせよ、同性カップルに関する基本的なデータ、とりわけ統計的なデータの整備は喫緊の課題である。

　さて、もちろん、同性カップルを法的に保護する制度ができれば、すべての問題が解決するわけではない。2人の関係が、親、きょうだいなどの肉親や親族などから肯定的に認知されていなければ、いざというときにトラブルが生じてしまう。法的な保護を十分に生かするためにも、周囲との関係を整えておくことがきわめて重要なのである。そのために、2人の関係を周囲にカミング・アウトし、関係を構築してくことが必須となる。しかし、ゲイのデータであるが、親にカミング・アウトしているのは、13.8％にすぎない(日高ほか, 2007：5)。わが国におけるカミング・アウトのしづらさは、法的保護を実効あるものする上でも、大きな障害となるだろう。

ゆらぐヘテロノーマティビティな家族観

　わが国でも、同性カップルや、法律婚を望まない異性カップルに対する法的保護について、その取り組みが社会的にはようやく始まったところである。人権の保障という観点から考えても、わが国にも、そうしたカップルに対して何らかの法的保護が設けられてもよいだろう。

　そもそも、わが国では、法律婚をしないカップル、とりわけ同性カップル

を家族としてみなしてこなかった。今後は、同性カップル、そして同性カップルがつくる家族の存在を認識、尊重し、多様な家族の1つとして視野に入れることが求められるだろう。もちろん、セクシュアル・マイノリティの家族は、同性カップルによるものだけではないことには留意しておかなければならない。

ところで、先にわが国の結婚の独自性について指摘した。それは、実態、意識のいずれにおいても、結婚＝法律婚であること、届け出主義のため、比較的、結婚、離婚がしやすいこと、そして、結婚や生活、アイデンティティにおいて、比較的、宗教の比重が小さいことである。こうした独自性は、わが国の同性カップルの法的保護のあり方に、どのように影響を与えるのだろうか。また、同性カップルが可視化される中で、同性カップルが異性カップルのあり方に影響を与えるようになるかもしれない。同性カップルは、同性同士ゆえに、性別役割分業に従うべき理由はない。それぞれの個性や資質、状況に合わせて、かなり自由に役割を割り振ることができる。そうしたことは、異性カップル役割分担のありように影響を与えるかもしれない。これら興味深いテーマである。

最後に、本章で取り上げることができなかった、同性カップルに関する諸問題についてふれておきたい。本章では、カップルに焦点をあてたため、その親や、子どもからみたセクシュアル・マイノリティの家族のありようについては、ふれることができなかった。これらはきわめて重要な問題である。また、セクシュアル・マイノリティ、とりわけシングルのセクシュアル・マイノリティによる老親の介護、そして自分自身の老後の生活問題も避けることができない。これらについては今後の課題としたい。

このように、セクシュアル・マイノリティを視野に入れてみると、異性カップルを暗黙の前提とする、ヘテロノーマティビティな家族観がゆらいでくる。例えば、同性カップルをどのように呼ぶのだろうか。夫婦ではなく、「婦婦」、あるいは「夫夫」だろうか。同性の親が2人いる場合、どちらも母親、父親と呼ぶのだろうか。いずれにせよ、夫、妻、父親、母親、生殖家族

といった家族社会学で当たり前のように使われている用語や定義もまた、問い直されることになるだろう。それは、家族社会学を含めた学問のあり方も再考を迫られるということなのである。

■引用・参考文献
赤杉康伸・土屋ゆき・筒井真樹子編著，2004，『同性パートナー』社会批評社．
有田啓子，2006，「Lesbian-motherの子育ては健全か：発達心理学分野の実証研究をめぐる議論」立命館大学大学院先端総合学術研究科『コア・エシックス』Vol.2.
有田啓子・藤井ひろみ・堀江有里，2006，「交渉・妥協・共存する『ニーズ』：同性間パートナーシップの法的保障に関する当事者のニーズから」日本女性学研究会編『女性学年報』27：4-28.
井上輝子・上野千鶴子・江原由美子・大澤真理・加納実紀代編，2002，『岩波女性学事典』岩波書店．
池田久美子・尾藤りつ子編著，2003，『女の子の性の本』解放出版社．
井上俊・上野千鶴子・大澤真幸・見田宗介・吉見俊哉編，1995，『岩波講座現代社会学11　ジェンダーの社会学』岩波書店．
井上俊・上野千鶴子・大澤真幸・見田宗介・吉見俊哉編，1996，『岩波講座現代社会学10　セクシュアリティの社会学』岩波書店．
井上輝子・上野千鶴子・江原由美子・天野正子・伊藤公雄・伊藤るり・大沢真理・加納実紀代編，2009，『新編日本のフェミニズム12　男性学』岩波書店．
NHK「ハートをつなごう」制作班，2010，『LGBT BOOK』太田出版．
NHK教育，2012，『ハートネットTV』「Our Voices『結婚』『パートナーのあり方』」（2012年12月11日）http://www.nhk.or.jp/heart-net/tv/summary/2012-12/11.html（2016.2.8閲覧）
LGBT支援法律家ネットワーク有志，2015，「同性婚と憲法24条の解釈に関する報道について【要請】」（2015年2月16日）http://www.2chopo.com/article/detail?id=1120（2016.2.8閲覧）
大山治彦，2010，「ジェンダー：J.マネー／P.タッカー『性の署名』」井上俊・伊藤公男編『社会学ベーシックス5　近代家族とジェンダー』世界思想社，157-165.
加藤秀一，2006，『知らないと恥ずかしいジェンダー入門』朝日新聞社．
共生ネット（"共生社会をつくる"セクシュアル・マイノリティ支援全国ネットワーク）編，2011，『親と教師のためのセクシュアル・マイノリティ入門ハンドブック』つなかんぱにー．

久保田裕之，2009，『他人と暮らす若者たち』集英社．
婚差会，2014，『非婚の親と婚外子：差別なき明日に向かって』青木書店．
塩野徳史・市川誠一・金子典代・コーナ＝ジェーン・新ヶ江章友・伊藤俊広，2010，「日本成人男性におけるMSM人口の推定とHIV/AIDSに関する意識調査」，『厚生労働省科学研究費補助金　エイズ対策研究　男性同性間のHIV感染対策とその評価』．
杉浦郁子・野宮亜紀・大江千束編著，2007，『パートナーシップ・生活と制度：結婚、事実婚、同性婚』緑風出版．
世界性の健康学会，2014，「性の権利宣言」（2014年3月）http://www.worldsexology.org/wp-content/uploads/2014/10/DSR-Japanese.pdf（2016.2.8閲覧）
セクシュアルマイノリティ教職員ネットワーク編著，2012，『セクシュアルマイノリティ』（第3版）明石書店．
鳥澤孝之，2013，「諸外国の同性婚制度等の動向：2010以降を中心に」国立国会図書館『調査と情報』798号：1-12．
永易至文，2012，『にじ色ライフプランニング入門』太郎二郎社エディタス．
野宮亜紀・針間克己・大島俊之・原科孝雄・虎井まさ衛・内島豊編著，2011，『性同一性障害って何？：一人一人の性のありようを大切にするために』緑風出版．
橋本秀雄，2004，『男でも女でもない性・完全版：インターセックス（半陰陽）を生きる』青弓社．
日高庸晴・木村博和・市川誠一，2007，『ゲイ・バイセクシュアル男性の健康レポート2』厚生労働科学研究費補助金エイズ対策事業．
メンズセンター編著，2000，『男の子の性の本』解放出版社．
善積京子，1997，『「近代家族」を超える：非法律婚カップルの声』青木書店．
善積京子編，2000，『結婚とパートナー関係：問い直される夫婦』ミネルヴァ書房．
「同性間暴力にDV法適用　事実上の婚姻認め保護命令」『日本経済新聞　電子版』．http://www.nikkei.com/article/DGXNASDG26039_R30C10A8CR0000/（2016.2.8閲覧）
Butler, J., 1990, *Gender Trouble: Feminism and the Subversion of Identity*, New York & London: Routledge.（竹村和子訳，1999，『ジェンダー・トラブル：フェミニズムとアイデンティティの攪乱』青土社．）
Collumbien, M., Busza, J., Cleland, J. & Campbell, O., 2012, *Social Science Methods for Research on Sexual and Reproductive Health*, World Health Organization.
Foucault, M., 1976, *L'histoire de la sexualité*, Editions Gallimard.（渡辺守章訳，1986，『性の歴史』第1巻，新潮社．）

Ingraham, C., 1996, "The Heterosexual Imaginary: Feminist sociology and Theories of gender", in Seidman, S. (ed.), *Queer Theory/Sociology*, Oxford: Blackwell, 168-193.

Married-Couple and Unmarried-Partner Households: 2000, Issued February 2003, Census 2000 special Reports. https://www.census.gov/prod/2003pubs/censr-5.pdf（2016.2.8 閲覧）

Millet, K., 1970, *Sexual Politics*, Doubleday（1977, Virago）.（藤枝澪子ほか訳, 1973, 『性の政治学』自由国民社.）

Money, J. & Tucker, P., 1975, *Sexual Signatures: On Being a Man or Woman Little*, Brown.（朝山新一訳, 1979, 『性の署名』人文書院.）

Nicolson, L., 1994, "Interpreting Gender", *Sign: Journal of Woman in Culture and Society*, vol.20, No.1, The University of Chicago.（荻野美穂訳「＜ジェンダー＞を解読する」『思想』853 号, 1995 年 7 月号, 岩波書店.）

Percin, Laurence de, 2001, *Le Pacs*, Editions de Vecchi S.A.-Paris（齊藤笑美子訳, 2004, 『パックス：新しいパートナーシップの形』緑風出版.）

Scott, J. W., 1988, *Gender and the Politics of History*, Columbia University Press.（荻野美穂訳, 1992, 『ジェンダーと歴史学』平凡社.）

Stoller, R. J., 1968, *Sex and Gender*, Science House.（桑畑勇吉訳, 1973, 『性と性別：男らしさと女らしさの発達について』岩崎学術出版社.）

Tuttle, L., 1986, *Encyclopedia of Feminism*, The Longman Group.（渡辺和子訳, 1991, 『フェミニズム事典』明石書店.）

Weeks, J., 1986, *Sexuality*, Tavistock Publications.（上野千鶴子訳, 1996, 『セクシュアリティ』河出書房新社.）

第10章

離婚、ひとり親とステップファミリー

　近年、日本の家族の動向を示すキーワードの1つに、家族の多様化がいわれている。多様な家族を形成する要因として注目されるのが、離婚・再婚の増加である。「家族」を研究の対象とするときには、もはや初婚継続を前提とした家族だけでなく、離婚・再婚を経た家族関係の変化をも視野におさめていく必要がある。

　しかし、少なくとも今のところ、離婚後の親と子が抱える問題への理解や支援は十分なものとはいえない。再婚後の家族については、当事者たちがどのような葛藤を抱えているのか、そしてなぜ困難を経験してしまうのかといった基本的な情報さえも、まだあまり知られていない。本章では、最近の離婚・再婚の動向を統計データから確認し、離婚・再婚後の家族のあり方を2つの家族モデルを用いながら解説する。その上で、現行法制度の問題点や求められる支援についても検討してみたい。

1．離婚・再婚後の家族を捉える視点 ──「代替家族」と「継続家族」

離婚・再婚すると「家族」はどうなるのか

　いわゆる初婚家族では、婚姻関係にある男女の間に子どもが産まれると、子どもの親権はこの両親が共同でもつことになる。たいていの場合、同居という居住形態をとり、経済的資源（家計）を同一にしながら、子どもに対する養教育の責任と役割を担う……。このような初婚の夫婦とその子どもからなる家族を「初婚の両親核家族」と呼ぶことにしよう。初婚の両親核家族の夫婦や親子は法的関係で結ばれ、親子は血縁があり、居住や家計、ケア役割

の共同性を基盤として生活している。では、この夫妻が離婚することになると「家族」はどのように変化するのだろう。

　たいていの場合、夫婦の離婚後は子どもを引き取った側の親と子のいるひとり親家族（one-parent family）と、離れて暮らす別居親に世帯は分離することになる。また、日本の現行法では離婚後は単独親権制をとっているから、未成年の子どもがいる場合は、夫妻のどちらかが子どもの監護権と財産管理権を合わせた親権をもつことになる。子どもの両親は親権をもつ同居親と、子に対する扶養義務はあるが親権のない別居親にわかれる。離婚後の家族では、居住や家計、法的関係の共同性が崩れることになる。そのとき、別居親と子どもとの関係（別居実親子関係）はどうなるのだろうか。子どもをケアする役割（親役割）は元配偶者同士が分担し遂行していくべきだろうか。

　離婚を経験した親のどちらかが、新たに別のパートナーと再婚することになれば、再婚後のステップファミリー（stepfamily）の世帯内には、血縁のない継親と継子の関係（同居継親子関係）や継きょうだい関係ができる。戸籍や姓名を同一にする法的親子となるために、継親子が養子縁組をする場合もある。となると、血縁はないけれども、居住を同じくし法的関係で結ばれた継親子は、「親子」として関係を結んでいくべきなのだろうか。そうなると、別居の実親子はもう「親子」や「家族」ではなくなるのだろうか。

　このようにして考えていくと、離婚・再婚は家族のかたちを変化させていくプロセスとみたほうがよさそうだ。離婚・再婚後の家族には、別居実親子や同居継親子など、初婚家族にはない関係がつくられていく。そこに継親の親族との関係も加わることもあり、初婚の両親核家族の範囲を超えて拡がる人々のつながりが含まれる。彼らにとっての「家族」の定義には、初婚の家族をベースとした居住形態（同別居）や、血縁、法的関係、そして役割関係といった要件をそのまま採用することはできない。従来とは異なるかたちで「家族」を再構成していかなくてはならないが、適当な家族モデルは用意されていない。離婚・再婚後の家族関係を捉えるためには、初婚の両親核家族に捉われない新たなパースペクティブが必要になる。

別居実親子の断絶と核家族の再現：「代替家族」モデル

ここでは、離婚・再婚後の家族を捉える視点として、「代替家族」と「継続家族」という2つの家族モデルを提示したい（菊地，2009a）。

「代替家族」モデルとは、離婚後のひとり親家族の親が新たなパートナーと再婚することによって、父親と母親の2人の両親がそろった核家族が再現されるという考えに基づいている。このような両親核家族が標準的な家族のかたちであるという考えを前提としているので、一方の親が欠けているひとり親家族は、社会から期待される再生産の家族機能に支障をきたすと考える。ひとり親家族が被る子どもの養育上の困難や負担は、その後の再婚によってふたり親家族が再現されると、緩和されるものとみなされる。なぜなら、離婚後に居住を異にすることになった別居親の代わりに、新たに世帯内に加入した継親が、子どもに対する親役割を果たすことになるからである。途中から子どもの成長にかかわる継親は自動的に、いなくなった別居親の代わりとして位置づけられることになる。

代替家族モデルの視点に立った離婚・再婚後の家族のあり方は、離婚の増加が顕在化し始めた頃、社会病理学の対象として取り上げられた離婚研究にも散見される。例えば大橋（1974）が、「父母のいずれか、もしくは両方を欠き、子どもが片親、もしくは親無しの状態におかれた家族のこと」を欠損家族と呼び、その発生事由の主な例として離婚をあげていたことからも読み取れる。当時、離婚は標準的な家族集団の「崩壊」「病理」の典型例とされ、子どもの社会化機能の不全を招くものと指摘されていた（磯村，1974）。再婚に関しては、むしろこうした欠損家族の機能不全を回復させる手段のように捉えられていることに注目したい。例えば心理相談員の袴田（1966）は、再婚後に継母子関係が形成される継母家庭などは、養父母家庭と同様に「欠損家庭の親の役割を補充する」準正常家庭であると紹介している。再婚後に新たに家族に加わる継親が、親役割を担うことで欠損家族の病理性を払しょくし、家族機能を正常化させることができると考えられていた。

その一方で、世帯から出て行った子どものもう1人の実親である別居親は、

もとからいなかったかのように家族境界から排除され、子どもとの関係は断絶されることになる。この別居実親子の交流断絶を当然視する考え方は、単独親権制を原則とする現行法制度による規定も見過ごせない。離婚後の子どもの親権は一方の親のみにあり、この親権をもつ親が実際の生活でも子の監護者責任を引き受けるかたちが多い。非親権親には面接交渉権が認められているが、民法上の明文を欠いてきたためその法的拘束力は弱いものであった。1960年の東京高等裁判所判決事例に「子供が成人して自ら条理を弁えるようになるまでは、（別居親は）陰からその健全な成長を祈っているべき……」とあるように、かつては別居親が離れて暮らす子どもとの交流継続を希望しても、実際に会いにいくことも難しく、別居親とその子どもは疎遠にならざるを得ない状況であったという（相原ほか, 1969）。1990年代半ばまでの判例にも、特に離婚時の夫婦間の葛藤が高い場合に、反目し合う両親の間を子どもが行き来することによって被る心理的負担や情緒不安定に配慮し、別居親からの面会交流の申し立てが却下されるケースが多かった（棚瀬, 2007）。

✜ 複数の親子を含む家族関係の再編成：「継続家族」モデル

これに対して「継続家族」モデルとは、離婚によって夫婦関係は終結しても、そして再婚によって新たなパートナーと夫婦関係を結んでも、親子関係は継続するとみる。代替家族モデルが「家族」の範囲を一対の夫婦と子どもからなる核家族に限定しようとするのに対し、継続家族モデルでは、居住を異にする別居親をも内包するかたちで、「家族」は柔軟に再編成されるものと考える。だから、離婚後も別居実親子は定期的に交流をもち、別居実親も子どもの成長と発達にかかわり続ける。元配偶者同士は、子どもの実親として、「共同養育」というペアレンティングスタイルで協力し合う関係を継続することになる。

離婚・再婚後の家族関係を分析する上で、この「継続家族」モデルの有効性は、アメリカの既存研究で支持されているものである（Wallerstein & Blakeslee, 1989＝1997；Ahrons, 2004＝2006）。特にアーロンズは、両親が離婚・

再婚した後も、別居する元夫婦が共同で子どもを育てるパートナーとして、子どもの成長にかかわり続ける協力的・友好的な関係を継続していた場合、子どもと別居親を断絶させないことによって、離婚がもたらす生活の劇的変化や喪失感を最小限にできるという。子どもが離婚を肯定的に受け入れるかどうかは、離婚後の元夫婦関係のあり方による。そして、2人の実親が暮らす家族の境界線は緩やかに設定され、この2つの世帯を子どもが行き来することにより、以前の家族関係が継続されていくこのような家族のことを「複核家族（bi-nuclear family）」と呼んでいる。再婚後のステップファミリーに新たに加わる継親は別居親の代わりとしてではない。「第三の親（additional parents）」「もうひとりの親（another parents）」として、継子の成長・発達にかかわっていくものと考えられている。複数の親が子どもの養教育の役割や責任を分担し合うというスタイルが、血縁や世帯を超えて創り出されることになる。

継続家族モデルの実践は欧米先進国における離婚後の家族やステップファミリーの典型ともいえるが、これを支えているのは共同親権制を原則とする法制度である。1980年に改正されたカリフォルニア州民法では、「両親が別居あるいは結婚を解消した後に未成年の子どもに、両親との頻繁かつ継続的な接触を保証するのが州の公共政策である」という条項が付加され、元夫婦による共同養育、共同監護という離婚後のペアレンティングスタイルが明示された。この民法改正は、離婚後も両親との継続的な交流が実現できるようにすることが子どもにとって最善の利益であるという理念に支えられている（棚瀬, 2007）。

次節から、この2つの家族モデルを用いながら、現代日本の離婚・再婚後の家族の現状を読み解いていくことにしよう。

2．離婚後の家族が抱える生活問題

統計データで確認する現代の離婚

図10-1は戦後から現在までの年間離婚件数と普通離婚率（人口1000人対）の年次推移を表したものである。戦後しばらくしてから1960年代半ばまでは離婚率は低下していた。日本が高度経済成長に入ったこの時期に、恋愛結婚した男女が性別役割分業に基づき子育てを行うという核家族が標準的な家族のスタイルとして拡がった。離婚を家族の崩壊や病理を招く要因とし、ひとり親家族を欠損家族とみる逸脱視観は、この時期に確立したとみられる。

1970年代に入ってからは年間の婚姻件数が減少傾向にあるのに対して、離婚件数は徐々に増え始め、1990年代に入ってからは加速的に増加傾向を

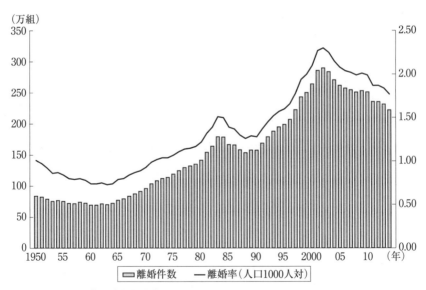

注：1950～1970年は沖縄県を含まない。

図10-1　離婚件数・離婚率の年次推移（1950～2014年）

出所：厚生労働省「人口動態統計」（平成26年度）より作成

たどっている。この時期の離婚の増加は女性の経済力の確保などが要因にあげられるが、離婚に対する寛容性が拡がっていったことも離婚の増加に拍車をかけた。内閣府が行った世論調査では、「結婚しても相手に満足できないときはいつでも離婚すればよい」という考え方に「賛成」「どちらかといえば賛成」する人の割合が、1997年には54.2％となり、90年代後半から過半数を超えている（内閣府，2009）。

　近年の離婚は、同居期間の比較的短い夫妻が多いということと、未成年子のいる世帯の増加をその特徴としてあげられる。2014年の総離婚件数は22万2107件だが、そのうち親権を行わなければならない20歳未満の未成年子がいる世帯は12万9626件であり、全体の58.4％にものぼる。未成年子のいる世帯の離婚が6割を占めるという傾向は、離婚件数が増加した最近でも変わっていない（図10-2）。結婚後数年で離婚に至る子育て世帯の夫妻が浮か

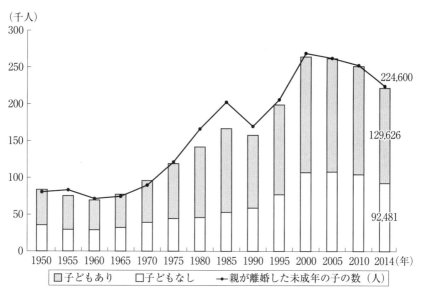

注：「親権を行わなければならない子」とは、20歳未満の未婚の子をいう。

図10-2　夫妻が親権を行わなければならない子の数別にみた年次別離婚件数
出所：厚生労働省「人口動態統計」（平成26年度）より作成

び上がってくる。平成23年度「全国母子世帯等調査」(以下、母子世帯等調査)によれば、ひとり親世帯になった理由は、母子世帯の9割が生別であり、離婚による生別は全体の8割となっている(以下、未婚の母、遺棄、行方不明と続く)。死別は7.5%と減少している。父子世帯も離婚による生別が7割を超えるが、死別は16.8%と母子世帯の倍以上となっている(厚生労働省,2007)。今やひとり親家族の大半が親の離婚後につくられることになる。

母子世帯の生活困難と子どもの貧困

先述のように、現在の民法では、夫婦が婚姻関係にある間は子の親権を共同して行うが、離婚後は夫婦間の協議を経た合意に基づき、父母のどちらかを子の親権者としなければならない(民法819条1項)。離婚後に親権を行わなければならない子がいる夫妻別に、子どもの親権を行う割合を年次推移でみると、戦後は夫すなわち父が子どもの親権をもつ割合のほうが大きかったが、1965年を境に妻すなわち母が親権者となる割合が増えてくる。2000年以降は妻(母)が親権者となる割合が8割以上を推移し、2014年には離婚件数12万9626件のうち妻が親権者となるのは10万9008件(84.1%)、夫が親権者となるのは1万5805件(12.2%)となっている(図10-3)。

そのため、離婚後のひとり親家族の生活問題と対策は、母子世帯を中心に議論が進められてきた。母子世帯調査ではひとり親家族の親本人が困っていることをたずねているが、母子世帯と父子世帯ともに「家計」をあげる割合が高い(母子世帯の母45.8%、父子世帯の父36.5%)。中でも母子世帯の母親はそれに次いで「仕事」(19.1%)、「住居」(13.4%)となっており、経済収入や就労環境、生活基盤の立て直しに悩みを抱えている。

母子世帯の母親は就労率が高いが、常用雇用者は39.4%に対し臨時・パートなどの不安定な雇用形態につく者が47.4%と多い。2010年の平均年間収入は、母子世帯の平均世帯人員3.42人に対し223万円であり、そのうちの就労収入は181万円である。雇用形態別の年間就労収入では、常用雇用者は270万円なのに対し、臨時・パートの母親は125万円となっている。一方、

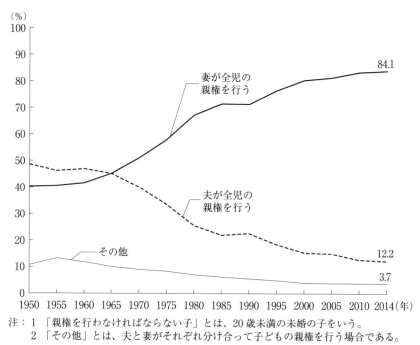

注： 1 「親権を行わなければならない子」とは、20歳未満の未婚の子をいう。
　　 2 「その他」とは、夫と妻がそれぞれ分け合って子どもの親権を行う場合である。

図 10 - 3　離婚後の夫婦別にみた子どもの親権を行う割合の年次推移
出所：厚生労働省「人口動態統計」（平成26年度）より作成

　父子世帯の場合は、平均世帯人員3.77人に対して380万円であり母子世帯とは大きな差がある。また、「国民生活基礎調査」に基づく2012年の全世帯平均収入は537.2万円であるから、母子世帯の収入はその4割程度ということになる。20歳未満の子どものいる世帯を家族構成別に相対的貧困率を算出した阿部は、ひとり親家族の特に母子世帯の貧困率が66％にものぼることを明らかにした（阿部, 2008：57）。両親と子のみの世帯や三世代世帯がいずれも11％であるのと比べると際立って高い。同じひとり親家族である父子世帯も19％と高い数値が出ている。母子世帯等調査では、子どものことで抱えている悩みが母子世帯・父子世帯ともに「教育・進学」や「しつけ」といった育児期の養教育に関することで7〜8割が占められる。日本家族社

会学会が行った全国家族調査のデータを用いて、家族の趨勢的変化を分析した稲葉によれば、「初婚継続者」と比べると「離死別無配偶者」や「再婚者」のいる世帯で育つ子どもの大学進学率や親子の関係良好度が低いことが確認されている（稲葉，2011：49）。経済的に困難なひとり親家族の生活環境は、そこに育つ子どもたちの教育達成の障害へと繰り越されていくことがわかる。

ひとり親家族への支援政策

ひとり親家族の収入源には、就労収入だけでなく、児童扶養手当等の社会保障給付や別居親からの養育費も含まれる。児童扶養手当受給者数は離婚の増加に伴い100万人を超え、平成26年度の厚生統計要覧によれば、2013年には107万3790人となった。膨らむ財源を抑制する対策として、経済的困難を抱える母子世帯を支援する政策の方針は、手当の給付から就業促進による自立支援へと転換された。2003年に一部改正された母子および寡婦福祉法および、同年施行された母子家庭等の母への就業支援に関する特別措置法を契機に、児童扶養手当は所得に応じて減額されることになった。全部支給の所得限度額は、母親とその子どもが1人の世帯の場合で、改正前の年収204.8万円から130万円に大きく引き下げられたのである。

代わりに、母子家庭等就業支援・自立支援センターによる就業セミナーや就業支援講習会等の開催、キャリア・アップのための助成、母子世帯の生活問題全般に対する相談・情報提供業務を行う母子自立支援員配置の拡大、就業環境を整えるための保育所への優先的入所などが、就業支援政策として整備された。しかし、すでに高い就業率にある母子世帯の母親たちが子どもを抱えながらでは利用しにくい事業であったり、自治体によって実施状況にばらつきがあったりするなど、事業のあり方そのものに課題も残されている（森田，2008）。

母子世帯は離婚後の経済的困難が顕在化しやすいが、父子世帯の父親も母子世帯よりは世帯収入があるとはいえ、離婚後に家事・子育てとの両立困難から仕事や働き方を変更するなどして、実質的に収入減を経験する父親も少

なくない。全世帯の世帯収入からすれば、父子世帯の収入額は7割にとどまっている。2011年からは児童扶養手当法の一部改正により、児童扶養手当の支給対象が父子世帯へも拡大されることになった。

　父子世帯の父親は、性別役割分業システムにおいては女性が担うものとされる、家事や子育ての役割遂行に悩みを抱えている。それは単なる技術的な得手不得手の問題だけではない。母性神話に基づく子どもに対する母親の能力を神聖化する考えが、父子世帯の父親を「親」としての無力感に陥らせる（春日，1989）。加えて、母子世帯等調査からも、父子世帯の父親には悩みを抱えたときに相談できる相手が、母子世帯の母親に比べて少ないことが示されている。サポートネットワークの乏しさから孤立感を抱える父子世帯の父親も少なくない。

3. 離婚後の「継続家族」モデルの台頭

別居親による養育費支払い

　母子世帯に対する就業支援と同時に、先の法改正では、別居親からの養育費の確保を強化することによる私的給付への比重が強められた。というのも、離婚後に経済的困難に陥りやすい大半の母子世帯にとって、養育費は重要な経済的資源になるものだが、その受給率は低いのが現状だ。母子世帯等調査から養育費の受給状況についてみてみると、養育費を「現在も受けている」と回答した母親は19.7％であり、反対に「養育費を受けたことがない」との回答は60.7％となっている。母子世帯になってから年数が経つほど、養育費を「現在も受けている」世帯の割合は低くなる。0〜2年には26.8％の世帯が養育費を「現在も受けている」が、4年目以降になると15.6％までに下がる。養育費を受けているまたは受けたことがある世帯のうち額が決まっている世帯の平均月額は4万3482円となっている。

　養育費受給率の低さは、そもそも離婚時に養育費の額や頻度、支払い方法についての取り決めがなされていないことにある。取り決めをしているケー

スは37.7%と低い。取り決めをしていない理由は、「自分の収入で経済的に問題がない」と回答したのは2.1%である。取り決めをしない他の理由には、「相手に支払う意思や能力がない」が48.6%、「相手とかかわりたくない」が23.1%、「取り決めの交渉をしたが、まとまらなかった」8.0%、「取り決めの交渉がわずらわしい」4.6%などである。

　日本の離婚制度には、協議離婚、調停離婚、審判離婚、裁判離婚がある。2014年でみると、離婚件数22万2107件のうち19万4161件（87.4%）が協議離婚で、調停離婚は2万1855件（9.8%）である。協議離婚は夫婦の協議・話し合いの上、双方で合意できれば離婚届を役所に提出し離婚が成立する（民法763条）。夫婦間で離婚に合意が得られない場合に、家庭裁判所に調停を申し立てる調停離婚を手続し、家事審判官や調停委員の仲裁のもと、離婚への合意や親権者の決定や子どもとの面接交渉、養育費の支払いなどの取り決めについても調整する。しかし、離婚件数の大半を占める協議離婚のケースでは、これらの離婚後の取り決めに第三者が介入することなく、当事者間の意思決定にゆだねられる。取り決めがなく別居親が不払いであっても、強制的に徴収したり罰則を加えたりする制度があるわけではない。

　養育費受給率の低さは、不払いに実質的な罰則がない制度の不備のほかに、当事者や社会の中で養育費に対する規範がつくられていないためである。下夷（2008）は、インタビュー調査から養育費を請求し受け取る側の母子世帯の母親たちの中でも、養育費に対してもつ認識が異なることを明らかにしている。養育費は「母子の生活費」と捉え離婚後の経済状況しだいで対応を決めるケースや、養育費の支払いがあるかどうかを「夫や妻の評価の指標」とするケース、養育費の支払いがあると「自分と夫とのかかわり」を継続せざるを得ないとして拒否するケースなどである。いずれのケースにおいても、養育費を受けることがそもそも子どもの権利であるとか、別居親の扶養義務の履行であるという認識が当事者の間で広がっていないと指摘する。

■ 別居親と子どもの面会・交流

　一方で、離婚後の別居親とその子どもの交流や接触が増加していることを示すデータもある。離婚経験者を会員にもつハンド・イン・ハンドの会会員153名を対象とした「別れた親と子が会うことについて」というアンケート調査では、離婚後の別居親や子どもに会っているケースは、母子家庭で29％、父子家庭では15％であった（円編著, 1985）。また、協議離婚者1885名を対象に別居実親子の交流の実態についてたずねた調査では、親権者が母親の場合は37.4％、父親の場合は33.4％が、その子どもと別居親に直接的接触があると回答している。さらに「全く会わないが手紙や電話で交流有り」を合わせると、親権者が母親の場合45.7％、父親の場合が38.9％となり、離婚後も何らかの関係を持ち続けている別居親子は4割程度いることになる（厚生省大臣官房統計情報部編, 1999）。

　離婚後に離れて暮らす子どもと接触を持ち続けることへのニーズも少なくない。上述の厚生省の調査で離婚により生じた悩みのトップにあがっているのは、男女とも「子どもの悩み」（約70％）であり、そのうち「別れた配偶者との面接のこと」が男女ともに27％を占める（厚生省大臣官房統計情報部編, 1999）。2000年にはインターネット上に「ファーザーズ・ウェブサイト」（http://www.fatherswebsite.com）が立ち上げられ、離婚後に子どもと離れて暮らす父親たちが面接交渉や共同監護を行う権利を確保しようとする動きもある。

　離婚後の別居実親子の交流継続については、当事者だけでなく非当事者の間でも肯定的意見が高まってきている。1988年の総理府が行った調査とJGSS-2006の結果を比較すると、「離婚後も離れて暮らす実親と子が交流を続けた方がよいか」という質問に対する肯定意見が、20年で4割から7割へと増加していることが確認された（菊地, 2008）。複数の民間団体による離婚後に離れて暮らす親子の面会交流をサポートする仲介サービス活動も存在する（FLC安心とつながりのコミュニティづくりネットワーク, 2006など）。これら民間による活動と、ファミリー・サポート・センターなどの行政機関や家庭

裁判所がともに連携しながら、別居親子の面会交流支援を展開させていく必要性が提言されている（棚村ほか，2011）。

2011年には民法766条が一部改正され、離婚後の子の監護に関する事項として、別居親子の面会交流が明文化されることとなった（2012年4月より施行）。この改正がどのような効果をもたらすのかについては今後の考察を待たなくてはならないが、養育費確保の議論とあわせて、離婚後の家族にとって別居親の存在感が高まってきている。別居親による扶養義務の履行としての養育費支払いや子どもとの面会交流に対する規範や制度の確立などの課題はあるが、離婚後の家族においては徐々に「継続家族」モデルを実践する下地が整えられつつあるといえるだろう。

4．増える再婚とステップファミリー

ステップファミリーとは

ステップファミリーとは、「夫婦の一方、あるいは双方が、前の結婚でできた子どもを連れて再婚してできた家族」のことをいう（Visher & Visher, 1991＝2001）。つまり、血縁関係のない親子（継親子関係）が必ず1組以上含まれる。図10-4は初婚と再婚の件数とその割合の推移を表したものである。2014年には婚姻件数64万3749件に対し再婚件数は16万9977件であり、4件に1件が再婚ということになる。再婚の割合は26.4％であり、そのうち夫初婚－妻再婚が7.1％、夫再婚－妻初婚が9.8％、夫妻ともに再婚が9.5％となっている。再婚世帯の中にステップファミリーがどのくらい含まれているのかはわからないが、未成年子のいる世帯の離婚増を考えると、ステップファミリーも増加傾向にあると推測できる。

同居している家族構成だけを取り上げれば、2人の親がそろった初婚の両親核家族と同じようにみえるが、ステップファミリーには固有の家族構造がある。実親子は、死別や離別により以前の家族を喪失する経験をしており、その後のひとり親家族の期間には祖父母が子どもの養教育にかかわることも

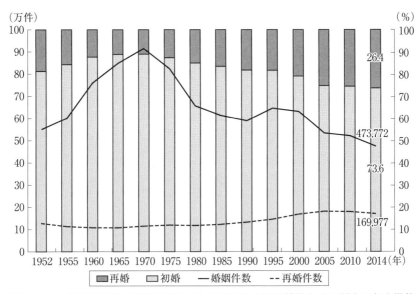

図 10 - 4　夫妻の初婚−再婚の組み合わせ別にみた婚姻件数とその割合の年次推移
出所：厚生労働省「人口動態統計」（平成 26 年度）より作成

多い。そして、再婚により再び転居や転校を伴う生活環境の変化を経験する。以前の家族の喪失経験を共有する実親子の関係は、夫婦関係よりも歴史は長く深い絆で結ばれている。世帯の外にいる別居親やきょうだいとは、面会交流することによって何らかの関係を保ち続けることになる。面会交流がない場合や死別の場合でも、その存在は思い出や心の中にとどめられ心理的に存在し続ける。そこに後から加わる継親が、親密な夫婦関係や継親子関係を築く難しさを経験しやすい。

　ステップファミリーの家族メンバーは異なる複数の家族経験をもっている。そしてその家族形成のプロセスには、以前の家族での経験や関係が多かれ少なかれ影響を及ぼしていく。にもかかわらず世帯外に拡がる以前の家族関係を無視して、核家族単位の閉じた関係の中で初婚の両親核家族を再現しようとすると、メンバー間で誰が自分の「家族」なのかという家族の境界線にズレが生じ、誰が自分の「親」なのか、自分はいったい何者なのかと役割関係

やアイデンティティをめぐって対立し、大きな葛藤が生み出される。

継親役割と継親子関係形成の難しさ

　ステップファミリーがこのような困難や葛藤を経験しやすいのは、その固有の家族構造を踏まえた家族形成のモデルが社会に欠如しているからだと説明されている。チャーリン（Cherlin, 1978）が提唱した、「不完全な制度（incomplete institution）」仮説である。法制度や規範が欠如しているため、継親の適切な呼称や役割遂行のガイドラインがなく、日常生活に起こる問題を自分で解決しなくてはならない曖昧な状況に置かれている。そのため、社会の中で標準的かつ理想とされている、初婚の両親核家族をモデルとすればうまくいくという非現実的な期待を抱いてしまう（Visher & Visher, 1991=2001）。

　継親の中でも継父よりも継母のほうが役割遂行や継子との関係形成にストレスを抱えやすいというジェンダー差は、豊富なステップファミリー研究の蓄積があるアメリカで多くの研究者によって指摘されている（Nielsen, 1999）。継母は世帯管理や家事、子育ての責任など、伝統的な母親役割を期待されやすい。これは、母親のような愛情と親密さをもって継子と接してほしいという周囲からの期待となって現れる（Levin, 1997）。継子に愛情をもって接する母親としての役割期待を強調した母性神話と、おとぎ話としても広く伝搬された「意地悪なまま母」神話という、相反する2つのステレオタイプの間で継母の役割アイデンティティは大きくゆさぶられる（Coleman, et al., 2008）。

家族文化の衝突：継子のしつけ直し

　これまでの日本のステップファミリーに対する調査からも同様の結果が得られている（菊地, 2005；2009b；野沢, 2008）。継母は夫や継子の祖父母から強く「母親代わり」を求められる。継母が実母の代役となることを当然視する場合には、離婚後に実母との交流が継続していたとしても再婚時に交流が断絶されたり、家族の中で実母（別居親）の話題がタブー視される。継母自身も周囲からの役割期待を受容し継子の良い「母親」になろうとする。そのた

め、仕事を辞めて家事や子育てに専念する性別役割分業スタイルを選び、実父である夫よりも継子育てにかかわるようになる。ところが、継子のしつけ・教育を通じて継母と継子は衝突する。

　継母と出会うまでにある程度成長している継子は、以前の家族生活の中ですでに生活習慣のルールを身につけている。挨拶のしかたや食事の作法といった日常的な習慣は、日々の生活の中で知らず知らずのうちに身につけている個々の家族文化の表れである。ステップファミリーとなるまでに異なる家族経験を経ているメンバーの間で、再婚後しばらくして個々の家族文化の衝突が継子のしつけ直しという場面で噴出し始める。例えば、継母にはだらしないと思える継子の食事作法をしつけ直そうとするが、継子にとってみればそれまで許されていたことを禁じられることになり、継母への反抗・反発心を募らせる。そのような継子のふるまいは、継母の「母親」アイデンティティを傷つけ混乱させてしまう。

◆ 再婚後のステップファミリーにおける根強い「代替家族」モデル

　継母が役割遂行や継母子関係形成にストレスを抱えてしまうのは、継母を不在の実母の代役とみなし、初婚の両親核家族を再現しようとするからである。子どもにとって親は父母1人ずつという一対性親子の規範が、継母を母親役割へと縛りつけ実母を家族境界の内側から排除させる。継母は「どちらが良い母親か」をめぐって実母と争わなくてはならないし、継母の「母親」のようなふるまいは実母の喪失感を抱える継子には受け入れがたい。「代替家族」モデルに立って初婚の両親核家族を再現しようとする（継）親に対し、継子は家族の境界線の内側から実母を排除しないかたちで家族形成する「継続家族」モデルの実践を望んでいるかもしれない。

　一方で、初婚の両親核家族に依拠せず、継母が「母親以外の存在」として継子との関係を形成するという戦略もある。実母との面会交流を継続しているケースや、実母の存在を継子とオープンに語り合うケース、思春期から成人期へと継子が成長し自立していく中で脱「母親」アイデンティティを獲得

するケースなどからは、継続家族モデルの実践例もみられている（野沢・菊地，2010；菊地，2009b）。

多様な家族とみなされやすいステップファミリーも、その家族形成の内実からは初婚と同じような家族を再現しようとする「代替家族」モデルの根強さが浮かび上がる。しかし、新しく家族に加入する継親が継子の「親」代わりになろうとして、夫婦間・継親子間に葛藤が生じることが多い。特に母親役割の遂行を期待される継母のストレス源となっている。

単独親権制の原則のもと、別居親の面接交渉権や養育費支払いの法的拘束力が弱いため離婚後の別居実親子関係が弱まるのに対し、現行法制度は親権をもつ親の再婚相手である継親と継子間の養子縁組を容易にする側面があり、「代替家族」モデルを再現しやすい状況に寄与するものである。しかし、「代替家族」モデルを前提とする法制度下でも、離婚後の家族やステップファミリーの中で「継続家族」モデルの実践を模索する当事者もいる。この２つのモデルの混在がもたらす混乱と苦痛を緩和するための支援政策や支援サービスの検討が求められるだろう。

■引用・参考文献
相原尚夫・加塩千里・星野真弓・大須賀朝子，1969，「面接交渉の実態調査」『調研紀要』23号：15-35.
阿部彩，2008，『子どもの貧困：日本の不公平を考える』岩波新書.
稲葉昭英，2011，「NFRJ98/03/08から見た日本の家族の現状と変化」『家族社会学研究』23(1)号：43-52.
磯村英一，1974，「家族崩壊」青山道夫編『講座家族７　家族問題と社会保障』弘文堂，146-158.
FLC安心とつながりのコミュニティづくりネットワーク，2006，『Vi-Project：子どものための面会交流サポートプロジェクト』FLC安心とつながりのコミュニティづくりネットワーク.
大橋薫，1974，「欠損家族」青山道夫編『講座家族７　家族問題と社会保障』弘文堂，159-172.
春日キスヨ，1989，『父子家庭を生きる』勁草書房.

菊地真理，2005，「継母になるという経験：結婚への期待と現実のギャップ」『家族研究年報』30号：49-63.
菊地真理，2008，「離婚後の別居親子の接触の賛否を規定する要因－JGSS－2006を用いた分析」『日本版General Social Surveys報告論文集[7]：JGSSで見た日本人の意識と行動』93-105.
菊地真理，2009a，「再婚後の家族関係」野々山久也編著『論点ハンドブック家族社会学』世界思想社，277-280.
菊地真理，2009b，『ステップファミリーにおける家族関係の形成と対処支援の研究：継母のストレス対処過程のメカニズム』奈良女子大学大学院人間文化研究科博士論文.
厚生省大臣官房統計情報部編，1999，『人口動態社会経済面調査報告：離婚家庭の子ども』（平成9年度）厚生統計協会.
厚生労働省，2012，『全国母子世帯等調査』（平成23年度）http://www.mhlw.go.jp/seisakunitsuite/bunya/kodomo/kodomo_kosodate/boshi-katei/boshi-setai_h23/（2015.12.1閲覧）
下夷美幸，2008，『養育費政策にみる国家と家族：母子世帯の社会学』勁草書房.
棚瀬一代，2007，『離婚と子ども：心理臨床家の視点から』創元社.
棚村政行ほか，2011，『親子の面会交流を実現するための制度等に関する調査研究報告書』http://www.moj.go.jp/content/000076561.pdf（2011.9.29閲覧）
袴田正巳，1966，「欠損・継母家庭における親子の役割：楽しい家庭を築くために」『児童心理』20(11)：183.
内閣府，2009，『男女共同参画社会に関する世論調査』内閣府大臣官房政府広報室.
野沢慎司，2008，「インターネットは家族に何をもたらすのか：ステップファミリーにおける役割ストレーンとサポート・ネットワーク」宮田加久子・野沢慎司編著『オンライン化する日常生活：サポートはどう変わるのか』文化書房博文社，79-116.
野沢慎司・菊地真理，2010，「ステップファミリーにおける家族関係の長期的変化：再インタビュー調査からの知見」『明治学院大学社会学部付属研究所年報』40号：153-164.
円より子編著，1985，『＜離婚の子供＞レポート』フジタ.
森田明美，2008，「日本のシングルマザー政策」杉本貴代栄・森田明美編著『シングルマザーの暮らしと福祉政策：日本・アメリカ・デンマーク・韓国の比較調査』ミネルヴァ書房.
Ahrons, C., 2004, *We're Still Family: What Grown Children Have to Say about Their Parents' Divorce*, Harper.（寺西のぶ子監訳，2006，『離婚は家族を壊すか：20年後の子どもたちの証言』バベル・プレス.）

Cherlin, A., 1978, Remarriage as an Incomplete Institution, *American Journal of Sociology*, 84(3): 634-50.

Coleman, M., Troilo, J. & Jamison, T., 2008, The Diversity of Stepmothers: The Influences of Stigma, Gender, and Context on Stepmother Identities, Jan Pryor(ed.), *The International Handbook of Stepfamilies: Policy and Practice in Legal, Research, and Clinical Environments*, Wiley, 369-393.

Levin, I., 1997, The Stepparent Role from a Gender Perspective, *Marriage and Family Review*, 26(1/2): 177-190.

Nielsen, L., 1999, Stepmothers: Why So Much Stress?: A Review of the Research, *Journal of Divorce & Remarriage*, 30(1/2): 115-148.

Visher, E. B. & Visher, J. S., 1991, *How to Win as a Stepfamily*, (2nd ed.), Brunner/Mazal. (春名ひろこ監修・高橋明子訳, 2001, 『ステップファミリー:幸せな再婚家族になるために』WAVE出版.)

Wallerstein, J. S. & Blakeslee, S., 1989, *Second Chance: Men, Woman & Children, a Decade after Divorce*, Tucknor & Fields. (高橋早苗訳, 1997, 『セカンドチャンス:離婚後の人生』草思社.)

第11章

家族と暴力

1．家庭内暴力を捉える視点

2014年に全国の児童相談所が対応した児童虐待の相談対応件数は8万8931件であった。これは1990年に統計を取り始めてから過去最高の数値であり、昨年よりも1万5000件以上増加している。また、同じく2014年の全国の配偶者暴力相談支援センターにおけるドメスティック・バイオレンスの相談件数は10万2963件であり、これも年々増加している。これら相談対応件数の増加から、私たちは何を読み取ることができるだろうか。昔と比べて、

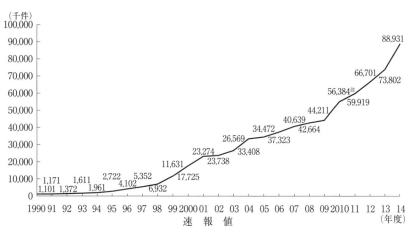

注：2010年度は、東日本大震災の影響により、福島県を除いて集計した数値
図11-1　児童相談所における児童虐待相談対応件数
出所：厚生労働省（2015）を一部修正

家庭の中に暴力が増えたのだろうか。

　確かに、20年ほど前の日本社会では、児童虐待やドメスティック・バイオレンスという言葉はほとんど聞くことがなかったし、それらによる殺人事件がメディアを騒がせることもなかった。現在、日本では、児童虐待、ドメスティック・バイオレンス、高齢者虐待の被害者を保護するための法律が制定されている。しかし、だからといってかつては暴力や虐待が家庭内になかったということでは必ずしもないだろう。家庭内の暴力／虐待という問題について、私たちはどのように考えることができるだろうか。

■ 家庭内暴力とは

　1980年代、日本社会で「家庭内暴力」という言葉が流行した。その内容は、思春期／青年期の子どもが家庭内で親に対して暴力をふるうというものであった。それまで日本では家庭内での暴力はないと考えられていた。では、児童虐待やドメスティック・バイオレンスはその当時はなかったのかといえば、決してそうではない。今ならば児童虐待等といわれるような行為が家庭内で行われていたが、その当時の日本社会はそれを名づける言葉をもっていなかった。あるいは、その行為を暴力であると多くの人々は認知していなかった。後述するように、児童虐待等が社会問題として広く顕在化・認知されるようになったのは1990年代になってからのことである。

　「家庭内暴力（family violence）」はその名の通り、家庭内における家族成員間の暴力を指す言葉である。家族成員は多様であるため、親から子へ、子から親へ、きょうだいの間で、夫婦の間で、家庭内の高齢者に対して、他の親族に対して、等々、その暴力の種類もまた多様である。注意しなければならないのは、家庭内暴力とは必ずしも「家庭内」だけで起きる事象ではない。「家族」に限らない親しい（親しかった）間柄ということを考えれば、結婚をしていない関係やかつて結婚をしていた関係、同性パートナー関係等も含まれることも念頭に置く必要がある。

　家庭内の暴力はじつに多様であるが、いずれにおいてもその問題の根幹に

あるものは変わらない。しかし、それぞれの暴力にはそれぞれの特徴やそれぞれの要因があり、それを捉える視点を個別具体的にもつ必要がある。そのため、児童虐待、ドメスティック・バイオレンス、高齢者虐待等とそれぞれの暴力は独自に扱われ、また、それぞれに調査・研究されてきた。

また、家庭内の暴力は、個別具体的な問題として捉えると同時に、その関連性についてもおさえておく必要がある。例えば、ドメスティック・バイオレンスと児童虐待の関連性や、高齢者虐待とドメスティック・バイオレンスの関連性等である。暴力の問題は構造上、当事者を加害者と被害者とにわけやすい（そして、私たちはそのほうが理解しやすくまた解決しやすいと考える）のだが、問題は一面的ではない。児童虐待の加害者がドメスティック・バイオレンスの被害者であることもあれば、ドメスティック・バイオレンスの加害者だった人が高齢者虐待の被害者となることもある。

これらのこともふまえるとするならば、家族の中の暴力をどう捉えるかという視点は欠かすことはできないであろう。

暴力と虐待

児童虐待やドメスティック・バイオレンスという問題はそれまでも家庭内で存在していたにもかかわらず、近年まではほとんど問題とされてこなかった。それまで家庭内暴力だと思われてこなかった家庭内での行為が、そのような行為であると社会的に認知されるようになったのは、社会における人権概念の発達によるところが大きい。家庭内での暴力は、しばしば、子どもや女性や高齢者の人権を侵害する行為であると説明される。

家族を構成するメンバーは、その年齢や性別や力の強さなどいずれをとっても非対称な関係にある。非対称な関係性ではあるが、その関係性における個人はそれぞれ権利をもっている。家族は非対称であるがゆえに権利が衝突しやすい場でもある。だが、家族という私的領域は不可侵の場所であった。家庭内での人々の関係性のもち方はすべてその家族の中で統治され第三者による介入がなされることはなかった。家庭内で権利の衝突が発生しても、強

い立場にある者が弱い立場にある者を封じ込めていた。非対称な関係性だからこそ、そこに家庭内暴力が発生する危険性が多分に含まれる。このような、第三者による介入がしづらい家族という場に、子どもや女性の権利を尊重するという視点を導入することによって、その権利が侵害されている（家庭内で暴力が発生している）ということを可視化させることができたのである。

　ところで、暴力と虐待に違いはあるのだろうか。暴力も虐待も他者に対する力の行使や攻撃性を示す用語である。家庭内の暴力や虐待は、それを定義するために、力の行使をいくつかに分類している。それをみると、虐待にあり暴力にない力の行使は「ネグレクト（neglect）」であるということがわかる。これはケアをする／されるという関係性における、ケアをする側からの力の行使であり、ケアの拒否、ということができる。児童虐待や高齢者虐待は、ケアをされる側が他者からのケアによって生存が保障されている状況における、保護されるべき対象者に対しての力の行使、といえるだろう。

　一方、暴力の場合は、夫婦間（配偶者間）暴力、青年期の子どもから親への暴力、きょうだい間暴力というように使用される。これらの関係性は、虐待のように、保護されるべき対象者への力の行使とはみなされない。実際の関係は非対称であるにもかかわらず（場合によっては対等であるともみなされ）、保護する／されるという関係性としては捉えられがたい。だが家族とは、先に述べたように、非対称な関係の集合体である。非対称な関係であるがゆえに、力関係の強弱がつけられ、他者の権利が侵害されたり抑圧されたりする。

　このように考えると、使用される状況により暴力と虐待とが区別されているようであるが、どちらも非対称な関係性ゆえの力の行使と捉えることができるだろう。

✚ 暴力の現れるかたち

　家庭内暴力は、その行為内容から、論者によって多少の違いもみられるが、およそ表11-1、表11-2のような類型にわけられる。児童虐待とドメスティック・バイオレンスのそれぞれは次の通りである。

表 11-1　児童虐待における虐待の種類

虐待の種類	内容
身体的暴力	殴る、蹴る、平手で叩く、首を絞める、押しつける、物を投げつける、凶器を使う、火傷をさせる、激しくゆする
心理的暴力	ののしる、欠点をあげつらう、どなる、イヤミをいう、無視する、物にあたる、大事にしている物を壊す、きょうだい間の差別、他の家族への暴力の目撃
性的暴力	セックスを強要する、性器や性行為をみせる、ポルノグラフィの被写体を強要する
ネグレクト	必要なケアをしない（食事を与えない、衣服が汚れたまま、風呂に入れない等）、家に閉じ込める、必要な医療を受けさせない、遺棄する

表 11-2　ドメスティック・バイオレンスにおける暴力の種類

暴力の種類	内容
身体的暴力	殴る、蹴る、平手で叩く、首を絞める、押しつける、物を投げつける、凶器を使う
心理的暴力	汚い言葉を使う、ばかにする、欠点をあげつらう、どなる、イヤミをいう、無視する、物にあたる、大事にしている物を壊す、友だちの前で侮辱する
性的暴力	セックスを強要する、力づくでセックスをする（レイプする）、避妊に協力しない、中絶を強要する
社会的暴力	友人や家族に連絡させない・会わせない、手紙を勝手に読む、メールや電話の履歴をチェックする、スケジュールを管理する（報告させる）
経済的暴力	稼いだお金を奪う、生活費を出さない、借金をさせる、借金を返さない、資産を奪う

このように、暴力／虐待の現れるかたちは多様である。また、家庭内暴力はこのうちどれか1つだけが行われるということはほとんどなく、それぞれが複合的に行われる。私たちは「他者から暴力をふるわれた」という言葉を聞いたとき、どのような状態を想像するだろうか。おそらく、殴られたり蹴られたりという、身体に何らかの危害を加えられている状態を想像するだろう。しかし、暴力とは身体に対する危害だけではない。暴力とは誰かの権利を侵害する行為である。それは、その人が自由に行動することを制限し、その人の一切をコントロールすることでもある。家庭内暴力を説明する際に暴力を類型化するのは、暴力とは単に身体に対する危害のみではないこと、他者の権利を侵害するあらゆる行為がそこには含まれることを現すためである

が、その根幹にあるのは、権利の侵害と行動の制限・コントロールである。

✚ 家族ゆえの暴力

　ところで、家庭内暴力の中でもドメスティック・バイオレンスという問題は、ジェンダーの概念や男女の関係の中に性暴力という視点を取り入れることによって、可視化することができたという経緯をもっている。男性と女性を、強者と弱者という支配／被支配の関係で捉えることにより、ドメスティック・バイオレンスは個人的な問題ではなく社会的な問題であるという認識を社会にもたらした。しかし、ドメスティック・バイオレンスの加害者／被害者は必ずしも男性／女性に限らないこと（女性が暴力をふるう場合もあることや同性パートナー間でふるわれるものでもあること）を考えれば、また、家庭内のあらゆる暴力を考えてみれば、それは必ずしも男性／女性＝支配／被支配の関係のみでは語れないことがわかる。

　家族は、ジェンダーや、ジェンダーによって意味づけられたセクシュアリティや、愛情表現のためのケア行為の役割化や、自己と他者の承認や、そうしたものが複雑に内面化され維持されている。それらが複数の文脈に関連づけられることで、家族の中の関係性は非対称となり、権力的な強者と弱者とが存在することとなる。一般的に家庭内で男性が暴力をふるう側になりやすく、女性が暴力をふるわれる側になりやすいのは、ジェンダーに基づく男女の構造的な力（物理的な力だけに限らない、社会的・経済的な力を含む）の差が、家族成員の役割に影響を及ぼし、それが家庭内の非対称性へとつながっていることによる。

　また、家庭内の暴力は、そこに暴力が発生していることが第三者にもみえにくく、また当事者同士も認めにくいという特徴をもつ。それは、家族は愛情（暴力とは無縁のもの）によってかたちづくられているものであるという、一般的な家族の捉え方が暴力を見えにくくしているだけではなく、家庭が私的領域であるということにも関連している。

　家庭という私的領域は、法という国家の権力から自由を保障されている領

域であり、その内部で発生することについては、社会からは一切の統制を受けない。家庭内暴力に関する法律が制定されるまで、家庭という私的な領域で暴力行為が発生しても、そこは自治空間であり、さらにこの自治空間は国家による介入がなされることのない保護された空間であった。しかし、国家による介入のない自治空間であることと、平等な空間であるということとは一致していない。そこに不平等な関係が存在していても、殺人や死に至るような虐待がない限りは、国家による介入がなされることはない。法による規制がない空間であるということは、他者による介入も許されない空間であり、それゆえ、親密な関係性の中に暴力が存在しても、第三者には見つけにくくかつ介入もしにくいのである。

家庭内暴力の被害者が家族の外部に相談をした際に、相談相手から「家族の中で解決をしなさい」「話し合いをもっとするべきだ」という返答がなされることがある。これは、まさに私的な領域における関係性の問題であるとみなされているからであろう。

ケアと暴力

家庭内における暴力に対して何らかの対応を試みようとするならば、家族にひそむ暴力性という問題を、ジェンダーや家父長制によってのみ説明をするのではなく、関係性における相互作用の中で、愛情という名のもとにいかに非対称性が構築されていくかということを捉えることも必要となる。その際の重要な視点となるのが、ケアという行為である。

ケアとは、人が生存していく上で必要とされる、他者との関係性における相互行為である。ケアは人の生にかかわる行為であり自己の成長を促すものであるとして、その必要性が説かれてきた。しかし、ケアをする／されるという関係性は、常に依存をする／されるという関係性になりやすいものでもある。そして、ケアは他者の欲求に自己の意思を沿わせるという感情に根ざした行為としての「他者志向性」をもつ。また、それは同時に、自己の意思や時間を犠牲にしなければならないという「自己犠牲的」な特徴ももつ。こ

のケアをする／されるという関係性の非対称性と2つの特徴によって、ケアが暴力へと転化する危険性をはらむものであるという指摘が可能になる。

ケアは、他者の欲求に従い、それを満たすためになされる行為である。他者を気遣ったり配慮をしたりするということは、他者の意向を尊重するということであるし、育児や介護といった行為は相手のニーズを尊重するものである。ところが、ケアという行為が達成されたかどうかを、ケアをする側が判断し評価することは難しい。なぜなら、ケアは、その相手のニーズが満たされたかどうかによって決定されるという、他者志向性をもつからである。

また、ケアは、相手を気遣い、相手の欲求に自分の意思を沿わせるという、感情に根ざした行為でもあるため、動作をすることへの疲労に加え、精神的な疲労も経験をする行為でもある。しかし、その行為に対して自ら評価をすることが困難であり、さらにケアをされる側からの反応も得られないということがあれば、ケアする側にとっては、ケアという行為に対する疲労と評価とが一致をしない。そして、相手のニーズに即して推測し行動をするということは、自分の都合で動くことができないということでもある。自分で時間を決めて相手の欲求に応えるということは、職場と異なる家庭内であれば、なおさら困難である（24時間対応可能な状態である）ともいえる。そして、ケアをする側は、自分の感情とともに、自分の時間をも犠牲にすることが前提とされている。ケアというものが他者の欲求に沿う行為である限り、ケアをする側は自己の意思や時間を犠牲にしなければならないという側面をもたざるを得ない。自己を犠牲にすればするほど、自己が空洞化していき、燃えつきてしまうという結果を引き起こしかねない。

このようなケアのもつ「他者志向性」と「自己犠牲的」という特徴を、ケアが家族の中で役割化しやすいという側面を踏まえて考察しよう。役割化するということは、ある一貫性をもって継続的に従事するということである。家庭内でのケアは、それが家庭内で当たり前になされる行為であると同時に、先述のような「他者志向性」と「自己犠牲的」という特徴をもつことから、誰からの評価も得られず疲労も蓄積するという、肉体的にも精神的にも負担

のかかるものとなりやすくなる。しかし、人はケアをするし、せざるを得ないと考える。なぜだろうか。それは、ケアを引き受けることが家族の役割であると同時に家族への愛情を証明する手段だと、私たちは想定しているからである。あるいは、自分を犠牲にしてまでも相手のために尽くすということが、美化され称賛される文化的な背景もあるだろう。

家族とはこうあるものだという理念型は、家族におけるコミュニケーションのあり方にまで影響を及ぼす。何もいわなくても理解する／してくれる、という関係が親密圏としての家族であると想定されているからこそ、ケアをする／されるという関係においても、葛藤が生じるといえる。ケアをする／されるという関係性が、常に非対称性を内包するものであるならば、コミュニケーションの対等性を保つことは難しいだろう。そして、この関係性は持続するものであり、ケアをする側は維持させなければならないと考える。ゆえに、ケアをする側は葛藤に直面せざるを得ないのである。

家族の中で、ケアが役割と化し、葛藤を抱え込みながら他者をケアし続ける。それにより不満が疲労とともに蓄積していく。それらが外部化させられず蓄積し続けていけば、衝動という行為として表出してしまうということもあり得る。ケアが暴力や虐待へと転化してしまう瞬間であるともいえる。

発生した暴力には、2つの方向性が考えられる。1つは他者への暴力であり、もう1つは自己への暴力である。

児童虐待や高齢者虐待は前者にあたると考えられる。ケアをする側が、育児や介護による過度のストレスから、ケアをされる側である子どもや高齢者に暴力をふるうことである。

ドメスティック・バイオレンスは後者にあたると考えられる。ドメスティック・バイオレンスの場合、暴力をふるわれるのはケアをする側である。この場合は、ケアする側の暴力への転化を、多分に自己を犠牲にしているという点、主体性の明け渡しという点からみる必要がある。暴力をふるうのはケアをされる側であるが、過度に相手を気遣い、自己のアイデンティティを相手に従属させてしまっているという点で、ケアをする側である自分に対して

の暴力へとケアが転化をしていると考えられる。また、ケアする／されるという関係性がもつ、依存する／されるという関係性は、先にみたように、ケアをする側がケアをされる側に依存するという形態も考慮しなければならない。ドメスティック・バイオレンスは、夫婦等パートナー関係という関係性に経済的な立場の優劣が存在しやすいという状況を鑑みなければならない。ケアをする側がケアをされる側からの権利の侵害を受けても、それに耐えなければ、自身の生活の確保が困難になる。他者からの支配を受けながら、生活を継続させなければならない。こうした点から、ドメスティック・バイオレンスも、ケアの非対称性という視点から捉えることが可能になる。

2．家庭内暴力の現状

ここでは、いくつかの家庭内暴力をその種類ごとにみていく。

■ 児童虐待

「児童虐待の防止等に関する法律」(以下、児童虐待防止法と略す)において、児童虐待とは以下のように定義されている。

> 第2条　この法律において、「児童虐待」とは、保護者(親権を行う者、未成年後見人その他の者で、児童を現に監護するものをいう。以下同じ。)がその監護する児童(18歳に満たない者をいう。以下同じ。)について行う次に掲げる行為をいう。
> 一　児童の身体に外傷が生じ、又は生じるおそれのある暴行を加えること。
> 二　児童にわいせつな行為をすること又は児童をしてわいせつな行為をさせること。
> 三　児童の心身の正常な発達を妨げるような著しい減食又は長時間の放置、保護者以外の同居人による前2号又は次号に掲げる行為と同様

の行為の放置その他の保護者としての監護を著しく怠ること。
　四　児童に対する著しい暴言又は著しく拒絶的な対応、児童が同居する家庭における配偶者に対する暴力（配偶者（婚姻の届出をしていないが、事実上婚姻関係と同様の事情にある者を含む。）の身体に対する不法な攻撃であって生命又は身体に危害を及ぼすもの及びこれに準ずる心身に有害な影響を及ぼす言動をいう。）その他の児童に著しい心理的外傷を与える言動を行うこと。

　児童虐待が日本で注目されるようになったのは、1990年代に入ってからのことである。それまでも家庭内での子どもに対する虐待問題は存在していたが、それらの多くは「しつけ」「教育」という名のものにすりかえられ、問題視されることはなかった。それは「法は家庭に入らず」という日本の状況からくるものである。1節で述べたように、日本で家庭内の暴力が社会問題として注目されたのは1980年代のことである。しかしこの時期、日本で家庭内暴力といえば、子どもが親に対してふるう暴力のことであり、保護者が子どもにふるう暴力や、配偶者等パートナー間の暴力などは、ほとんどないものとされていた。

　しかし民間団体である「児童虐待防止協会」や「子どもの虐待防止センター」などが中心となり、電話ホットラインによる相談活動や、実態調査と報告書の作成等を展開することにより、それまで社会問題として扱われなかった事象が社会問題として扱われるようになった。それまでもいくらか、児童虐待についての研究もなされていたが、より多くの研究が展開されるようになったのも1990年代に入ってからである（上野，1996）。

　なお、児童福祉法が改正され児童虐待防止法が成立するまでに至ったのは、1994年に、日本が「児童の権利に関する条約（子どもの権利条約）」を批准したことも大きい。子どもの権利条約では、虐待は子どもの権利を侵害するものとして明記されている。子どもの最善の利益を保障するために、子どもが成育する場、つまり家庭の中で虐待があってはならないことや、子どもは1

人の人間として尊重されるべき存在だということが、明確になったといえる。

また、2004年の児童虐待防止法改正時に、ドメスティック・バイオレンスのある家庭で育ったことも児童虐待の1つとして明記されることとなった。

■ ドメスティック・バイオレンス

「配偶者からの暴力の防止及び被害者の保護に関する法律」（以下、DV防止法と略す）において、ドメスティック・バイオレンス（配偶者からの暴力）とは定義は以下のように定義されている。

> 第1条　この法律において「配偶者からの暴力」とは、配偶者からの身体に対する暴力（身体に対する不法な攻撃であって生命又は身体に危害を及ぼすものをいう。以下同じ。）又はこれに準ずる心身に有害な影響を及ぼす言動（以下この項において「身体に対する暴力等」と総称する。）をいい、配偶者からの身体に対する暴力等を受けた後に、その者が離婚をし、又はその婚姻が取り消された場合にあっては、当該配偶者であった者から引き続き受ける身体に対する暴力等を含むものとする。

ドメスティック・バイオレンス（domestic violence）は、家庭内暴力の英語表記である。恋人やパートナーなど親しい関係における暴力を指す言葉として用いられている。法律上は配偶者による暴力であり、配偶者間の暴力に限定されている（ただし、法律上の婚姻関係だけに限らない。いわゆる事実婚状態や離婚後の関係も含まれる）。また、加害と被害の関係は、男性と女性いずれも含まれている。ただし、社会構造上、男性が加害者、女性が被害者という関係が圧倒的に多い。2015年に報告された内閣府による調査でも、身体的暴行、心理的攻撃、経済的圧迫、精神的暴力、性的強要のいずれかを何度も経験したことのある割合は、男性3.5％に対して、女性は9.7％であった（内閣府,2015）。

ドメスティック・バイオレンスが問題視されるようになったのは、1990

年代に入ってからである。それまでにも、家庭の中で夫から暴力をふるわれる妻という問題はあったが、それらは「夫婦の問題」や「個人的な問題」として扱われていた。「法は家庭に入らず」という言葉が表すように、家庭内のプライベートな問題は家庭内でのみ取り扱われ、その中で暴力行為があったとしても、それが人権侵害行為、犯罪行為として扱われることはなかった。

しかし、日本国内で被害当事者とそれを支援する女性たちの運動、研究者らによる被害実態を明らかにする調査研究が進むと同時に、ウィーン会議や北京女性会議における女性に対する暴力の撤廃宣言や北京宣言・行動綱領等の国際的な影響を受け、女性に対する暴力は構造的な暴力であるからこそ不可視化されやすいものであることや、たとえ家庭内であっても暴力は人権侵害行為であることが明らかにされることとなった。

このような経緯のもと、1995年には男女共同参画基本法が制定され、その中にも女性の人権を保障するために、家庭内暴力への介入・防止が盛り込まれた。そして、2001年にはDV防止法が制定されることとなった。以後、DV防止法は3度の改正を経て、市町村レベルでの被害者の自立支援のための基本計画策定をすることが求められるようになった。

なお、近年、DV防止法における定義とは別に、婚姻関係にない親しい関係における暴力も問題となっている。日本では「デートDV」と称され、10歳代から20歳代のカップル間で発生するものである。

❖ デートDV

ドメスティック・バイオレンスは、先述の通り、法律上の定義では、婚姻関係にある者、もしくは、それに準ずる関係にある者の間における暴力のことを指す。しかし、ドメスティック・バイオレンスは大人だけの問題ではない。日本では、近年、婚姻関係にない、いわゆる恋人関係におけるドメスティック・バイオレンスを「デートDV」として、婚姻後のドメスティック・バイオレンスとは別に新たな社会問題として扱うようになってきた（山口, 2004；遠藤, 2007）。内閣府は、「交際相手がいた（いる）」という人に、身体的

暴行、心理的攻撃、経済的圧迫、性的強要の4つの行為をあげて、当時の交際相手から被害を受けたことがあるかをそれぞれの行為について聞くという調査を行っている。交際相手からの被害経験を性・年齢別にみると、男女ともに20歳代から30歳代で被害経験が多く、特に、女性は3割を超えている（内閣府，2015）。

　ドメスティック・バイオレンスとは、その用語の本来的な意味からすれば、親密なパートナーからの暴力を指し、婚姻関係だけにとどまるものではなく、恋人関係もあてはまる。しかし、あえて「デートDV」として新たな用語に基づく社会的認知が広がるのは、「ドメスティック・バイオレンス」が、DV防止法において関係性が規定されていることにもよるが、社会的な認識を考慮していることも大きい。ドメスティック・バイオレンスの被害者が加害者から逃れられない理由として、例えば、「離婚をすることができない（法的な制約だけでなく社会的地位を保つためなども含む）」、「女性が1人で（もしくは子どもとともに）生活することは困難である」などがある。離れたくても離れられない状況にあることは、まさにドメスティック・バイオレンスが社会的な構造の中で発生する社会問題として捉えるべき側面である。しかし、それゆえ、恋人関係のドメスティック・バイオレンスはそのような社会的な障壁はないとみなされ、当事者が自分の意思でつきあうことも別れることも「ドメスティック・バイオレンス」よりもはるかにたやすいと捉えられてしまうことがある。

　ドメスティック・バイオレンス問題を、「親密な関係」だからこそ離れがたいということや、愛情と暴力という一見相反するもののわかちがたさなどの視点も含めて捉えなければならない。恋人関係におけるドメスティック・バイオレンスは、当事者の年齢が若ければ若いほど愛情と暴力との境界が不確かなものとなり（例えば、束縛されることに愛を感じるなど）、社会における恋愛にまつわる多くの言説にふりまわされることも考慮する必要がある。

　ドメスティック・バイオレンスは、社会問題として認知されるまで（認知され法律が制定した現在においても）、プライベートな問題として取り扱われてき

た。両者の自由意思でつながることも離れることも自由だと思われる恋人関係ならば、なおのこと私的な領域として他者の介入は難しく周囲の理解も容易ではないだろう。このような、社会的な認知の低さ、理解の難しさの中で、デートDVのケースは増えている。

✛ 高齢者虐待

「高齢者虐待の防止、高齢者の養護者に対する支援等に関する法律」（以下、高齢者虐待防止法と略す）において、高齢者虐待とは以下のように定義されている。

第2条
3　この法律において「高齢者虐待」とは、養護者による高齢者虐待及び養介護施設従事者等による高齢者虐待をいう。
4　この法律において「養護者による高齢者虐待」とは、次のいずれかに該当する行為をいう。
　一　養護者がその養護する高齢者について行う次に掲げる行為
　　イ　高齢者の身体に外傷が生じ、又は生じるおそれのある暴行を加えること。
　　ロ　高齢者を衰弱させるような著しい減食又は長時間の放置、養護者以外の同居人によるイ、ハ又はニに掲げる行為と同様の行為の放置等養護を著しく怠ること。
　　ハ　高齢者に対する著しい暴言又は著しく拒絶的な対応その他の高齢者に著しい心理的外傷を与える言動を行うこと。
　　ニ　高齢者にわいせつな行為をすること又は高齢者をしてわいせつな行為をさせること。
　二　養護者又は高齢者の親族が当該高齢者の財産を不当に処分することその他当該高齢者から不当に財産上の利益を得ること。

高齢者虐待が日本で社会問題化したのは、児童虐待やドメスティック・バイオレンスと同様に、1990年代に入ってからのことである。事象としてはそれ以前より存在していたにもかかわらず、児童虐待やドメスティック・バイオレンスと比べると社会問題化や法整備化は遅かった。高齢者虐待がクローズアップされるようになった背景には、高齢者人口の増加に伴い介護を必要とする高齢者が増えたことと、高齢者の権利保障意識の高まりがあげられる。介護現場を中心に高齢者に対する処遇と高齢者の自立のあり方が問われ出した。介護者による介護疲れや介護ストレスを理由とした殺人や心中、認知症の高齢者の財産の搾取など、介護をめぐって、高齢者の権利が侵害されている（高齢者虐待の）現状が浮き彫りになってきた。

　厚生労働省の調査によれば、2013年度の養護者による高齢者虐待（虐待があると判断したもの）の件数は、1万5731件である。被虐待高齢者は、総数のうち、女性が77.7％、年齢は80～84歳が24.2％、75～79歳が21.2％であった。家族形態をみると、「未婚の子と同一世帯」が32.8％で最も多く、次いで「夫婦のみ世帯」が19.5％、「子夫婦と同居」が16.6％の順である。被虐待高齢者からみた虐待者の続柄では「息子」が41.0％で最も多く、次いで「夫」19.2％、「娘」16.4％であった（厚生労働省，2015）。

　かつては、高齢者虐待の虐待者といえば「嫁」や「妻」など女性の介護者によるものが多かったが、近年では上記調査結果の通り、「息子」や「夫」など、男性の介護者によるものが多い。高齢者人口が増加しただけではなく、2000年以降の、介護保険制度の導入や経済状況の変化などが、介護をめぐる家庭内の人間関係や役割にも影響を与えたといえる。

家庭内暴力に対する対応

　家庭内暴力は、それが許されざる行為であること、その被害者は支援／保護される必要があることが法律として定められ、15年経った。日本で社会問題として認知されるようになってからのことも含めれば25年経っている。この20年を私たちはどのように考えることができるだろうか。相談件数や

事件件数が増加した要因として、家庭内暴力が社会的に広く認知されたこと、法律として定められたことは大きいだろう。しかし、年々増加する件数をみていれば、問題は解決していないともいえる。

1節を振り返れば、家庭内の暴力は、加害者と被害者とを設定し、加害者を罰し被害者を保護すれば解決しうるものではないことがわかるだろう（ただし、緊急状態にあり加害者と被害者を分離しなければならない場合は法律で制定されていることは有効に働く）。家族はそもそも葛藤を抱えやすいこと、またその葛藤がこじれると表に出にくくなること、「暴力は良くない」ことを伝えても（伝えないよりは良いが）、必ずしもそうはならないこと等を踏まえる必要がある。そして、私たちは誰でも、家庭内暴力の被害者にも加害者にもなりうるということを想定することが、被害者の支援や暴力への抑止へとつながるのである。

■引用・参考文献

上野佳代子，1996，『児童虐待の社会学』世界思想社.

江原由美子，1995，『装置としての性支配』勁草書房.

遠藤智子，2007，『デートDV：愛か暴力か，見抜く力があなたを救う』KKベストセラーズ.

熊谷文枝，1983，『アメリカの家庭内暴力』サイエンス社.

厚生労働省，2015，『平成25年度　高齢者虐待の防止、高齢者の養護者に対する支援等に関する法律に基づく対応状況等に関する調査結果』

全国女性シェルターネット，2009，『DV家庭における性暴力被害の実態』.

内閣府，2015，『男女間における暴力に関する調査報告書』.

内藤和美，1993，「"女性への暴力"とはどういう問題か」『昭和女子大学女性文化研究所紀要』12：65-73.

内藤和美，2000，「ケアと暴力：家族内におけるそれを中心に」『群馬パース看護短期大学紀要』2(2)：17-20.

中村正，2001，『ドメスティック・バイオレンスと家族の病理』作品社.

松島京，2002，「家族におけるケアと暴力」『立命館大学産業社会論集』37(4)：123-144.

山口のり子，2004，『愛する愛される：デートDVをなくす・若者のためのレッスン7』梨の木舎.

第12章

現代家族と家族政策

1. 福祉国家と福祉レジーム

■ 社会政策と家族政策

　第1章で明らかにされたように、現代家族は、戦後の近代家族のように、典型的、画一的なパターンでは捉えきれなくなっている。もはや標準的な家族は存在しなくなっているといっても過言ではないだろう。そして、現代家族をめぐる問題が後を絶たないのは、こうした家族の現実に家族政策が十分に対応できていないことも一因ではないかと思われる。

　そこで、本章では、日本の家族政策の特徴を先進諸外国との比較を通じて概観し、家族政策の具体的な事例も取り上げて検討する。そして最後に、これからの家族に求められる家族政策について考察してみたい。

　家族政策は、「家族生活にかかわる政策、実現、運動の総称」（副田ほか, 2000：1）といえる。そして、福祉にかかわる社会政策の一部であると捉えることができるが、1960年代以降、浸透してきた「福祉国家」論では、社会福祉は、国家が生産し、分配する制度となっていると考えられている（大沢, 2004：17-18；Esping-Andersen, 1990＝2001：Ⅰ）。つまり、福祉や社会保障などの社会政策に対して、国家がどのような姿勢で臨むのかということが、家族政策のあり方に大いに反映されることになる。

■ 福祉レジームと家族政策

　政治社会学者のエスピン-アンデルセンは、福祉のあり方を考察するにあ

たり、福祉国家という概念では、膨大な「残余的福祉」を説明することができないとし、「福祉レジーム」という概念を用いて、類型化を試みている (Esping-Andersen, 1999=2000：65)。「レジーム」とは、「福祉の生産が国家と市場と家庭の間に振り分けられる、その仕方のこと」(Esping-Andersen, 1999=2000：116) である。すなわち、福祉は、国家のみでなく、市場と家族を含めた3つの主体によって分配されるものであるという捉え方が、それまでの福祉国家論と異なる。

そして、エスピン-アンデルセンによれば、「福祉レジーム」は、「脱商品化」の程度と、「連帯（階層化）」の様式によって分類される。「脱商品化」とは、個人（と家族）が市場に依存することなく所得を確保し、消費できる、その程度（エスピン-アンデルセン, 2008：iv）である。「連帯」の様式とは、リスク管理にかかわる様式のことである (Esping-Andersen, 1999=2000：71-72)。エスピン-アンデルセンは、社会政策とは、「公的なリスク管理のこと」(Esping-Andersen, 1999=2000：66) としているが、リスクは、不平等に分配されていると捉えることができる。この不平等に分配されているリスクをどのような連帯で解決しようとするのか（対象を限定してしまうのか、職業身分〔階層〕ごとにするのか、普遍的に国民全部で負うのかなど）が、「連帯」の様式である (Esping-Andersen, 1999=2000：71-72)。そして、これら2つの指標に基づき、「福祉レジーム」は「3つの世界」と呼ばれる3類型に分類することができる。表12-1は、3つの福祉レジームの特徴を示したものである (Esping-Andersen, 1999=2000：129)。3つのタイプとは、①自由主義的な福祉レジーム、②社会民主主義的な福祉レジーム、③保守主義的な福祉レジームである。

福祉レジームの1つ目のタイプは「自由主義的福祉レジーム」であり、アメリカ、カナダ、イギリス、オーストラリア、ニュージーランドなどに代表される。これらの国々の特徴は、「（福祉の）受給資格の制限」や「自助努力」という考えで表され、基本的に、小さな国家・リスクの個人的責任市場中心の問題解決という政治的取り組みを軸としている。国家は、個人が市場に依存することを奨励し、社会政策は、「真の困窮者」、「悪性のリスク」に限定

表 12-1　レジームの特徴についてのまとめ

	自由主義	社会民主主義	保守主義
役割			
家族の——	周辺的	周辺的	中心的
市場の——	中心的	周辺的	周辺的
国家の——	周辺的	中心的	補完的
福祉国家			
連帯の支配的様式	個人的	普遍的	血縁、コーポラティズム、国家主義
連帯の支配的所在	市場	国家	家族
脱商品化の程度	最小限	最大限	高度（稼得者にとって）
典型例	アメリカ	スウェーデン	ドイツ・イタリア

出所：Esping-Andersen（1999＝2000：129）より

したものとなるため、「受給資格」の基準に厳しい（Esping-Andersen, 1999＝2000：117；2001＝2008：vi）。

　2つ目のタイプは、デンマーク、ノルウェー、スウェーデンなどの北欧諸国に代表される「社会民主主義的福祉レジーム」である。普遍主義を基本とするリスク対策であり、貧富・階層にかかわらず、皆が同じ権利をもち、同じ給付を受けるという平等主義に基づいて行われる。さらに脱商品化に積極的な国家中心型の福祉であり、高額の支給に特徴づけられる（Esping-Andersen, 1999＝2000：122-123）。子どもや高齢者のケアを国家が社会的に請け負うことにより、男女の雇用を最大化し、女性の地位向上を目指す強いサービス志向の国家であり、その結果人々は家族や市場によるサービスに頼ることがないという（エスピン-アンデルセン, 2008：v）。

　3つ目のタイプは、オーストリア、ベルギー、フランス、ドイツ、イタリア、オランダなどの「保守主義的福祉レジーム」である。このタイプの特徴は、過去の君主的な国家主義やカトリックの社会的教義の影響を背景とした権威主義とリスクの共同負担（連帯）と家族主義である。保守主義的福祉レジームは、多くの場合、職業別の社会保険を基礎にしているが、権利が「地位」に付随しており、平等よりも公正が強調される。保険は長期にわたる途切れのないキャリアを前提として、職業上の地位によって細分化されている（Esping-Andersen, 2001＝2008：v）。そのため、結婚や出産でキャリアを中断

してしまうことが多い女性たちに対する福祉は、派生的、間接的になりがちである（Esping-Andersen, 2001＝2008：v）。さらに、一生涯にわたって職業を継続するだろう男性を一家の稼ぎ手とする標準的な家族を前提として、福祉が実施されるため、そうした標準家族から逸脱している家族は、残余的、すなわち政策の対象から外されてしまうことになる（Esping-Andersen, 1999＝2000：127）。そして、給付は低額におさえられており、家族が自ら自分たちの福祉のためにサービスを行うという「家族主義」の傾向が強くみられる。

第四世界としての東アジアと日本

では、日本は、これらのレジームのどこに位置づけられるのだろうか。エスピン-アンデルセンは、これら3つのレジームでは説明できない「第四の世界」として、東アジア、オセアニア、地中海沿岸諸国をあげている（Esping-Andersen, 1999＝2000：132-137）。そして、日本は、台湾、韓国などとともに、「第四世界としての東アジア」に位置づけられている。日本は、基本的に自由主義と保守主義のミックスであるが、国際的にみて独特の特徴をもっているという（Esping-Andersen, 1999＝2000：137）。広範な職業区分に沿って地位ごとに細分化した社会保険制度が存在するが（保守主義）、システムは一部未成熟（年金など）である。そのため、保険の給付は中位の水準であり、一方受給禁止の資格基準が存在する（自由主義）（Esping-Andersen, 1999＝2000：135）。そして、「脱商品化」のレベルも中位程度である。こうした日本独自の特徴が誕生した背景には、そもそも、日本が社会保険制度を策定するときに、ドイツの制度を参考にしたこと（保守主義）、戦後のアメリカの影響（自由主義）、「家」制度にみられるような儒教的伝統の系譜（家族主義）が考えられる。

このように、日本は、福祉レジームという観点からみた場合、先進諸外国の中でも、特異な位置づけにあることが確認された。では、現代日本における家族政策は、どのような位置づけで捉えることができるのだろか。

■ 家族政策による家族の規制

　下夷によれば、欧米における家族政策は家族の「支援」という意味合いが強いが、日本においては家族の「規制」という側面も重視されているという（下夷，2001）。すなわち、日本における家族政策とは、国家が家族を支援するだけでなく、「国家が目指す適合的な家族」に向かわせるための政策であり、古くは、明治民法にみられた「家」制度に、その「規制」の側面を見出すことができる（飯田・遠藤，1990；下夷，2001）。明治民法には、「国家が目指す家族」が法律のかたちで明記され（「家」制度）、人々は、それに従った家族形成・家族の維持を行わなければならなかった。戦後においては、「国家が目指す適合的な家族」は、「資本主義的社会関係に適合的な労働力の再生産を担う家族」であった（下夷，2001）。すなわち、高度経済成長期に「標準的家族」とされた「夫はサラリーマン、妻は専業主婦の核家族」というかたちをとる近代家族が、戦後の日本が目指す適合的な家族であったといえる。戦後の家族政策を振り返ると、「標準的家族を守るために国家の個々の施策、及び、労働市場の編成が方向づけられる家族政策」がとられてきた（山田，2001）。そして、そうした傾向が、戦後のみならず明治期から見出すことができるというのが、日本の家族政策の特徴であるといえるだろう。

　例えば、戦後につくられた社会保険や年金における第三号被保険者制度や、税制における配偶者控除・配偶者特別控除などは、「夫はサラリーマン、妻は専業主婦の核家族」という近代家族を基準とし、なおかつ、家族のあり方を近代家族に向かわせる「規制」として作用してきた政策の1つであると考えられる。そしてまた、エスピン-アンデルセンのレジームに従うならば、まさに「保守主義」と「自由主義」がミックスされた政策であるといえるだろう。そもそも、こうした近代家族を想定した保険制度等の存在自体が、保守主義的であるが、この制度の恩恵を受けるためには「基準」が存在する（自由主義）のである。サラリーマンの妻すべてが、就労の有無にかかわらず、第三号被保険者とみなされ、さらに配偶者控除や配偶者特別控除を受けることができるのではなく、妻の年間所得によって、受給が決められてしまう

（受給禁止規定の存在）。ただし、妻が無給者の場合のみを対象とするのではなく、ある一定の年間所得基準を超えない範囲であれば、たとえ就労していても第三号被保険者（専業主婦）とみなされる。そして、第三号被保険者と認定されれば、妻本人は、保険料を納めなくとも夫の社会保険を利用することができ、年金の受給年齢になれば、年金を受給することができる。さらには、夫が一定金額の税金の控除を受けることができるのである。しかし、基準の所得を超えてしまえば、こうした恩恵は一切受けられなくなってしまう。そのため、就労している妻は、年間の所得基準に合わせた働き方をしようとする。かつて「103万円の壁」「135万円の壁」などといわれることがあったが、これは、「専業主婦」とみなされる年間所得基準内で就労しようとする妻の就労状況を意味している。年間所得が100万円程度を維持するには、基本的にパート就労で、しかも就労する時間を制限しないと実現しない。しかし、この年間所得を超えてしまうと、第三号も配偶者控除も受けられなくなってしまうため、多くの就労する既婚女性にとって、超えたくても超えられない「壁」なのである。こうした状況は、まさに、国家が目指した家族のかたちである近代家族へと人々を向かわせる「規制」として、家族政策が作用した結果ということができるだろう。

２．家族政策における脱家族化

現代家族と脱家族化

　家族が多様化する中で、こうした標準家族を逸脱しないように働きかける「規制」の側面を色濃く残しているのが、日本の家族政策であるが、そればかりでなく、かつての「家」制度の影響と思われる「家族主義」的特徴も強く保持しているといわれている。「家族主義」的特徴は、日本と同じ東アジアレジームに分類される韓国や台湾、そして、この「家族主義」の強さに着目した場合、他のヨーロッパ諸国と区別して、地中海沿岸諸国レジームに分類されるイタリアやスペイン、ポルトガルにも強くみられる。前者は儒教、

後者はキリスト教カトリックの影響といわれている（Esping-Andersen, 1999＝2000：86）。

しかし、日本に限らず、現代の家族政策においては「脱家族化」が重要となっている（Esping-Andersen, 2008：iv-vii）。エスピン‐アンデルセンによれば、「脱家族化」のレジームとは、「家庭の負担を軽減し、親族に対する個人の福祉依存を少なくしようとするレジーム」のことである（Esping-Andersen, 1999＝2000：86）。家族が福祉サービスの主体となるとき、多くの場合、その負担は女性にかかることになる。かつて、近代家族が家族の典型モデルであったときは、専業主婦である妻が、主としてこうした福祉サービスを担ってきた。しかし、共働き夫婦が増加し、家族において男性だけが稼ぎ手であるという近代家族モデルが典型ではなくなりつつある現在、単に家族の負担を軽減するということよりも、むしろ女性への福祉負担を軽減し、女性自身を商品化するための自律性を与えるという意味で、「脱家族化」が必然となってきているのである（Esping-Andersen, 1999＝2000：87）。そして、「脱家族化」は、①全体としてどれだけのサービス活動が行われたか（健康保険以外の家族サービスへの支出がGDPの中で占める割合）、②子どものいる家族を助成するために全体としてどれだけのことが行われたか（家族手当と税控除の総合的価値）、③公的な保育ケアがどれだけ普及しているか（3歳以下の幼児に対するデイ・ケア）、④高齢者に対してどれだけのケアが提供されているか（ホーム・ヘルパーのサービスを受ける65歳以上の高齢者の割合）という4つの指標から捉えることができるという（Esping-Andersen, 1999＝2000：97-98）。

■ 日本と先進諸外国の脱家族化

エスピン-アンデルセンは、これらのうち、「家族サービスへの公的支出」、「デイ・ケアの普及率」、「ホーム・ヘルパーの普及率」の3つの指標から、各レジームと日本の脱家族化について検討している。その結果、「脱家族化」の程度が最も高いのは、社会民主主義レジームであり、日本は、自由主義レジームや保守主義レジームの国々よりも、さらにその程度が低いと結論づけ

られている (Esping-Andersen, 1999＝2000：98)。しかし、この分析に用いられたデータは、1980年代から1990年代初頭にかけてのものである。日本の保育や介護に関する政策は、1980年代以降大きな変化を遂げている。そこで、以下では、現代日本の家族政策における「脱家族化」の進展の程度を、諸外国と比較しながら検討してみたい。できる限り、エスピン-アンデルセンの4つの指標に近いデータを用いて検討する。なお、エスピン-アンデルセンは、統計的分析によって得られた数値から、脱家族化の程度を測定していたが、ここでは、複雑な統計的手続きは経ずに、単純な可視的データの比較によって考察を行うため、必ずしもエスピン-アンデルセンの分析手法と合致するものではない。

　まずは、「脱家族化」の第一、第二の指標に関連するデータとして、家族関係社会支出の対GDP比と家族手当や公的保育への支出割合などについて確認する。図12-1は、2011年における先進諸外国の家族関係社会支出の対GDP比をみたものである。イギリスが最も高くて3.78％、次いでスウェーデンが3.46％、最も低いのはアメリカと韓国で、それぞれ0.72％、0.87％である。日本は3番目に低く、1.36％である。さらにその内訳をみると、就学前教育・保育への支出は、スウェーデン、フランス、イギリスの順に高く、カナダが最も低いことがわかる。日本の就学前教育・保育への支出割合は、カナダよりは高いものの、決して高いとはいえず、ドイツとアメリカが日本にほぼ近い傾向にある。アメリカ、日本、韓国は、そもそも家族関係社会支出の対GDP比全体が低い傾向にあり、ドイツはちょうど中間に位置している。また、家族手当の現金給付は、フランス、ドイツ、イギリス、カナダが高く、日本は、スウェーデンに続いて高い水準にある。2007年度には、日本の現金給付は0.3％であったので、4年間の間に倍以上の水準になり、他の先進諸国の水準に追いついたといえる。

　さらに、児童手当について他国の比較をしたのが表12-2である。アメリカは基本的に児童手当が存在しないため、この表には掲載されていない。日本については、2010年、2012年と制度が大きく変化している。2010年には

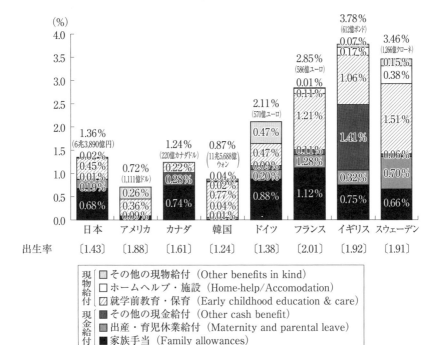

図 12-1　各国の家族関係社会支出の対GDP比の比較（2011年）

資料：OECD: Social Expenditure Database 2015年2月取得データより作成
　　　出生率については、2012年（ただし、日本は2013年。カナダ及び韓国は2011年）の数値
　　　（日本は「人口動態統計」、諸外国は各国政府統計機関による）
出所：内閣府「家族関係社会支出（各国対GDP比）」（2015年）

従来の児童手当に代わり、所得制限のない「子ども手当て」が導入された。この手当ては、すべての子どもに対して、中学校入学まで毎月2万6000円を支給するというものであった。しかし、いざ実施となってみると、財源の問題ですべてを現金給付にすることは困難となり、現物給付（子育てにかかわるサービス等）と現金給付にわけ、現金給付は一律1万3000円となった。その後はさらに、「すべての子どもに一律給付」が困難となり、2012年からはまた「児童手当」として、親の所得によって給付金額を変えるという所得制限が設けられた。現在は、給付対象は中学生までであり、①0歳〜3歳は一

表 12-2 児童手当制度の国際比較

事項	フランス	スウェーデン	イギリス	ドイツ
支給対象児童	第2子から 20歳未満	第1子から 16歳未満 (学生は20歳の春学期まで)	第1子から 16歳未満 (全日制教育を受けている場合は19歳未満)	第1子から 18歳未満 (失業者は21歳未満、学生は27歳未満)
支給月額	・第1子 　なし ・第2子 　約1.9万円 ・第3子〜 　約2.5万円 〈割増給付〉 ・11〜16歳 　約0.5万円 ・16〜19歳 　約1.0万円	・第1子 　約1.9万円 ・第2子 　約2.0万円 ・第3子 　約2.7万円 ・第4子 　約4.2万円 ・第5子〜 　約6.0万円	・第1子 　約1.9万円 ・第2子〜 　約1.3万円	・第1子から第3子 　約2.5万円 ・第4子〜 　約3.0万円
所得制限	なし	なし	なし	なし
財源	事業主拠出金と税等	国庫負担	国庫負担	公費負担

注：各国の為替レートについては、日銀報告省令レート（2007年8月分）により換算。
資料：厚生労働省「海外情勢白書」等をもとに作成。フランスでは、家族手当以外に、第1子から3歳未満までを対象とする「乳幼児迎え入れ手当」がある。
出所：内閣府（2008：18）

律1万5000円、②3歳以上小学生は、第一子・第二子は1万円、第三子以上は1万5000円、③中学生は一律1万円、④親の年収が960万円以上の場合は、子どもの年齢や出生にかかわらず5000円、というかたちとなった（内閣府HP「平成27年度児童手当について」より）。表12-2と比較すると、日本は、給付対象の年齢は他国の水準に近づいたが、給付金額が低いこと、そして親の所得制限があることから、これらの国々の水準には達していないことがわかる。

　以上、家族サービスへの支出、子育てへの助成という点から、「脱家族化」について、日本と諸外国の比較を行った。やはり、「社会民主主義」レジームに位置づけられるスウェーデンは、家族関係社会支出が非常に高く、その対極にある「自由主義」レジームに位置するアメリカやカナダは、非常に低い。自由主義に位置づけられるイギリスは、家族関係社会支出自体はスウェーデンよりも高いが、サービスなどの現物給付よりも現金給付が多いことが

特徴である。また、「保守主義」レジームに分類されるドイツ、フランスの中では、フランスは、スウェーデンと同程度の家族関係社会支出があるが、ドイツはやや低い。そして、日本と同じ東アジアレジームに分類される韓国は、日本よりも家族関係社会支出の対GDP比は低いが、そのほとんどが就学前教育・保育に使われており、日本よりも水準は高い。また、ヨーロッパ保守主義の中でも、ドイツは家族主義が強いといわれている。こうした両国における家族主義の強さは、この数値からもうかがわれる。日本は、保険制度などの社会保障については、保守主義的傾向にあるといわれていたが、家族関係社会支出や子育て助成に関しては、自由主義レジームの国々と同程度であり、「脱家族化」が進んでいないことが確認された。

それでは、続いて、3歳児以下の子どもに対する公的保育サービスの普及と65歳以上の高齢者へのデイ・ケアの普及といったケアについて検討してみたい。

表12-3は、3歳児未満で認可保育サービスを利用する割合について、日本、フランス、スウェーデン、ドイツの比較をしたものである。0歳から2歳を平均すると、フランス、スウェーデンともどちらも40％程度、日本は20％、ドイツが最も低く、14％である。さらに、スウェーデンでは、2歳児

表12-3 認可保育園サービス利用割合(3歳未満児)

	日本	フランス	スウェーデン	ドイツ
3歳未満児のうち認可された保育サービスを利用する者の割合	20%（2006） 0歳児　7% 1歳児　22% 2歳児　29%	42%（2004） 集団託児所　11% 家庭託児所　3% 認定保育ママ29% ※このほか、2歳児の26％が幼稚園の早期入学を利用	44%（2004） 0歳児　0% 1歳児　45% 2歳児　87% 就学前保育施設　40% 保育ママ　4%	14%（2006） 旧西独　8% 旧東独　39% 保育所　12% 保育ママ　2%

注：「子どもと家族を応援する日本」重点戦略検討会議　第3回「地域・家族の再生分科会」資料等により作成。
資料：厚生労働省：福祉行政報告例（日本）　Drees：L'accueil collectif et en crèche faamíliale des enfants de moins de 6 ans en 2004（フランス）　Statistics Sweden：Statistical Yearbook of Sweden 2006（スウェーデン）　Statistisches Bundesamt：Pressemitteilung vom 1. März 2007 "285 000 Kinder unter 3 Jahren in Tagesbetreuung"（ドイツ）
出所：内閣府（2008：64）より

の87％が認可保育サービスを利用しており、3歳未満児の公的保育サービスの普及率が高いことがうかがわれる。子育てや介護といったケアは、基本的に政府が請け負うというまさに「社会民主主義」の特徴がよく表れている。一方、フランスは、保育ママの利用率が高い。これは、フランスの家族政策が現金給付を基盤としており、保育ママに関しては費用がかからない。そのため、施設での保育よりも、家庭における保育サービスとして保育ママを選択する傾向に結びついたとされている（内閣府経済社会総合研究所・財団法人家計経済研究所，2006）。

また、3歳未満の子どもをもつ母親の就労率をみると、スウェーデン72.9％、フランス66.2％、ドイツ56.0％、日本28.5％となっている（内閣府，2008：63）。ドイツでは、3歳児未満の子どもをもつ母親の就労率は高いが、すでにみたように、公的保育サービスの利用は少ない。これは、旧東独では、社会主義政策に基づき、既婚女性の就労率も公的保育サービスの普及率も高かったのに対して、旧西独では、子どもが小さいうちは、母親が家庭で保育をするという「家族主義」を前提としてきたという東西ドイツの歴史的背景による（内閣府経済社会総合研究所・財団法人家計経済研究所，2006）。したがって、旧東独地域では、3歳未満の子どもの40％程度が公的保育サービスを受けているのに対して、旧西独地域では、8％という状況であるため、表12-3のような結果となっていると思われる。

一方、日本では、3歳未満児の子どもをもつ母親の多くは、そもそもほとんど就労していない。日本においては、保育園の待機児童問題が指摘されて久しいが、2014年段階で、全国規模での待機児童数は2万1813人であり、近年若干減少傾向がみられるが、根本的な解決には至っていない。そして、その8割近くが0歳児から2歳児である（厚生労働省HP）。つまり、3歳児未満の公的保育サービスへの需要は高いのだが、供給が追いついておらず、普及率が低いままにとどまっているといえるだろう。3歳未満の子どもをもつ母親の就労率の低さ、公的保育サービスの利用の低さだけをみると、日本の「脱家族化」の低さが指摘されるが、3歳児未満の子どもの待機児童の多

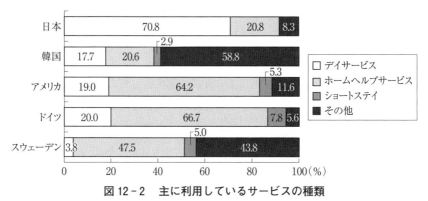

図12-2 主に利用しているサービスの種類
出所：内閣府（2011b：182）

さを鑑みるに、意識としては「脱家族化」に向かっているにもかかわらず、政策がそれに対応していないということがいえるだろう。

　では、次に、高齢者のホームヘルプサービスの利用について検討する。図12-2は、2010年から2011年にかけて60歳以上の男女を対象として行われた「高齢者の生活と意識に関する国際比較調査」に基づく結果である。デイサービス、ホームヘルプサービス、ショートステイといった在宅あるいは通所のサービス利用についてたずねている。在宅でのホームヘルプサービスの利用はドイツが最も高く、次いでアメリカ、スウェーデンとなっている。一方、日本は圧倒的に通所でのデイサービスが中心である。スウェーデンでは、子どもと高齢者のケアは、在宅ではなく、施設（高齢者の場合、高齢者専用住宅など）で公的に行うことが基本であるため、在宅でのホームヘルプサービスの利用はあまり高くないのであろう。ドイツの場合、介護保険制度との関連から、ホームヘルプサービスの利用が高い傾向にある。日本においても、介護保険制度が2000年から実施されているが、では、なぜドイツに比べてホームヘルプサービスの利用率が低いのだろうか。

　日本の介護保険制度は、1995年から実施されているドイツの介護保険制度にならって、2000年から実施されているものである。しかし、日本とドイツでは大きく異なる点がある。どちらも家族による在宅介護のサポートを目

的としてつくられた制度だが、日本では、家族による介護はあくまでも無償労働であり、そのサポートのためにホームヘルプサービスを利用する場合には、サービス料を一部負担しなければならない。一方ドイツでは、家族による介護は有償労働であり、家族による介護に現金給付がある。また、介護により、疾病が発生した場合には、災害保険の対象となるばかりでなく、介護をしている家族が休暇をとりたい場合には、その期間に無料でホームヘルプサービスを利用することができるのである（本沢，1996；川畠，1997）。つまり、日本もドイツも介護は「家族主義」を基本としているのではあるが、ドイツでは、「在宅介護」を優先し、そのために、家族にだけ頼らずに、ホームヘルパーの援助も受けながら介護を行うという姿勢がみられるといえる。しかし、日本では、在宅介護はすなわち、「家族の手による介護」を基本としており、強い「家族主義」の姿勢がうかがわれる。そのため、日本ではホームヘルプサービスをあまり利用しないという結果につながっているのである。

以上、3歳未満児に対する公的保育サービスの普及、65歳以上の高齢者へのデイケアの普及といったケアの側面から、家族政策の「脱家族化」傾向について検討してみた。家族関係社会支出、児童手当同様に、日本はいずれの普及率も低いことが確認された。つまり、日本ではエスピン-アンデルセンが検討を行った1980年代から1990年代の傾向と大きく変わらず、現在でも「家族主義」の傾向が強いことが確認された。しかし、待機児童の傾向からも指摘したように、人々の意識は明らかに「脱家族化」を求めている。

そこで、最後に、本書で明らかになった現代家族の様相を振り返りながら、これからの家族のゆくえとこれからの家族に求められる家族政策について考えてみたい。

3．これからの家族と家族政策

■ 現代家族の様相と家族政策

高度経済成長期に普及した近代家族は、第2章で明らかにされたように、

「規範」としては弱体化したが、「イデオロギー」としては存続している。つまり、私たちが家族を形成するとき、「近代家族でなければならない」という意識は弱まり、近代家族以外の家族のかたちに対する許容度は高まったものの、いまだに「近代家族」が理想の家族像として捉えられているのである。

しかし、産業構造の変容、経済の低迷と男性の雇用の不安定化、女性の高学歴化など様々な要因によって、男性を唯一の稼ぎ手とする近代家族は実現が困難になってきている。そして、共働きの増加に伴い、第4章、第5章、第6章、第8章で確認されたように、家事・育児、介護は家族内では担いきれなくなってきているのが現状である。

また、近代家族以外のかたちをとる家族に対する許容度が高まったとはいえ、第9章、第10章で指摘されたような、新しい家族のかたちについての認識度はまだまだ低い。そのため、こうしたマイノリティの家族・パートナーシップのかたちをとる人々が抱える問題は、閉ざされたままである。さらには、「愛情に基づく家族」という近代家族が理想の家族像として捉えられているために、第11章で明らかにされたような家族の中での暴力に対する認識も低く、表面化しないのである。第7章で紹介された、ライフコースの視点から捉えた場合、マジョリティと思われている家族も、じつは多様なかたちをとるようになっているのであり、もはや「普通の家族」は存在していないともいえるが、私たちの多くは、そうした認識をもってはいない。

つまり、実態としての家族のかたちは変化し、多様化しているにもかかわらず、私たちの家族に対する意識は、かつての近代家族像のままなのである。そして、家族政策もまさに、近代家族をモデルとし、多様化する家族を近代家族に引き戻そうとするかのような姿勢も垣間みられる。

では、現在、そしてこれから求められる家族政策とはどのようなものなのだろうか。

■ これからの家族に求められる家族政策

すでに述べたように、エスピン-アンデルセンは、「脱商品化」（市場に頼ら

ない)、「脱家族化」(家族に頼らない) された福祉のあり方が、これからの家族政策に求められるとしている。特に、本章で検討してきた保育や介護にかかわる家族政策には、この「脱家族化」が必然であるという。女性のライフスタイルがますます「男性化」し、生涯職業キャリアを継続する傾向が強まっている中で、従来女性の役割とされてきた育児や介護のケア役割に関して、女性の負担を軽減するという意味で、家族中心 (女性中心) から社会的に支援するかたちにする必要があるというのである。そして、「脱家族化」が実現するためには、「脱男性化」が必須であるとしている (エスピン-アンデルセン, 2008: 30-37)。女性のライフスタイルの「男性化」が急速に進んでいるのに、男性のライフスタイルは、それほど「女性化」しているとはいえない (家事・育児遂行ばかりでなく、育児休業の取得の低さなど)。したがって、男性のライフスタイルの「女性化」に貢献するような家族政策を検討していかない限り、例えば、少子化といった現象はますます進展すると指摘されている (エスピン-アンデルセン, 2008)。

　ここでエスピン-アンデルセンが想定しているのは、スウェーデンのような北欧諸国に代表される「社会民主主義」レジームの家族政策のあり方にほかならない。つまり、政府が様々な福祉の実施主体となるという構図である。しかし、日本においては、そうした政府主導の福祉は、これまでの福祉政策の経緯から、実施されにくい、馴染まないことが考えられる (藤村, 2000)。

　藤村は、日本における家族政策の方向性として、「福祉多元主義」を提示している (藤村, 2000: 221)。福祉多元主義とは、国家至上主義と市場至上主義の中間に位置し、中央政府だけの福祉政策運営ではなく、多様な行為主体によるサービス提供での目的実現という方向性をもつものである。具体的には、福祉サービスの提供主体を、家族などの「自助」、地域の相互援助やボランティア・NPOなどの「互酬」、中央政府・地方政府による「再分配」、営利企業による「市場交換」などの間でバランス良く適切に配分していこうとするものである (藤村, 2000: 222)。この「福祉多元主義」は、ある意味、「政府による規制」を否定する議論である。「政府の規制は個人の選択の幅を

限定する方向に傾きがちである」ことから、多様な主体による福祉サービスの提供が必要とされるという（藤村，2000：222）。

「政府の規制」は、多様化する家族には、障害以外の何物でもない。多様化する家族のニーズに応えるためには、多様な主体による福祉サービスも重要であるが、そもそも、政策そのものを「脱近代家族主義」に基づいて策定する必要があるだろう。すでに述べたように、もはや、近代家族は典型でもなく、実現も難しくなっているにもかかわらず、私たちは、いまだに近代家族を家族のモデルとして捉えているところが大きい（「近代家族主義」）。そして、政策そのものも、こうした近代家族を基準としているものが少なからず存在している。ここで指摘している「脱近代家族主義」とは、単に「男性稼ぎ手モデル」を否定するばかりでなく、「両親がそろっていること」、「異性のカップルであること」、「婚姻届を出していること」、「結婚が永続的なものであること」を前提としないということである。さらに、政策の単位を「家族単位」ではなく、「個人単位」とするということである（伊田，1998a；1998b）。こうした「脱近代家族主義」を前提とすることによって、共働き家族ばかりでなく、ひとり親家族、ステップファミリー、同性カップル、同棲カップル、そしてシングルといった新しい家族のかたちを視野に入れた家族政策を策定していくことが可能となる。

そもそも、家族の基本は「個人」である。しかし、従来は「近代家族」を前提とした「家族（世帯）」単位の家族政策が基本であった。それは、「結婚・家族形成」が人生に欠くべからざるものであり、一度行われた婚姻は、生涯継続し、婚姻の中で子どもが生まれることが当然と考えられてきたことによる。しかし、現代では家族は「個人化」し、結婚するかしないか、子どもをもつかもたないか、どのようなかたちの家族を形成するのかといった事柄が選択できるようになった（目黒，1987）。こうした中で、「脱近代家族主義」に基づく、「個人単位」の政策が求められているのである（伊田，1998a；1998b）。

そして、こうした「個人単位」の政府レベル政策ばかりでなく、地域における「個人のネットワーク」を活用する個人レベルでの政策も必要であろう。

これは、前述の藤村の指摘にあった地域の相互援助やボランティア・NPOの「互酬」に相当するものである。村落的状況においては、元来地域は親族や家族と同義に捉えられることが多かった。しかし、第8章でも述べられたように都市化した現代においては、親族や家族以外の地域ネットワークを活用できるようにすることが求められる。「脱家族化」、男性のライフスタイルの「女性化」は政府レベルでの政策だけでは、なかなか実現しにくい。第3章で指摘されたワーク・ライフ・バランスは「脱男性化」へ役立つ政策ではあるが、特に保育や介護については、親族以外の地域ネットワークを活用しやすい環境を整えていく政策が、重要である。

「脱近代家族主義」の立場に立った「個人単位」の家族政策がこれから求められる政策のかたちであり、「脱男性化」「地域ネットワーク」がこれからの家族政策のキーワードになるだろう。

■引用・参考文献
飯田哲也・遠藤晃編著, 1990, 『家族政策と地域政策』多賀出版.
伊田広行, 1998a, 『シングル単位の社会論』世界思想社.
伊田広行, 1998b, 『シングル単位の恋愛・家族論』世界思想社.
エスピン-アンデルセン, G. 著(京極高宣監修・林昌宏訳), 2008, 『アンデルセン、福祉を語る:女性・子ども・高齢者』NTT出版.
大沢真理, 2004, 「福祉国家とジェンダー」大沢真理編『福祉国家とジェンダー』明石書店, 17-40.
川畠修編, 1997, 『ドイツ介護保険の現場』旬報社.
厚生労働省, 2011, 『厚生労働白書』(平成23年度版) 日経印刷.
下夷美幸, 2001, 「家族政策研究の現状と課題」『社会政策研究』2, 東信堂, 8-27.
内閣府, 2008, 『少子化社会白書』(平成19年度版) 日経印刷.
内閣府, 2011a, 『高齢社会白書』(平成23年度版) 印刷通販.
内閣府, 2011b, 『第7回 高齢者の生活と意識に関する国際比較調査』報告書.
内閣府経済社会総合研究所・財団法人家計経済研究所, 2006, 『フランス・ドイツの家庭生活:子育てと仕事の両立』.
副田義也・樽川典子・藤村正之, 2000, 「現代家族と家族政策」副田義也・樽川典子編『現代家族と家族政策』ミネルヴァ書房, 1-29.

本沢巳代子，1996，『公的介護保険：ドイツの先例に学ぶ』日本評論社．
藤村正之，2000，「家族政策における福祉多元主義の展開」副田義也・樽川典子編『現代家族と家族政策』ミネルヴァ書房，217-247．
目黒依子，1987，『個人化する家族』勁草書房．
山田昌弘，2001，「転換期の家族政策」『社会政策研究』2，東信堂，28-48．
Esping-Andersen, G., 1990, *The Three Worlds of Welfare Capitalism*, Basil Blackwell Limited.（岡沢範芙・宮本太郎監訳，2001，『福祉資本主義の三つの世界：比較福祉国家の理論と動態』ミネルヴァ書房．）
Esping-Andersen, G., 1999, *Social Foundations of Postindustrial Economies*, Oxford University Press.（渡辺雅男・渡辺景子訳，2000，『ポスト工業経済の社会的基礎：市場・福祉国家・家族の政治経済学』桜井書店．）

人名索引

◆ア 行

アーリング（Arling, G.） 147
アーロンズ（Ahrons, C.） 198
安達正嗣 152
阿部彩 203
天野寛子 42
アントヌッチ（Antonucci, T. C.） 147, 152
石原邦雄 27
市川房枝 163
伊藤セツ 42
稲葉昭英 204
ウィークス（Weeks, J.） 165
ウェーバー（Weber, M.） 64
ヴォーゲル（Vogel, E. F.） 88
ウォルフ（Wolfe, D. M.） 64-5
内田伸子 91
エスピン-アンデルセン（Esping-Andersen, G.） 233-4, 236-7, 239-41, 246-8
エリクソン（Erikson, E. H.） 85-6
エルダー（Elder, G. H., Jr.） 121
オークレイ（Oakley, A.） 60-1, 161
大沢真知子 52
大橋薫 197
小此木啓吾 93
落合恵美子 6-8

◆カ 行

カーン（Kahn, R. L.） 147, 152
川島武宜 2, 5
ギデンズ（Giddens, A.） 41
熊谷苑子 42
古沢平作 93
小山隆 90

◆サ 行

ジェイコブズ（Jacobs, J. A.） 43
柴野昌山 90
下夷美幸 206, 237

白澤政和 153
スキャンゾーニ（Scanzoni, J.） 66
スコット（Scott, J. W.） 161
スターン（Stern, D. N.） 85
ストーラー（Stoller, R. J.） 161
ゼセビック（Zecevic, A.） 66
千石保 88-9

◆タ 行

田淵六郎 25
チャーリン（Cherlin, A.） 210
恒吉僚子 88
鳥澤孝之 180

◆ナ 行

直井直子 153
ニューガーテン（Neugarten, B. L.） 134
野口裕二 146
野沢慎司 145

◆ハ 行

パーソンズ（Parsons, T.） 60-1, 86, 94-5
バートン（Burton, L. M.） 125
バーンスティン（Bernstein, B.） 82
袴田正巳 197
バトラー（Butler, J.） 162
ピアジェ（Piaget, J.） 85
ビューリック（Buric, O.） 66
広田照幸 91
フーコー（Foucault, M.） 165
藤崎宏子 146-7
藤村正之 248-9
藤本信子 120
藤原眞砂 47
布施晶子 2, 4
ブラッド（Blood, R. O.） 64-6, 71, 73-4
フロイト（Freud, F.） 94
ベールズ（Bales, R. F.） 60-1, 94
ヘス（Hess, B.） 147

ベネディクト（Benedict, R.）	87-8	ミレット（Millet, K.）	162
ベングッソン（Bengtson, V. L.）	125	牟田和恵	5-6
ボウルビー（Bowlby, J.）	91, 95	村澤和多里	86
ホックシールド（Hochschild, R. A.）	43, 53, 61	森岡清美	141
ホワイト（White, J. M.）	23-4, 27		

◆ヤ 行

山口一男	53
山田昌弘	13, 26, 63

◆マ 行

マードック（Murdock, G. P.）	1
マネー（Money, J.）	161
ミード（Mead, G. H.）	84-5
三浦文夫	141
水野谷武志	42

◆ラ 行

リトウォク（Litwak, E.）	146
ロドマン（Rodman, H.）	65-6
ロバートソン（Robertson, J. F.）	130

事項索引

◆ア 行

ICD-10	167
IDAHOT	171
愛着関係	91
アイデンティティ	85
阿闍世コンプレックス	93
アセクシュアル（エイセクシュアル）	170
アダム原則	169
アメリカ	187
「家」	2
──制度	2
イギリス	179
育児休業	10
育児不安	102, 107
移行	123
中年期から高齢期への──	135-6
居座	132
異性カップル	174
異性パートナー	174
イデオロギー	247
──としての家族	25-6
イベント	123
インターセックス	166-7
SRY遺伝子	169
エディプス・コンプレックス	93
LGBTIQ	167
オープン・リレーション	174
お祖父さん	127
お爺さん	127
お祖母さん	127
お婆さん	127
オランダ	177

◆カ 行

介護保険制度	245
皆婚社会	13
核家族	1, 99
稼ぎ手役割	9, 60, 62
家族関係社会支出	240
家族主義	235-6, 238, 244, 246
家族政策	233
家族単位	249
家族中心主義	5
家族手当	240
家族の規制	237
家族の個人化	25-6
家族の支援	237
家族の多様化	25-6
家長	3
家庭教育	90
家庭内暴力	216
家父長制	162
カミング・アウト	171
からだの性別	165
加齢	134
完結出生児数	16
規範	23-4, 27, 247
──としての家族	25-6, 38
協議離婚	173
共同養育	198
共同養子縁組	182
近代家族	6, 8, 27, 38, 100
クィア	167
クィア・セオリー	161
クエスチョニング	167
グラデーション	169
クロス・ドレッサー	169
ケア	243
──の担い手	135
ゲイ	166
継続家族モデル	198
結婚	172
結婚適齢期	7
憲法24条	188
合計特殊出生率	14
交渉	67
交渉過程	67

公正証書	186
構造的遅滞	130-2
公的保育サービス	243
高齢化	17
──社会	148
高齢社会	148
高齢者虐待	229
国際養子縁組	182
国民生活時間調査	42-4
こころの性別	165
互酬	248
戸主権	3
個人化	249
個人単位	249
子育て仲間	113
コンボイ（護送船団）	152

◆サ 行

最終的意思決定者	67
再生産年齢	14
在宅介護	245
再分配	248
サポート・ネットワーク	145
3歳児神話	8, 91
産前産後休暇	10
サンボ	180
ジェンダー	134, 160
──の非対称性	162
ジェンダー化された家族関係	135
ジェンダー化されたライフコース	134
時間と空間の原則	124, 133, 136
時間の貧困	54
時間利用	43
資源論	65
文化的脈絡における──	65
司婚権	179
事実婚	172
事実婚カップル	20
自助	248
市場交換	248
シスジェンダー	166
しつけ	90

児童虐待	224
児童手当	240
シビル・パートナーシップ制度	179
渋谷区男女平等及び多様性を	
尊重する社会を推進する条例	187
社会化	81
社会関係	145-6
──資本	103
社会規範	65
社会経済的資源	65
──の保有	73
社会生活基本調査	42, 44
社会政策	233
社会的ネットワーク	146
社会的道すじ	132
社会福祉	233
社会民主主義的福祉レジーム	235
就学前教育・保育	240
自由主義的福祉レジーム	234
重要な他者	123
手段（道具）的リーダー	60
出生率の低下	119
主婦	7-8
主婦役割	62
──の延長	62, 71
生涯にわたる発達と加齢の原則	
	122, 133, 136
生涯未婚率	12
少子化	14
情緒関係	59
女性学	163
親権	3
人口高齢化	148
人生の構築能力に関する原則	124
人生の連鎖性に関する原則	123
親族サポート	71
シンボル	171
スウェーデン	179
ステップファミリー	19, 208
生活時間調査	41
性自認	165
生殖家族	14

生殖補助医療	182		
性他認	176		
性的健康（セクシュアル・ヘルス）	164		
性的権利（セクシュアル・ライツ）	164		
性（的）指向	165		
性的嗜好	166		
性同一性障害（GID）	167		
性同一性障害者特例法	168, 188		
性同一性障害に関する診断と治療のガイドライン	168		
性と生殖に関する健康と権利	164		
性表現	166		
生物学的基盤論	161		
生物学的決定論	160		
性分化疾患	168		
性別適合手術	168		
性別特性論	160		
性別二元制	169		
性別役割分業	9, 59, 97		
勢力	64		
——関係	59, 64		
セカンド・シフト	61		
セクシュアリティ	160		
セクシュアル・マイノリティ	166		
セックス	160		
専業主婦	8		
相関関係	73		
早期の祖母	125		
ソーシャル・サポート	145, 152		
ソーシャル・ネットワーク	145, 151		
SOGI	166		
SOGIE	166		
祖父母≒高齢者という認識枠組み（祖父母と高齢者の同一視）	127-30		
祖父母期	118, 120		
——と親期の分離	126		
祖父母であること	117, 119, 125, 134		
祖父母のサポート	70		
祖父母―孫関係	118-9		
祖母であること	134		
祖母役割	125		

◆タ 行

第一波フェミニズム	162
待機児童	244
第三号被保険者	238
代替家族モデル	197
第二波フェミニズム	163
タイミングの原則	123, 125, 133
第四世界としての東アジア	236
脱家族化	239, 243-4, 248
脱近代家族主義	249
脱商品化	234-5, 247
脱男性化	248
多様化	20
男女雇用機会均等法	10
単親家族	19
単身家族世帯	18
男性運動	163
男性学	163
地位	60
地域ネットワーク	250
嫡出子	173
超高齢社会	148
連れ子型養子縁組	182
定位家族	14
DP制度	178
デイ・ケア	243
デイサービス	245
デートDV	227
適合的な家族	237
適時の祖母	125
デンマーク	178
ドイツ	179
同期	131
道具的な（男性）役割	135
同棲	172
同性カップル	20, 174
同性間の結婚	174
同性婚	174
同性パートナー	174
同族集団	5
登録パートナーシップ制度	177

都市化	7	福祉多元主義	248
都市家族	7	福祉レジーム	234
届け出婚	4	夫権	3
届出婚主義	173	プライド	171
ドメスティック・パートナー制度	177	フランス	180
ドメスティック・バイオレンス	226	平均初婚年齢	10
トランスヴェスタイト	169	平均余命の伸長	118-9
トランスジェンダー	166	ヘイト・クライム（嫌悪犯罪）	170
トランスセクシュアル	166	ヘテロジェンダー	162
トランスフォビア	170	ヘテロセクシュアル	166
		ヘテロノーマティビティ	162

◆ナ 行

		法定同棲	177
内縁	172	法律婚	172
二重役割	62	法律婚に準ずる地位を認める諸制度	172
日本型雇用慣行	7	ホームヘルプサービス	245
ニューハーフ	169	保守主義的福祉レジーム	235
		ホモフォビア（同性愛嫌悪）	170
		ポリアモリー	174

◆ハ 行

パートナーシップ	178	◆マ 行	
パートナーシップ証明	187		
パイオニアとしての祖父母	120	見合い結婚	12
バイセクシュアル	166	未婚化・晩婚化	10
パックス（民事連帯契約）	177	未婚率	10
パラサイトシングル	13	無償労働	49, 246
ひきこもり	87	メンズリブ	163
非嫡出子	173	元彼家族	176
非同期	131		
ひとり親家族	19, 202	◆ヤ 行	
表出（情緒）的リーダー	60	役割	60
表出な（女性）役割	135	役割関係	59
標準家族	13	——の流動化	70
——モデル	8	役割機会	132
標準的家族	237	役割規範	76
平等化	77	有償労働	49, 246
平等主義	235	緩やかな結合	124
平等主義的モデル	62	養子縁組	186
夫婦家族世帯	18		
夫婦同姓	4	◆ラ 行	
フェミニズム	162	ライフイベント	117
不完全な制度	210	ライフコース	152
複核家族	199	ライフコース・アプローチ	121
福祉国家論	233	ライフコース分析のガイドライン	121-2

ライフコース論	117	両性の合意	188
ライフサイクル・家族周期論	121	歴史的な時間	124
ライフスタイル化	20	レジーム	234
ライフスパン	121	レズビアン	166
ライフ・パートナーシップ制度	179	恋愛結婚	12
離家	86	連帯（階層化）の様式	234
離婚	200		
リプロダクティブ・ヘルス／ライツ	164		
良妻賢母	4		

◆ワ 行

ワーク・ライフ・バランス	51

【編著者紹介】

松信ひろみ（まつのぶ・ひろみ）

上智大学大学院文学研究科社会学専攻博士課程単位取得退学。長岡短期大学専任講師、長岡大学専任講師を経て、現在駒澤大学文学部社会学科教授。主著に『新しい経済社会学：日本の経済現象の社会学的分析』（共著・上智大学出版）、『増補改訂版 新世紀の家族さがし：おもしろ家族論』（共著・学文社）、『国際比較：仕事と家族生活の両立』（共訳・明石書店）など。

近代家族のゆらぎと新しい家族のかたち（第2版）

2012年4月27日 第1版1刷発行
2016年4月25日 第2版1刷発行

編著者 ── 松信ひろみ
発行者 ── 森口恵美子
印刷所 ── 神谷印刷
製本所 ── グリーン
発行所 ── 八千代出版株式会社

〒101-0061 東京都千代田区三崎町2-2-13
TEL 03-3262-0420
FAX 03-3237-0723
振替 00190-4-168060

＊定価はカバーに表示してあります。
＊落丁・乱丁本はお取替えいたします。

ISBN 978-4-8429-1679-8 © 2016 Hiromi Matsunobu et al